卫方正文化岢岚系列讲座

文化岢岚

卫方正 著

山西出版传媒集团

山西人民出版社

图书在版编目（CIP）数据

文化岢岚：卫方正文化岢岚系列讲座 / 卫方正著.
—太原：山西人民出版社，2016.5
ISBN 978-7-203-09590-3

Ⅰ．①文… Ⅱ．①卫… Ⅲ．①地方文化—文化史—岢
岚县 Ⅳ．①K292.54

中国版本图书馆CIP数据核字（2016）第091494号

文化岢岚：卫方正文化岢岚系列讲座

著　　者：卫方正
责任编辑：何赵云
装帧设计：张康宁　姬文勇　武超群
出　版　者：山西出版传媒集团·山西人民出版社
地　　址：太原市建设南路21号
邮　　编：030012
发行营销：0351-4922220　4955996　4956039　4922127（传真）
天猫官网：http://sxrmcbs.tmall.com 电话：0351-4922159
E—mail：sxskcb@163.com　　发行部
　　　　　sxskcb@126.com　　总编室
网　　址：www.sxskcb.com
经　销　者：山西出版传媒集团·山西人民出版社
承　印　厂：山西臣功印刷包装有限公司
开　　本：787mm×1092mm　1 / 16
印　　张：22.5
字　　数：330千字
印　　数：1-6000册
版　　次：2016年5月　第1版
印　　次：2016年5月　第1次印刷
书　　号：ISBN　978-7-203-09590-3
定　　价：86.00元

序言

　　农历甲午年腊月二十三，是个好日子，在这中华传统的小年，山城岢岚，处处已有了年的味道、春的讯息。在这个喜气洋洋、春和景明的日子里，一个很有意义的活动在举行，很值得岢岚历史上记忆和珍藏。

　　这一天，我们县请来了一位"先生"。先生自请授予"荣誉市民"，这是我们岢岚小城无尽的荣光；经县委县政府慎重考虑，厚意回聘"文化顾问"。

　　就在这天，这位先生带领全县干部，开始了文化岢岚系列讲座。

　　先生尊姓卫，既有古人先贤之才情，又有今人学者之风范，言谈举止，为人处世，名如其人，人如其名，正正方方、方方正正。在三晋乃至神州儒林界、语文界、媒体界享有实实在在、真真切切的盛名。

我想，至少有三个方面可以佐证我这句话。

一、卫老师是位坚定的儒者。2007年秋天起，每周日上午九点半，在太原文庙公益讲授《论语》。听讲者换了一批又一批，一茬又一茬，卫老师却数年如一日，风雨无阻，雷打不动。方寸之间解读《论语》要义，传播《论语》文化，弘扬《论语》精神的信念愈来愈诚，信心愈来愈坚，虽毫无报酬，却无怨无悔，乐此不疲。赠人玫瑰，手有余香，卫老师本人被山西当代儒学研究会授予"2014年度山西儒林普及工作先进"，由卫老师亲笔撰写的《岢岚赋》被联合国传统文化中国行组委会授予一等奖，就是对他最优的报酬、最好的回报。

二、卫老师是位清醒的智者。省内外多个党政机关、大中院校、公司企业聘其为"主讲嘉宾"、"文化顾问"，卫老师总是以拳拳之心为他们的发展倾入心血、注入活力，书写了不一样的精彩。他自幼酷爱中华传统文化，自学成才，阅尽经史子集名著千卷，尝遍酸甜苦辣人生百味，许多闪光的思想都源于他扎实厚重的国学功底和清纯方正的人生追求。他总是会用质朴易懂的语言、真诚开朗的微笑解答着我们心中的困惑，回应着我们心中的期盼。

三、卫老师是位务实的行者。坐而论道，在沧桑变幻的千古中款款指出一条条做人之道、处事之道、为官之道；起而行之，在纷呈繁杂的世界里娓娓道明一个个清晰可辨、行之有效的思路和办法。岢岚许多治县理政的思路都是卫老师在深入研究岢岚的基础之上，给予我们的启发和建议。

作为岢岚的一名文化工作者，深深地感到，文化岢岚，任重道远。星星之火，可以燎原。没有坚定自信的第一步，就不会有气势如虹的灿烂未来。文化是灵魂、是力量、是财富，装进脑子里谁也拿不走、抹不去；文化是支撑、是载体、是依托，没有文化上的崛起，就难言岢岚的文明发展。

如今，文化岢岚系列讲座已经坚持整整一年。一年的时间里，卫老师带领我们，一起往古知今，稽古怀新，讲论古书，认识今事。其言实实，其语悠悠；其思明明，其法彰彰。

　　卫老师一年来的文化岢岚系列讲座即将整理付梓，这是一件好事。希望通过此前的讲座，以及这本书，早日在全县形成学文化、有文化、尊文化、爱文化、用文化的导向和氛围，快出文化人才，多出文化人才，出多文化精品，出好文化力作，让文化流淌在 8.6 万可亲可敬的岢岚人民的血液里，让文化徜徉在养育我们的 1984 平方公里热土上。

　　希望通过这本沉甸甸的书，让更多的岢岚人民感受到县委、县政府对建设文化岢岚的拳拳之心，能让更多的岢岚父老听到卫老师的声音，让文化的清风沐浴我们的历史重镇、清凉山城、养生福地。

　　更希望通过卫老师的努力、大家的努力，一道用心、用情、用力，让岢岚文化、文化岢岚播下希望的种子，插上理想的翅膀，走出岢岚忻州，飞向三晋大地，誉满美丽神州。

　　是为序。

柯漪

丙申初春于舟城

目 录

第一篇 岢岚县里迎祥年

　　今天是农历的腊月二十三，离过年还有七天。

　　在中国传统文化中，"七"是一个非常讲究的数字，是一个大礼之数，很多很重要的事情都在七日之间有规定。现在离过年还有七天，从今天开始我们就进入迎年、过年的节奏。我们今天在这里说祥年，就是吉祥之年、祥和之年之意；而且，在古文字中这个"祥"和山"羊"的羊是一个字，而祥这个字本身也是由羊而产生的一个美丽的字。咱们岢岚明年将迎来自己的本命年，岢岚有这么多羊，明年正好是迎祥年、迎羊年。

　　好了，现在咱们开始详述其由。

　　今天我要讲的内容主要分四部分：第一部分是羊的历史；第二部分是羊的文化；第三部分是羊的民俗；第四部分是羊的经济。

一、从历史说起

恩格斯说过，一切科学都是历史科学。确实如此，一切东西都可以通过研究历史这个方法去了解、去掌握。我们今天从历史说起。羊的历史应该是非常庞大的一个块面，我们今天只说中国的羊历史。

中国的羊历史，最早是什么时候呢？应该以出土文物为证。整个世界的历史，其实就是人类的历史。而人类的历史就是认识自然、利用自然，再到与自然和谐相处的一个过程。

在这个过程中，如果只靠人的力量，我们绝对是生存不下来的。

荀子曾经说过一句话："人力不若牛，走不若马，而牛马为用。何也？曰：'人能群，彼不能群也。'"人在力量方面不如牛大，在奔跑方面不如马快，但是为什么牛马被人类所用，而人类没有被牛马所用呢？因为人有一个非常重要的精神，就是"人能群，彼不能群也"。人与人之间，能够合作。人们在合作的过程中，产生了一个伟大的成果，就是通过对一些野生动物的驯养和养殖，来使自己的生活更加美好。

追求美好的生活，不仅仅是现代人的专利，我们的祖先同样有。

在此过程中，就产生了猪、狗、牛、羊、鸡等家禽、家畜。特别是羊，在此过程中，是一个非常关键的因素，甚至是决定性的因素。因为在猪、狗、牛、羊、鸡中，羊在全世界的覆盖面最广。如果没有它，可能我们人类在御寒、充饥两方面所面临的问题更大，有可能一些分支是传不下来的。

在浙江余姚河姆渡文化遗址中，发现了羊。河姆渡人可能最早尝到了羊的美味，这可真是整个人类发展史上跨越式的一大步！

中国一些很古老的姓氏，如姜姓，起源于母系氏族时期，母系氏族要比父系氏族更加古老。姜字上面，就是一个羊字。历史不一定都在历史书中记载着，也许就在我们每个人的身边显现。

在距离壶口瀑布不远的地方，有一座山叫做人祖山，上面有很多伏羲遗

▲ 群羊

迹。伏羲是中国目前所知的最早观察天文的人之一，伏羲在后世传说中又分成另外一个人，羲和。前几年，我抽出一段时间专门进行考证，得出伏羲和羲和是一个人的结论。无论是伏羲的羲，还是羲和的羲，还是在一些古籍中，所记载的包羲氏，都应该是一个人。他不仅是天文学的祖师，农业的伟大先驱，也是神话中的太阳神，驾驭日车之神。羲字从羊，而太阳的阳和我们山羊的羊也是一个读音，这之间有一种非常微妙和紧密的关系。

我们古老的祖先把这位伟大的人物，敬称为伏羲、羲和、包羲，把这些人的名字用羊来表示，证明了羊在我们中华民族的文明发展史上有不可替代的神圣地位。

那这个地位是怎样的呢？

羊贯穿于整个人类历史，从我们的祖先开始，就把它作为生活的重要物资之一。

在整个人类进化历史中，我们的文明形态可以分成几个阶段：渔猎文明、游牧文明、农耕文明、工业文明。现在我们基本上属于工业文明、农耕文明与游牧文明共存的时期。

对于传统社会的游牧文明、农耕文明、工业文明，这三种文明的界限不是绝对分明的。在一种新的文明形态崭露头角时，往往可以有选择性和必要性的继承此前的另一种文明，并长期存在于后期的文明形态中，形成我们人类越来越强大、越来越丰富的生存和发展空间。

比如今天的主角：羊。

羊这种动物，最早应该是我们的祖先捕猎的猎物，属于野味。后来猎物越来越多，一时间吃不完，就把它们关起来。再后来发现这个东西可以驯养，也可以放牧，甚至可以繁衍。我们的祖先那时可能会感叹："生活多么美好，不用出去打猎。"羊就作为家畜保留并流传下来，时至今日，依然不可或缺。

羊贯穿于整个人类历史，无论在游牧文明，抑或是农耕文明，甚至是现在的工业文明中，都有羊的身影。

当然，羊在人类历史中，很多时候并不是以平和的姿态出现，相反，有时候它牵扯到一种很暴力，甚至很血腥的历史！

众所周知，岢岚在很长的历史时期内，一直是兵家必争之地。谁在争？两种文明在争：一是来自北方和西北的少数民族，即游牧民族；另外一种就是在岢岚以南的中原文化，即农耕文明。侵略者要把整个世界变成他们的牧场，保卫者要守护这种男耕女织的幸福生活。于是，两种文明进行了无数次激烈的交锋！

多少年里，两种文明在争！如果登上一座高峰，就可以看到壮阔的河山之侧，最后形成的是一幅彼此相融的画图。远离了拂晓之眠后，血腥已经一去不复返。农耕社会完全化解了游牧文明带来的压力，真是国之大幸也！

接下来，让我们从文学的角度，来看看羊的丰姿。

十九世纪二十世纪之交，中国文化迎来了一次透彻灵魂的洗礼——甲骨文重新出现在了人们面前！

甲骨文的重新面世，使得三千多年之后的人们，对于远古时期的方方面面，有了颠覆式的认识。在这种伟大的文字中，和羊有关系的内容讲上三天都未必讲得完。

甲骨文为什么叫甲骨文？因为甲骨文主要是刻在龟甲和兽骨上的一种文字。问题来了，拿什么兽骨来刻字呢？就目前出土文物来看，主要是牛骨和羊骨，有个别的是猪骨、鹿骨、虎骨。最不可思议的是，居然还有在人骨上刻的。但是无论怎样，用得最多的是牛骨和羊骨，尤其是羊的腿骨和肩胛骨最多。

在甲骨文中，羊有好多种写法，其后的金文中有数十种写法，秦朝的小篆中三十二种写法。我曾找过一部分甲骨文中的羊字，都是很形象的羊角、羊头，有些字甚至还有羊胡子。金文之所以叫金文，并不是因为它刻在金子上，而是刻在青铜器上。青铜是一种很吉祥的金属，有很多青铜都被铸造成羊的形状。

商朝时候，六畜全了。我们现在说的六畜是马、牛、羊、鸡、犬、豕。在这之中，羊是性格最好的，而且繁殖力也比较强，所以从殷商一直到现在，整个中华民族普遍在养殖羊。而且在很长一段时期内，中原周边的西夏、契丹等少数民族，一直把羊当作他们的主业，对于中原的汉族人来说羊则只是副业。但是，就如同主要矛盾和次要矛盾可以相互转化一样，副业和主业有时也是同理。

适才说到青铜器，就不能不提一下四羊方尊。

四羊方尊是一个杯，斟酒杯。四面每个角上有一只羊，是商朝晚期的一个青铜礼器。礼器一般有两种作用：一是在重大的祭祀场合用，如祭天地、鬼神、祖先等；另外在重大的礼仪场合也会用到，如招待其他国家来的使者，或者是结盟等等。因为十分庄严慎重，所以必须非常讲究，寓

▲ 四羊方尊

意不好的动物不能刻上去，刻上去的动物不仅要吉祥、美观，而且要神圣、庄重。

羊就被刻到了这个最神圣的器物上。

我们注意到，方尊的肩饰有浮雕，是蛇身有爪的龙纹。在这里，把羊和龙联系了起来。远古传说，我们是龙的传人。传说毕竟是传说，我们都知道龙本身并不存在，它是集合了很多动物的特点而形成的。那么，龙身上有没有羊的部分呢？我想应该是有的。比如在四羊方尊的四面正中，也就是两只羊的比邻处，各有一双龙首探出器表，表明龙和羊在一起。所以，四羊方尊最早被发掘面世的时候，曾经被命名为神龙尊、四龙尊、上龙尊等等。更为特别的是，四羊方尊是一件不允许到海外展出的国宝级文物。

《礼记·表记》记载："殷人尊神"。殷就是殷商，殷朝人尊崇鬼神，崇尚神灵，礼崇祖先。所以商朝的祭祀礼器是非常讲究的，羊能够和龙在一起出现，足以说明其寓意之美好。

著名的三星堆遗址被誉为"长江文明之源"，那里面有大量的和中原文明不同的文字，以及大量与中原的风格不一样的器物。其中的羊首龙表，本身是一条龙，但它的头却是羊，这就是在羊转化为龙的过渡时期中一个重要的历史遗存。

因此，我们这些龙的传人，可能在更早的时期会是这样的说法：我们是羊的传人。

祖先对于羊的崇拜，在历史中一直通过各种各样的形式流传下来。不仅仅有上面说的那些文字，还有挂羊驱邪。从汉朝以来，羊被视为吉祥之瑞兽，能够驱邪除恶，古人就在门上挂羊头，挂羊皮，用以护家安居。挂羊头，挂羊皮这种风俗，在中国西南部的一些地区，至今还有保留。

说到民俗，我们不得不提一下羯族和羌族。他们能够证明我们和羊的一些关系，或者说羊在我们人类历史中的重要性。

先说羌族。羌族是中国最古老的民族之一。2008年汶川地震的时候，灾区有很多灾民就是羌族人。有人考证过羌族的历史，证明这是我们中华民族的母亲族。在中国五十六个民族中，有五十五个民族都吸收过羌族的血液。到现在，这个民族一直在以放羊游牧为生，被称为"云朵上的民族"。

在甲骨文中，就有大量的羌字出现。现在的我们和羌族依然还有关系。我老家在洪洞县，据说凡是洪洞人，小脚趾甲都是两瓣。相传是当年大槐树移民时，官兵强迫这里的人们搬家，为了防止逃跑，就在小脚趾甲上砍一刀做个记号。从遗传学的角度来讲，这个说法很不可靠，因为伤疤是不可遗传的。那到底是什么原因呢？后来我才知道，凡是小脚趾甲有两瓣的，都是羌族人的后裔，而这类人在全中国分布很广，都和羌族有关系。

沿着大运高速从北往南走，到洪洞路段时，最大的一个高速口叫"明姜高速口"。明姜的姜就是姜太公的姜。实际上那个村子最早就叫明羌，包括刚才我们提到的姜姓，应该最早也来源于羌。

我有个好朋友，老家是湖北武汉人。有一次，我去他家做客，注意到他称呼他母亲的发音很特别，他不叫"妈"，也不叫"娘"，而是叫"［əmæ］"。我听了以后很吃惊，因为我的老家把妈妈叫"［mæ］"。其后又有一次，听了一个从四川羌族自治区来的朋友，他称呼妈妈是"勉"。仔细体会，无论是"［əmæ］"、"［mæ］"、"勉"，这些叫声都和羊的叫声非常像，尤其是这几个地方都有过羌族的足迹。口音是一个佐证，相信还有更多的语言，或者是更多的体貌特征、生活习惯等等，还存在于中国更广大的地区，所以我们每个人都和羌有关、都和羊有关。

羌族到现在还保留着远古的文化和一些习俗，其中最独特的就是对于羊图腾的崇拜。在最隆重的时候出现的乐器，羊皮鼓、羯鼓是用羊皮制成的，包括他们的服饰，也能看出一些羊的痕迹。

再说一下羯族。这个已经消失的民族，是非常残忍的。在南北朝的后期，羯族基本上杀光了其他民族。这个民族是以羊为主要食物来源的一个民族。

在南北朝时候，羯族曾经存在过一个政权，史称后赵，存在的时间很短，而且他的血统和我们不太一样，更像是白种人。羯族虽然消失了，但在现代汉语中还有遗存，是一种食品。在很多地方搞不懂到底"羊羯子"的"羯"读什么音。有的地方干脆写作"羊蝎子"，蝎子和羊什么关系也没有，但是羯和羊有关系。所以应该是"羊蝎子"才对，很多地方招牌上写的是"羊蝎子"，这是错的，应该是"羊蝎子"。而羊羯子应该和已经消失的羯族有关系。

刚才我们说了两个民族：一个是羌族，另一个是羯族，实际上还可以说一个民族：羝族。这些民族都曾经在中原地区，尤其是在山西长期活动。比如现在我的老家晋南那一带，不同的羊有不同的叫法，如骚胡、犿羝、羯子，都和这些民族有关系，对羊的称呼浓缩着一些历史痕迹。

二、从文化深入

文化的核心是道德。

我们首先从与羊有关的道德说起。羊有跪乳之恩，体现的是一种孝道。也许孝道不能解决所有的问题，但是我相信解决一切问题都可以从孝道开始，正如古人说，"百善孝为先"。

《论语》中有这么一句话，"其为人也孝弟，而好犯上者，鲜矣。"大意是在家里非常懂事，知道尊敬长者，在单位服从领导，但是却喜欢反叛，这样的人是非常非常少，甚至没有的。家庭是整个社会最基本的单位，家庭道德也是所有社会道德最核心的起源，而在家庭道德中，最基础的又是孝道，羊羔正好符合这一优点。

孔子之后，历史滚滚向前，到了西汉初年，出了一个重要的儒者叫董仲舒。他提出"罢黜百家，独尊儒术"，在他那部伟大的著作《春秋繁露》里，就写道："羔食于其母，必跪而受之，类知礼者。故羊之为言犹祥与？"羊尚知跪乳，何况人乎？人应该向羊羔学习孝道。岢岚有这么多羊，应该把孝道放在很重要的位置，或者说，推行孝道在岢岚更容易接受一点。

从2007年左右开始，中国的传统文化越来越热，有一首歌也"风轻借力"，

▲《跪羊图》

流传得越来越广，叫作《跪羊图》，就是这个羊羔知孝的内容。

我们都知道，羊肉可以做成羊杂割、羊汤。传说其起源和一个人有关系：忽必烈。忽必烈南征之时，他的母亲身体不舒服，一是受寒，二可能是胃不好。忽必烈非常担心，于是他就把羊的一些特殊部分取下来，经过秘法制作，让御厨做成一种又有肉又有汤的食物，进献给他的母亲。他的母亲吃了以后，胃很舒服，食欲慢慢增加，身体也有所改善。这个故事是不是真的呢？我觉得是假的，但它肯定有真的成分。故事中的孝子绝对不可能是忽必烈，但是可以肯定，曾经有孝子那么做过。

有假必有真，傅山的故事就印证了这个道理。傅山的母亲也是身体不好，为了母亲的身体健康，傅山发明了一种东西，叫头脑。这个头脑中也有羊的成分，亦是孝道的体现。

无论从羊本身，还是从后世一些孝道故事来说，羊都和孝道有关系。我们学习羊文化，应该首先从孝道、羊道德或者说与羊有关的道德开始。

羊还有一个特点，就是和睦，非常团结。

《诗经·无羊》写道："谁谓尔无羊，三百维群。"有羊才能成群，羊是一种非常合群的动物。《说文》徐铉注："羊性好群。"由此产生"群众"这个词。在放羊的时候，一个人可以看住一群羊，很少有像兔子一样乱跑的羊。

但是团结也要分时候，在需要团结的时候我们一定要团结，而且用正确的方式团结；如果在不该团结的时候还团结，那就失之谬矣。

熟悉羊的人都知道，羊很奇怪，在冷的时候它们会往一起挤，用以取暖；但是在热的时候，它们也会往一起挤。山羊一般不这样，绵羊就傻多了。我小的时候，尤其在四岁之前，父亲在种地之余也放羊，这是他和我说的。

《论语》里边说过一句话，"礼之用，和为贵"，应该有个中和的程度，不可过分。和，应该是结群和团结的一个标准。

羊还有一个特点，就是公正。

中国司法的标志就是一个独角兽，叫作"獬豸"。"獬豸"据说是尧舜时代的大法官——皋陶，用来断案的一头神兽。其体形大者如牛，小者如羊，类似麒麟，全身长着浓密黝黑的毛，双目明亮有神，额上长一角，俗称"独角兽"。它能辨曲直，又有"神羊"之称，它是勇猛、公正的象征，是司法"正大光明"、"清平公正"、"光明天下"的象征。所以，羊又和公正廉洁有联系。

羊还有一个特点是俊美。

有些民族，人们只吃那些俊美的动物，鹿、羊之属，它们是干净的，把这些干净的动物吃下去以后，灵魂自然干净。

他们首选的就是羊。羊的俊美，实际上是一种洁净和卫生。尤其是山羊，它吃草的时候会挑，而且它会经常想办法清洁自己的身体，比绵羊要干净。现在咱们岢岚创卫，正好就和羊追求洁净、追求俊美、提高自身的形象能够联系起来。在养羊大县里边，每一个人都应该像羊一样俊美、高洁。

羊还有一个特点是温顺。

羊的性格非常温顺，很少听说因为羊而出现的暴力事件。牛、马、狗

▲ "獬豸"

之流就不温顺，时有伤人之举。

羊有吗？

有。

但是很少很少，除非你真的把它激怒了。

羊在温顺之中又带出了很多温柔。有首著名的歌曲《在那遥远的地方》：

> 在那遥远的地方
>
> 有位好姑娘
>
> 人们走过了她的帐房
>
> 都要回头留恋地张望
>
> 她那粉红的笑脸
>
> 好像红太阳
>
> 她那活泼动人的眼睛
>
> 好像晚上明媚的月亮
>
> 我愿抛弃了财产
>
> 跟她去放羊
>
> 每天看着她粉红的笑脸
>
> 和那美丽金边的衣裳
>
> 我愿做一只小羊
>
> 跟在她身旁
>
> 我愿她拿着细细的皮鞭
>
> 不断轻轻打在我身上

年轻的时候，觉得什么是"我愿做一只小羊跟在她身旁，让她那细细的皮鞭不断轻轻打在我身上"，这不是欠揍吗？

——不是的。

随着自己年龄增大，才认识到完全不能那么理解。它表示我愿意你来做

▲《苏武牧羊》

我的主人，我愿意温柔温顺地跟从你。我们知道，这首歌最早发源于西北一带。西北一带的民风非常彪悍，但即使彪悍的男性，也有如此温情的一面，而这一切要通过羊的温顺来体现。

在中国古代说地方官员的时候，经常用一个字：牧。比如刘备做过豫州牧；再如牧民者、治民者，牧有放牧、牧养的意思。而西方宗教里面布道的人也叫牧师。无论是豫州牧、牧民还是牧师，都体现出这么一个信息：希望我们的人民都像羊一样善良，追逐安定的、祥和的、温顺的生活。

羊还有一个特点是坚忍不拔。

太平天国时期，安徽一带有些农民在起义军的支持下和地主做斗争，有这样一句诗："西庄有佃狠如羊，掉头不顾角相当。"这体现了弱者的反抗。其实羊的勇敢不仅仅体现在搏斗上，在恶劣的自然环境中，那些羚羊、山羊无论是在怎样的悬崖峭壁上，它们都能用一种不可思议的力量和韧劲爬上去，从而达到自己的目标。

羊还有一个特点是敦厚，能够宽容。

羊的这种敦厚，是一种不到万不得已，绝对不会有过激表现的性格。在猪、狗、牛、羊、鸡中，羊的声音是最稳定的。它不会像鸡一样，母鸡成天叫："叽叽喳喳……咯咯嗒嗒……"公鸡每天也要叫好几遍："喔喔咕咕……"声音都会有好几种。羊的声音往往只有一种，有点类似于君子之风。

但是，请你别惹它！在遇到生命威胁的时候，羊也会发怒，而且很厉害！

三、从民俗详说

羊角辫，在中国很普遍。

小朋友们经常梳着这种辫子。首先，是父母希望小朋友们像小羊一样可爱、俊美、茁壮；其次，这何尝不是一种羊崇拜的保留呢？此外，还有山羊胡，是一种智慧的象征。

在一些地方现在还存在着羊车。羊车是用羊来拉的车，最早出现在东汉宫廷中，南朝的时候羊车从宫廷进入民间，如今在中国的某些地方还有保留。

在民俗中还有面羊、羊馍。现在，山西卖的各种馒头，最有名的是两个地方：一个是闻喜，一个是霍州。在闻喜花馍和霍州花馍中，很多馒头卖出来不是吃的，而是看的。他们用面做成各种各样的艺术品，其中羊的形象必不可少。

还有送羊头敬客。这在很多地方仍然有保留，当年彭德怀元帅去蒙古人民共和国访问的时候，就受到了这种高等待遇。

有一种舞蹈叫"羊角舞"，可能就是美丽的"美"的起源。上面一只羊，底下一个人，戴着羊角来跳舞。而在京剧里边周瑜、吕布、宋江等人，他们头上插的那个长翎，最早也应该是从羊角转化而来的，代表俊美、英雄。

儿童游戏"打羊拐"，在山西很多地方也有保留，用的是羊的膝盖骨，四个面涂成不一样的颜色，在手里边玩。不知道咱们岢岚在杀了羊之后，这些骨头有没有保存？其实，这些骨头完全可以利用起来，做成各种的工艺品、商

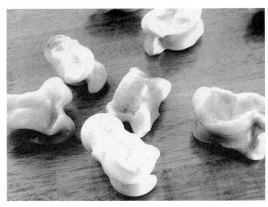

▲ 羊拐

▲ 羯鼓

品。它是一种流行的、有益于健身与启智的儿童游戏。

再说说艺术之羊。羊和音乐艺术有关系，据说五音宫、商、角、徵、羽，就是和牛、羊、鸡、猪、马有关系的。根据《礼记》《乐记》的记载，最早的音乐起源有"百兽率舞"之说，很可能与羊有关系。五音中的商音，就是一种比较清亮的音，而羊的叫声就特别清亮，尤其是羊羔的叫声更加清亮。羊完全可能对早期的音乐有启示。

还有一种乐器叫作羯鼓，是以羊皮为材料做成的。

苗族一些地方，在重大节日祭祀中，现在还保留着用羊角号的习惯。

在《诗经》中，已经记载了很多贵族穿着用羊皮做的衣服，显得非常的优雅从容。此后，羊在中国的诗词歌赋中不断出现，比如千古绝唱《敕勒歌》：

　　　　敕勒川，阴山下，
　　　　天似穹庐，笼盖四野。
　　　　天苍苍，野茫茫，
　　　　风吹草低见牛羊。

这是高欢在南征时生病后，让他麾下大将斛律金唱的，这是一首他的家乡敕勒川的歌。斛律金唱完之后，高欢落泪，斛律金也落泪，那些听歌的士兵们也落泪,因为这首歌让他们怀念到了故乡。羊也就此成为了故乡的象征。

此外羊的角在很多作品中,被用来形容巨大的风。让我们来拜读毛主席的大作《念奴娇·鸟儿问答》:

鲲鹏展翅,九万里,翻动扶摇羊角。

背负青天朝下看,都是人间城郭。

炮火连天,弹痕遍地。吓倒蓬间雀。

怎么得了,哎呀我要飞跃。

借问君去何方?雀儿答道:有仙山琼阁。

不见前年秋月朗,订了三家条约。

还有吃的,土豆烧熟了,再加牛肉。

不须放屁!试看天地翻覆。

在绘画艺术中,如唐朝国手阎立本的《执贡图》中,就展示了一些外邦来的使者牵着羊,向中原朝廷进贡的场面。画中的羊,突出了它非常美丽的双角。

元朝赵孟頫的《二羊图卷》,据说是画给他的妻子管道昇的。管道昇和赵孟頫都精通书法、绘画、音乐、诗词等多种艺术,夫妻二人恩爱一生,这两只羊就象征着夫妻恩爱。

古老相传"三阳开泰",三只羊的理论根据是什么呢?为什么说三只羊

▲《执贡图》

就代表吉祥呢？《周易》认为：正月为泰卦，三阳为夏，冬去春来，阴消阳长，有吉祥之相，所以用三阳为岁首，有吉祥之意。阳在古代和羊通用，所以又写作"三羊开泰"。《西游记》中也出现过这个情节。

齐白石老先生有一幅画，我非常感兴趣，叫《柏羊图》。柏，松柏，长寿之意；羊，吉祥，祥和之意。

中央美院第一任院长徐悲鸿的马，是当代一绝。鲜为人知的是，他的羊画得也很好。

傅抱石先生也画过羊，他画的羊是苏武牧羊，地上的一群羊和皑皑白雪浑然不分，使温顺的绵羊和苏武坚贞的气节，形成强烈的意境对比。

雕塑艺术中也有很多羊，如羊铜灯，古代用于点灯。在太原文庙之中就有一对石羊，一般用于墓道两侧。

再看一下文字之羊。我们刚才提到了甲骨文、金文、小篆中的羊，现在我们看一下和羊有关的其他一些字。

董仲舒说过："羊，祥也，故吉礼用之。"在一些很吉祥的字中，也有这个羊。

《说文解字》里说："祥，福也，从示羊而声。"也和羊有关系。

在《甲骨文字典》中，马、牛、羊、鸡、犬等衍生的字很多，其中关于羊的字最多。比如现在还在使用的一些字，美、善、羲等。

美，有人说是带着羊头跳舞，有人说羊大为美。无论如何都与羊有关系。

善，上面有只羊，下面有个口，两个人在交流，都像羊一样用一种很平和、很真诚的心态在交流，自然是善。

义（義）字，是我和羊在一起。我，最早的时候是一种兵器，一把斧头，而羊是用来祭祀的礼器，有威武有礼仪，这就是义，正确坚定之意。

养（養），就是食羊为养。咱们岢岚是养生福地，养生的养最早下面是一个食字，上面是一个羊。

鱼羊为鲜，一个鱼一个羊，鱼在海边，羊在内陆。在古代交通不发达的情况下，一个人能够同时吃到鱼和羊是不容易的，所以"鲜"就表示很少的意思，比如新鲜、鲜有。

羊羽为翔。在古人的想象中，羊轻快地跑起来，简直像飞起来一样。一般把牧羊较多的民族比喻为"云朵上的民族"。

群，一只手抓着个东西，然后在管理羊，这就是君。

样，一个木一个羊，木刻为羊，意为标准、榜样。

说了这么多羊，再来看看羊文化中的礼仪之羊。

在许多很吉祥很重要的礼仪中都有羊。礼仪之大者，用猪、牛、羊三牲合成太牢，这种习俗一直到现在还在延续。每年9月28号，山西各界集聚太原祭孔子的时候，我担任主礼，每年都要用面塑做成猪、牛、羊，作为一种大礼。刘邦当年祭祀孔子的时候开了先例，用猪、牛、羊最高级的三牲祭品来祭祀。在《论语》中，也用羊来祭祀。孔子的学生子贡想去掉"告朔之羊"，认为有没有羊都一样。孔子说："你在乎的是那只羊，我在乎的是这种态度，羊表示我们对于祖宗、对于天子的一种重视，我爱其礼仪。"

在《孟子》中，讲过一个故事：

王坐于堂上，有牵牛而过堂下者，王见之，曰："牛何之？"对曰："将以衅钟。"王曰："舍之！吾不忍其觳觫，若无罪而就死地。"对曰："然则废衅钟与？"曰："何可废也，以羊易之。"

从这个事件中可以看出，羊可用作神圣的祭品。

我们现在有个词叫替罪羊，它有两个出处。在西方的出处与《圣经》有关系，在中国就和上面的故事有关。

有人说，属羊的不好，我不认同！

曹操属羊，唐太宗属羊，努尔哈赤也属羊，他们都是千古英雄。

欧阳修是唐宋八大家之一。八大家中宋朝有六人，其余五个都是他的学生，他被称为文坛盟主。此人和岢岚有密切的关系，他就属羊。

司马光是宋朝宰相，也属羊；岳飞、年羹尧都属羊；曾国藩，一生位极人臣，为将为相为师，立德立言立功，也是属羊的；南北朝时期的大哲学家向秀、王戎都是属羊的；唐朝的大诗人贺知章也是属羊的；北宋大哲学家沈括也是羊年出生的；曹雪芹、大画家徐悲鸿都是属羊的；如果按照中国的说法，比尔盖茨也是属羊的；大商人胡雪岩，后来也是大官僚，是属羊的；还有山西人都熟悉的阎锡山，也是属羊的，这些人个个都是风云人物。

我觉得古人用十二种动物来命名十二生肖，肯定有其科学道理，这绝对不是迷信。它可能是根据这些动物的活动时间，或者是生命规律来定的。如寅虎正好是老虎那个时间在出山，最凶猛；未羊，正好那个时候放羊最舒服。

再往高的说一点，我们谈谈哲学的羊。有本书叫作《列子》，据说是一个叫作列御寇的人写的。其中讲了一个"歧路亡羊"的故事。

"大道以多歧亡羊，学者多方丧生"，我们每个人都会因为人生的选择太多，慢慢地迷失了自己。每一个人成长的过程中都在不断选择，谁能够保证每一次选择都是对的？谁也不敢！

我们不是那只羊，我们是找羊的，那个羊就是祥。我们能够在人生中一次又一次、一天又一天的各种选择中，坚定不移地找到我们的幸福吉祥吗？一定要慎之又慎。这个故事非常深刻，是所有关于羊的故事中最让我震撼的一个。因为我们每个人都有和扬子一样的困惑，歧路之上又有歧路，选择太多。尤其是在当今这个时代，商品经济对人的冲击和诱惑越来越多，此时一定要慎重选择，不要把自己的羊丢了。

"亡羊补牢，为时未晚"，这是《战国策》里边的一个故事，教育我们知错就改，这样有了损失还可以弥补。

唐宋传奇《柳毅传书》有个故事：

秀才柳毅进京赴试，途经泾河岸边，见一牧羊女子掩面哭泣。询其故，方知其为洞庭龙女三娘，受夫婿泾河恶龙所辱，被贬于此。柳毅闻言不平，乃仗义传书洞庭，三娘因而得救。三娘叔钱塘君欲为侄女招赘柳毅为婿，毅坚拒。湖滨惜别，柳毅为情所困，黯然而归。归家后，见邻女三姑酷似龙女，思三娘之心更殷。三姑感其情，诉化身之谜，二人终结良缘。

之所以把羊的方方面面罗列这么多，我觉得下一步岢岚在城市美化过程中体现文化传统时，可以把这些内容作为我们的创作体裁，或者依据，效果必然显著。

在广州有一份报在全国影响很大，叫《羊城晚报》。

成都有一个青羊宫，用羊作建筑的名字，全国罕见。北方有没有呢？有。壶关有个地方叫作羊肠坂，属于太行山。洪洞有个村叫羊獬村，太原有条街叫西羊市，高平有羊头山，寿阳有羊头崖。京剧中有个鸿羊洞，可能和咱们岢岚有关系，因为当时它是辽国属地。

再来说说姓氏之羊。

历史上有很多姓羊的名人。二十四史中就有四十多位羊姓名人。《万姓统谱》中有四十六个人是姓羊的。

羊角哀舍命全交，在"三言二拍"中有记载，十分感人：

幽州人羊角哀夜读，左伯桃冒雪自羌奔郢都，腹饥求宿，羊角哀盛款之，遂结为兄弟，并亲伴左伯桃赶往郢都。路上风雪交加，天气十分寒冷。左伯桃把自己的外衣脱给羊角哀，终冻死于荆轲山桑树下。羊角哀至楚，拜中大夫，厚葬左伯桃。没想到荆轲的魂魄驱逐左伯桃的魂魄，左伯桃托梦给羊角哀，羊角哀自刎而死，魂助左伯桃，战败荆轲，周全左伯桃之坟墓。

羊续悬鱼，在这里羊又和廉政文化发生了联系：

汉时，羊续为河南南阳太守，有府丞送鱼给他，他就把鱼挂起来。府丞再次送来鱼时，他就把所挂的鱼拿出来教育他，从而杜绝了馈赠。此事传开后，老百姓无不称赞，敬称其为"悬鱼太守"。

著名的羊祜堕泪，直到现在都是官吏正直，深得民心的象征：

羊祜是西晋时的一位军事家，在《三国演义》结束的时候出现过。无论是对于自己的军队，还是当地的百姓，他都十分关心。在他去世以后，人们一路过他的碑就堕泪，被称为"堕泪碑"，又叫"羊碑"。

在艺术领域有极高造诣的羊全保，他最著名的故事是和桓帝对弈，结果把宣城赢过来了。

还有一位羊欣。据说有一次，羊欣在睡午觉，王羲之去看他，一时兴起，在他衣服上写了不少字。后来就用"羊欣之衣"来表示写满字的布料。

还有女画家羊文森、花鸟画家羊鱼京、山水画家羊宗道等，皆为一时俊彦。

羊姓人物中，最重要的是公羊皋。儒家的经典中，《春秋》非常重要，《诗》《书》《礼》《易》《春秋》为五经，《春秋》为其中之一。而对《春秋》的解释有三家，一家姓左，被称为《左氏春秋》，又叫《左传》；一家姓谷梁，被称为《谷梁春秋》，又叫《谷梁传》；一家姓公羊，被称为《公羊春秋》，又叫《公羊传》。《公羊传》的作者就叫公羊皋。

四、用经济谋发展

羊在经济中出现的比钱币还要早。最早的交易方式是以物易物。货币是很晚才出现的，由贝壳再到金银铜，后来发展出了纸钞。

在物物交换的时期，可以用一只羊换两袋麦子，用一只羊换几个锄头。这表明物物交换中，羊已经出现了，甚至可以用羊换人。最著名的是秦国宰相百里奚，就是用五张羊皮换过来的，被称为"五羖大夫"。"羖"就是黑羊，意为用五张黑羊皮把他换过来的。这也是羊皮作为交换物的一个佐证。

羊在经济中的作用非常多，是一种非常重要的财富，以至于在《论语》中还有"攘羊"，也就是偷羊的事情，偷羊就是偷钱。

有一部小说中间，也提到了羊作为重要财富的一个细节。在《天龙八部》中，萧峰活捉了耶律洪基，又把他放了。耶律洪基为了报答萧峰的救命之恩，送了他很多好东西，黄金五千两，白银五万两，锦缎一千匹，麦子一千担，肥牛一千头，肥羊五千头，骏马三千匹。当时羊已经成为一种重要的经济财物。

延安时期，羊也为根据地的建设出过大力。"南泥湾好地方，到处是庄稼，遍地是牛羊。"当年大生产时期，在南泥湾这个地方，牛羊起很重要的作用，帮助边区政府自力更生。而且那时的大生产和岢岚也有关系，岢岚给边区提供过物品。

再看我们周边的羊产业，我们应该和周边竞争。羊浑身是宝，把它做成产业，是完全可以的。比如羊皮袄，自古以来就有，关键就要看谁做得好。

山西孝义有一家羊羔酒厂，近几年这个酒厂好像已经倒闭了，很可惜。去年的时候我去孝义，参加一个活动，当地一个朋友说："这个酒现在找不到了。"

为什么要说这个羊羔酒呢？《三国演义》里边诸葛亮说："快用羊羔美酒，犒赏三军。"当地有人说，诸葛亮说的就是孝义的羊羔酒。这显然是开玩笑。这种酒的名字，可能和孝义这个地名有关系。羊跪乳是孝道，只可惜，他们把这个品牌丢了。孝义没有了，但岢岚可以有，我们完全可以酿酒。

一说到羊，就会想起我们岢岚被称为"羊背上的岢岚"。

澳大利亚是一个发达国家，同时也是"羊背上的国家"，羊非常多，占世界羊总数的六分之一左右，平均下来每个人有9–10只羊。澳大利亚的羊毛，年产量在十亿公斤以上，占世界羊毛总产量的三分之一，仅羊毛一项收入就达60亿澳元。澳大利亚的羊出口仅次于新西兰，居世界第二，每年约有700万只活羊出口到中东、北非等地区，而中东一带现在穿的衣服大多是中国人做的。能不能把他们吃的羊，也变成由我们中国提供的呢？尤其是，我们的羊这么好，如此高寒地带的羊，可谓最鲜美！

再说一下新西兰。这个国家制定了一个全国羊肉日。本来他们那里不存在国际贸易，后来因为有羊，才开始羊肉外卖。现在，羊肉、奶制品出口都是世界第一，排在澳大利亚之前。也就是说，发展羊经济和时代并不脱节，完全可以牵着羊走进工业时代，走进现代化。

人类社会的发展，是一种有自我调控能力的发展。

我们都知道，现在有很多蔬菜是有问题的，有很多肉也是不放心的。而这些有问题的蔬菜、肉都和工业有关系。开始咱们提到过，最早的一种文明形式会合理地、有必要地存在于后来的工业形式中，很显然放牧还会存在，自然经济还会存在。而自然经济如果和商业相结合，就完全可以达到富裕的目标，不用说富一个县，富一个国也可以，澳大利亚和新西兰就是最好的例子。

有一个很错误的理论，叫木桶效应。

这个理论讲，决定一个木桶容量的是最短的那个木板，所以决定一个人和一个地方发展的是最弱的那一项。

——不是那样的！

我觉得，决定一个人和一个地方发展的，是最长的、最强的那一项，要扬长避短。岢岚的长处就在于羊，当然还有其他。我们要集中精力，想方设法地做好羊产业，搞强羊经济。

中国新疆的人均羊头数最多，放到全国，人均消费量只有六斤多。值得注意的是，2014年我国进口羊肉价格约每公斤30元，而我国自主生产的羊肉批发价格高达每公斤58元。为什么进口的比我们自主生产的还要便宜呢？主要有两个原因，一是成本高，二是数量少。这足以说明我们对于羊蓄养的科技方法还有待提高，我们养的羊还可以再多，这是供求关系的规律。

羊年马上就到了，我们在养羊大县说羊，可以说是恰如其分。希望有越来越多的人来热爱羊文化，关注羊经济，创造吉祥美好的未来；更希望我们在座的每一位同志，能够做好养羊大县的领头羊，让我们这里的羊肉飘香四海，羊毛温暖天下。

谢谢大家，祝羊年快乐！

国学与法

第二篇

　　国学中有法家，但是在中国传统文化中，法律不等同于法家。它和法家有关系，但是在中国传统文化中的法律和现代法律，无论是从概念上还是从性质上都不是一回事。我们今天尝试从中国传统文化中的法的角度，包括其起源、发展、精神等许多方面，来探讨一下中国古代的法律，看看它和现在是不是一回事。

　　同时，我们通过对它的探讨，对我们今天的识法、学法、守法、用法也能提供一些借鉴。有的我们可以用它来做反面教材，有的可以用来做正面的教材。

　　好了，现在正式开始。

明刑弼教：以仁为本的法治理念

中国的传统文化，一般从三千多年前算起，这是一个比较短的时期。"五千年文明看山西"，如果按照5000年来算的话，其下限大概是四千多年前黄帝那个时期。

根据《史记·五帝本纪》的记载，在黄帝时期就出现了法律的一些观念。不知道什么原因，当时的人类居然认识到节约能源的重要性，提出节用水、谷、材、木之法，就是节约使用饮水、木材，包括各种饮食。这说明中国人这种节用水、谷、材、木环保的概念要比全世界都要早得多。

但是它毕竟指的是一种观念而已，还谈不上明文的法。中国最早的法是从什么时候起源呢？从社会发展角度来说起的话，法律的前提是一个地域概念的产生，什么呢？国家！

国家有军队、法庭等暴力机构。在生产资料极其有限、生产力极度低下的情况下，是应该不存在法律的，那时候最重要的事是活着。后来，生产资料有了剩余，生产力越来越发达，如何对财物等生产资料进行分配的问题就出现了。这时候，为了保护私有制，为了使一部分人看来合理的社会制度能够巩固和继续发展，整个人类产生

▲ 《汉谟拉比法典》

了对于法律的需要，比如《汉谟拉比法典》。

在中国，最早是什么时候呢？最早在三千多年前到四千多年前时的尧、舜、禹时期。这个时期应该是中国国家概念的起源时期，中国的法律或者说中国的传统法治有了很光明的起点，就是"明刑弼教"。"明刑弼教"这四个字最早见《尚书》。

我十八岁时，走了几十里到洪洞南部去看一个庙，叫皋陶庙。皋陶庙里边挂着一块匾，上面写四个字"明刑弼教"，落款是慈禧。

皋陶在中国有两重身份，一重是官方认可的中国法律的鼻祖，他是尧舜时期的士师。士师就是所有人的典型、所有人的老师。在这个职位上的人，必须非常公平，人格非常高尚，甚至要很有权力。另外，皋陶还有一个民间的身份，比如《苏三起解》里边，苏三曾经在监狱里边拜祭狱神，监狱之神，就是皋陶。他就有这两重身份。

传说，皋陶的脸是绿色的。根据《荀子》的记载，他"色如削瓜"，脸色像瓜被削开一样，是绿色的。他的脸为什么是绿色的呢？我用一个旁触的例子来说明。看宋史《包拯传》的时候，就发现一种有趣的现象，在宋朝时期，

▲ 《尚书》

《包拯传》里边就没有提到包拯的脸是黑的。反而根据当时一些文人的记载，包拯的脸比较白，那为什么后来就有包黑子、包老黑的说法呢？可能是包拯这个人他是个法官，经常板着脸，铁面无私，总是板着脸就叫黑着脸，传着传着，就成了包黑子、包黑脸、包老黑。而皋陶可能和包拯一样。也是经常脸色很严峻、铁青，青和绿比较相近。皋陶应该是体现了中国法律严肃性的一个人。

比皋陶晚一些时期，有一位大思想家老子，有句话说得非常深刻，它指出了在皋陶时期中国法律产生的必要性。这句话有两种说法，常见的版本是这么说的："失道而后德，失德而后仁，失仁而后义，失义而后礼，夫礼者，忠信之薄，而乱之首也。"

老子认为，最高级的思想境界，最高明的、最理想的社会状态，应该是一种道的境界，不需要任何人有任何的努力，自然而然，按照天道生存，这是上古之时；在这种境界难以达到的时候，就需要树立一个圣人，用德治来教化天下；在德治已经失去了效果的时候，就需要推行一种爱心、仁，仁者爱人，用一种爱心互相帮助、互相关心，让我们的社会民风，让我们的人伦道德比较敦厚；但是这种道德失去之后，我们就需要建立一种正确的理念，"失仁而后义"；而在正确的理念失去以后，我们就需要有形式上的东西"礼"。

这个"礼"，往浅了说是"礼仪"，往深了说就是"法律"。就需要这个东西来作为社会的一个纲常、底线，一旦突破了这个底线，那么"忠信之薄，而乱之首也。"恐怕这个社会就要乱，人性也要乱。

我认为"夫礼者"这个说法可能不对，应该是"失礼者，忠信之薄而乱首也"。"夫"为"失"之讹误。如果连礼仪或者说连礼法、连法律都失去的话，国就乱了，应该是这样的。在皋陶这个时期就是这样的。当时社会正面临一个急骤的转型时期，生产资料有了很多的剩余。这个时候，如果不能有效地来平衡各种矛盾，处理各种社会关系，那么很可能就会出现弱肉强食，随便地抢、随便地拿的无秩序状态。

文 wen 化 hua 苛 ke 岚 lan

皋陶的"皋"本身是山丘的意思。"陶"是耳朵旁，耳朵旁有两种，一种左耳朵，一种右耳朵。凡是带右耳朵的字，比如首都的"都"、郑国的"郑"、邢台的"邢"等，都和地名有关系，而皋陶的"陶"我们往往读作"tao"，这里读作"yao"，它是左耳朵，带左耳朵的一般和高地有关系，比如山陵、丘陵的"陵"，队伍的

▲ "上古四圣"之一皋陶

"队"，"队"本身是从高处掉下来的是"坠"的意思。皋陶应该是一位住在高高山丘上的大法官，这位大法官是什么时期呢？是尧舜禹时期的大法官，尧时开始被重用，到了舜和禹的时候，更是越来越被重视，后世把尧、舜、禹、皋陶共称为"上古四圣"，上古时期中华民族的四大圣人。

我们知道"仓颉造字，黄帝造车"，而"皋陶作法"，这是整个中华文明发展史上一个里程碑式的伟大事件。皋陶作法的这种精神在《尚书》中有所记载。《尚书》的"尚"通"上"，《尚书》者，上古之书也。在《尚书》中，有一篇《皋陶谟》，里边有这么几句记载："帝德罔愆，临下以简，御众以宽；罚弗及嗣，赏延于世。宥过无大，刑故无小；罪疑惟轻，功疑惟重；与其杀不辜，宁失不经；好生之德，洽于民心，兹用不犯于有司。"《尚书》一直不好理解，但这段话我们还是可以读得懂的。皋陶对大禹说，帝王的道德就是不要放纵自己的各种欲望；在治理天下和管理群臣方面，尽量用一种简单的方法，不要搞得过于复杂化；在顺应百姓的方面，要有宽度的胸怀。如果罚一个人不要罚到他的后代上，"及身而至"，就罚到他这一代；如果赏一个人，可以赏到他的后代上，赏罚分明。罚有限，赏无限，或者说赏的范围比罚的范

围更大些。如果原谅别人的过错，那就原谅吧，哪怕他犯的错误再大；如果要惩罚别人的过错，那就认认真真惩罚，有一种从始至终一贯的态度。在断定一个人是否有罪方面，一定尽量往轻的方面走；这个人怀疑他有罪，但是我没有依据，那好，他没有罪，"罪疑惟轻"；这个人我觉得他有功，但是我没有证据，好，那我就按他有功来算，"功疑惟重"。与其杀一个无辜的人，宁可宽宥一些犯错误的人，换句话说，"宁可放过三千，不能错杀一人"。帝王一定要有好生之德，让老百姓内心感觉非常和谐，和帝王能够非常融洽，这样他们才不会冒犯有关的管理部门，才会做一个守法的黎民。

从古书记载中已经看出，那时候已经有了一些法律的基本雏形，比如对于君主的一些限制，比如治理百姓的一些方法，比如把道德和法律结合起来的一些主意等等。

同样在《皋陶谟》中，有另外的记载，是大禹在登基之后，皋陶对大禹说的，算是后期的皋陶思想，说："无教逸欲，有邦。"大禹，你千万不能放纵自己的欲望，你不要忘了你是拥有天下万国的一位君主，要"兢兢业业"努力地去工作呀。"一日二日万几"，"一日"是天天的意思，天天日理万机工作繁忙，一定要勤奋工作；"无旷庶官"，绝对不要任命一些根本没有用的官员来耗费纳税人的钱财，耗费国家的粮食。"天工，人其代之"，上天的一些主张，要通过你包括你领导下的官员来体现。

"天叙有典，敕我五典五惇哉！天秩有礼，自我五礼有庸哉！同寅协恭和衷哉！"三句感叹词，好像蒙古的长调一样，非常深情地唱出来。老天爷说出一些伟大的精神，有五点，是哪五点？

老天爷为人类建下五种规矩，这五种规矩有的说是"天地君亲师"，有的说是"仁义礼智信"，有的说是"天子、诸侯、大夫、士、庶人"五种道德秩序，我觉得这些可能解释得都不对。结合当时的历史状况来看，应该是五种比较原始古朴的祭祀仪式。"礼"本身就源于祭祀。

"同寅协恭和衷哉。"同僚之间一定要同舟共济，共同为一个良好的目标而奋斗。"天命有德，五服五章哉。"老天爷让我们这些有德之人、做官之人穿上了五种不同颜色的服装来区别于百姓。这句就比上一句要详细些了。尤其后边这句"天讨有罪，五刑五用哉。"老天爷还命令我们，让我们代替他去讨伐、去谴责、去处理那些有罪犯错的人。"五刑五用哉。"要用五种刑法面对五种人，产生不同的用处。有点类似于包大人那种龙头铡、虎头铡、狗头铡，铡不同身份的人。这个五刑是铡不同的犯罪性质的人。"政事懋哉懋哉。"只要能把这些做到，那么政治就会越来越兴旺。这五刑后来被传了下来，哪五刑呢？"墨、劓、剕、宫、大辟"。"墨"：往脸上刺字，比如林冲、宋江；"劓"：割掉鼻子；"剕"：剁掉手脚；"宫"：我们知道司马迁受到宫刑，使男人失去生育能力，不仅有对于男性的，还有针对女性的；"大辟"：砍头。五种肉刑，这是中国最早的肉刑，也是中国最早有明文记载的。后来，在这个基础上中国古代又产生了五花八门的各种刑，比如"刖刑"，剁掉小腿。比如汉代有一种稀奇古怪的刑叫"笑刑"，就是让一个人的双脚站进有很多盐的盐水里边，过一会儿出来，牵只羊过来，让羊来舔他的脚，直到把这个人笑死。这个笑刑不仅在中国有，在西方也有。再比如"杖刑"，打板子、打屁股，这都是肉刑。肉刑从皋陶开始，在我们现在看来，这些肉刑充满了残酷、野蛮甚至可笑，但是在当时那是非常进步的。在这之前犯了错，要么一刀砍了，要么就不知道该怎么对他。现在最起码有一个对待的方法了。不仅有了，而且有了标准，有了级别。这是中国传统法律的起源。

　　大概比皋陶晚一千年左右，出现了一部伟大的经典叫《周易》，有这么八个字，在《蒙卦》中，"利用刑人，以正法也。"我认为这八个字可以总结前边的一切思想。为什么呢？这个"刑"出自《蒙卦》，"蒙"和教育有关系，我们说童蒙课本、启蒙老师、开蒙教育，"利用刑人"中的"刑"应该是典型的"型"，可以为老百姓做出典型，让国家的政策能得到执行，让老百姓做事有标准，可以来惩罚那些犯错的人。无论是做出典型还是惩罚犯错的人，都是教育犯罪的事情，都是教化天下犯错的人。所以说，从"型"到"刑"的

▲《四库全书总目提要·政书类》

过程，是一个"明刑弼教"的过程。或者说，中国的法律从皋陶那个时期开始就是一种手段，它是为了让社会安定，让百姓能够安居乐业，让社会各阶层的利益能够得到保证的一种手段。如果没有犯罪的话，不会拿法律来说事。法律是暴力的东西，暴力的东西应该是被关在笼子里边的，你不碰它，它不会咬你，但如果你要碰它，那就必须接受制裁。

在《汉书·陈宠传》中，有一句说得非常好："礼之所去，刑之所取。失礼则入刑，相为表里者也。"礼仪刚才咱们讲过，可以从浅和深两方面来理解，就是个规矩。你要是不遵守这个社会规矩，那么就用法律的标准来制裁你；如果你是一个不道德的人，不遵守社会公德的人，那么刑法会用它的标准来对你进行必要的惩罚，甚至是处死。礼和刑相为表里，好像手心手背一样。这句话说得非常精彩。中国自古以来就是礼刑并用的，不过在不同时期有不同侧重而已。

还有一句也说得非常精彩，是纪晓岚写的。纪晓岚在《四库全书总目提要·政书类》中写了一句："刑为盛世所不能废，而亦盛世所不尚。"再伟大的盛世，康乾盛世、贞观之治、文景之治，也必须有法律。但是，每个伟大的时代绝对不仅仅是靠法律所能创造的，它需要诸多方面的合力，比如经济、文化、军事许许多多方面的因素。总而言之，"刑法"是关键的，至关重要的，但不是全部的。就好像我们吃饭时的盐，不能一天没有，不能一顿没有，但也不能过多，过多了味道就不对了。

尊主卑臣：专制传统的法律特点

前面咱们讲过，中国传统的法律和现代法律从精神上，从概念上有很大的不同。我们从一个故事说明一下传统法律与现代法律有什么不同。《乐工罗程》这篇文章，在20世纪90年代的初中课本出现过，讲的是在唐代的唐宣宗年间的一个故事。说乐工罗程这个人非常擅长弹琵琶，是天下第一。他不仅能弹各种传统的曲子，还能够变易新声，创作许多新的曲目，改编许多传统曲目。因此唐武宗非常喜欢他，从而使他"恃恩自恣"，这里就埋下了祸根。他觉得有皇帝罩他，所以就为所欲为。后来唐武宗去世，唐宣宗继位。"宣宗初，以召供奉"，唐宣宗经常请他参加宫廷音乐会。"程既审上晓音律"，罗程知道唐武宗只是个音乐的发烧友而已，而唐宣宗本身也懂音乐，是个行家。所以他"尤自刻苦"，更加刻苦了，水平比以前更高了，"往往令倚嫔御歌"，经常让嫔妃们按他所创的曲目编新的曲子。每一次让唐宣宗都非常高兴，也是成为红极一时的人物，于是他更加放纵。果然有一天，"以眦睚杀人"。因为小小的恩怨就把别人杀了，"上大怒，立命斥出，付京兆"，把他放在大理寺审查，该定什么罪定什么罪。"他工辈以程艺天下无双"，他的同僚——皇家音乐学院中的这些人觉得罗程的琵琶技术天下第一，把他杀了，再没有这么高水平的人了，觉得可惜，就想做做工作。"欲以动上意"。正好有一天，唐宣宗来到御花园中，和大家一起演奏音乐，乐师们在旁边放了把椅子，而且上面放了把琵琶，已经给罗程空出了位置。后来大家排着队开始演奏音乐前，不停地磕头，不停地哭。皇上问，你们这是干什么呢？大家进谏说："罗程辜负了您，确实该死。但他的琵琶水平天下无双，这样天下无双的技艺，以后再也不能再伺候您了，我们感到很遗憾，希望您把他赦免了。"皇帝听后，很严肃地说："你们所可惜的是罗程的音乐水平，是罗程的艺；而我所看重的是高祖、太宗传下来的法！"最后还是没有赦免罗程。

这应该是一段让人感到非常公正的故事，但是这个故事里边有个致命的缺点，什么呢？皇上说没事就没事，皇上说有事就有事，皇上说这法律是我们祖上传下来的法律，是我们家的法律，不是你们的法律，不是天下万民定下的法律，而是我们的高祖太宗定下的法律。这个让人感动的故事，里面藏着"专制"两个字。

天子金口玉言，口含天宪，他的话就是法律。这是中国传统法律让人很悲哀的一点。它的是非，它的标准经常被含在统治者的嘴里边，很可惜。到现在民间有"天子无戏言"的许多传说，天子说句话就马上就有很神奇的效应。比如，传说李世民某次打仗的时候，他的龙袍被荆棘挂破了，李世民很生气地说："要这个东西干什么？"然后，这一片山沟就不再长荆棘了。天子就这么厉害？这个故事很不能让人相信，假如李世民这样的话，他还打仗干什么？他打仗的时候，面对千军万马，对敌人就说："你们去死吧！"敌人就都去死了。

很可惜，在漫长的专制社会中，中国的法制主要讲求三个字"法、术、势"，而这三个字在秦始皇统一中国之前被玩得最沸沸扬扬。商鞅、韩非都在讲法，讲的那就是和中国的传统法制有密切关系的法家思想。

说到法家，我们不得不提一个人，他就是韩非子。韩非子是个结巴，却是个贵族，他是韩国的公子。在先秦诸子百家所有人中是出生最高贵的。因此这个人从小性格上多少有点怪：一方面，我是王子，我高傲；另一方面，我没有继承权，我口吃，有一种憋着劲抑郁的心态。

在韩非子之前，韩国有个法家的大师叫申不害，是专门讲"术"的。什么是"术"？"术"就是方法，是国王管理百官的帝王之术，一种权术，不存在职权，只存在谋略。而韩非子说这种"术"还不够，他又远远地跑到楚国，跟大师荀子学习，学习了好几年，与他的同学叫李斯的一块学习。

韩非子根据荀子的讲授，悟出了自己的法家思想。他坚定不移、彻头彻尾地站在统治阶级的立场上。比如，他认为法律面前人人平等，但这个"人人"排除一个人。除了天子之外，其他人都是平等的。天子可以把法像捏泥巴一样，说捏圆就捏圆，想拉长就拉长，说捏扁就捏扁。而且，

▲ 韩非子

他还提出和法律相关的政治学说，比如独裁，比如被后人称为古典法西斯的恐怖主义等等。

每个人都希望自己的书成为畅销书，但是韩非子不希望。他希望他的读者顶多有七八个人。哪七八个人呢？当时战国七雄的国君。他最希望的当然是韩国的君主，可韩国的君主韩安偏不买他的账。

这种情况被他的老同学李斯知道了。李斯经常派间谍在国外干事，刺杀坚决抵制秦国的六国大臣。有人把韩非子的书收集了过去。李斯想了想，把韩非子的书放到秦始皇的桌子上。秦始皇读书很勤奋，肯定会读到的。当然，那时候秦始皇还不是秦始皇，是秦王，每天要读几百斤文件。

有一天，他读到韩非子的文章，大为震惊，这本书怎么这么好呢？他说了一句很著名的话："嗟夫，寡人得与此人游，死不恨矣！"这时候李斯说，这个人不是古人，是今人，我知道他是谁，他在韩国，是韩非。秦始皇听后，二话没说，马上发兵攻打韩国，目的不是要地，不是要钱，而是要人，把这个人抢过来。在整个人类历史上因为一个思想家打仗的只有这一次。然后韩非子

到了秦国，没有多久就被李斯迫害致死。李斯想只要你活着，这个世界上就有一个比我强的人，现在你来了，我就有办法把你害死。

虽然韩非子死了，但他的思想指导秦始皇完成了中国的统一。

他说，什么"仁、义、礼、智、信"，都是闹着玩的！就好像小孩在一块儿游戏，用尘土当饭，用泥当菜，用木头当肉，"以尘为饭，以涂为羹，以木为戴。"但是，晚上妈妈喊一下"回来吃饭吧。"都回去吃饭了。"然至日晚必归饷者，尘饭涂羹可以戏而不可食也。"这些木头、树叶、泥土等可以玩，但不能吃。"夫称上古之传颂，辩而不悫，道先王仁义而不能正国者，此亦可以戏而不可以为治也。"说什么先王之道、尧、舜、禹、孔、孟之道都是闹着玩的，像小孩的过家家一样，乍一听很有道理，再一想一点道理都没有，那个不是闹着玩的，那个就是我们的饭，就是我们的民族魂。

所以他的出发点错了，在这个错误的出发点上，韩非子的法家的思想，他说一个君主必须有两种思想，这是我把他翻译成咱们的话了，就是：

第一，这个世界上不存在信任，信任是很傻的，很幼稚的，很可笑的，对谁都不要信任，哪怕是父母妻儿；

第二，要提防所有的人，所有的人都是贼。在国外有个心理学家说："他人即地狱。"韩非子就是这个意思，不要相信别人。

那怎样提防别人呢？怎样让不信任一直贯彻下去呢？一个方法：专制。专制又可以分成两块：一块是集权，一块是独裁。它说了好多关于这两方面的东西。我们说其中两句。什么是集权呢？"故有口不以私言，有目不以私视，而上尽制之。"你们有嘴，你们的嘴在说着我的话，你们有眼睛，你们用眼睛看着我的东西，我让你们看什么就看什么，我让你们说什么就说什么。比如秦始皇统一中国时，他就是这么干的。"偶语《诗》《书》者弃市。"两个人聊一聊《诗经》《尚书》，马上杀掉，把尸首扔外边，不允许收尸，这就是"焚书坑儒"的前奏。说什么是独裁，权势不可以介入。什么是权？权是秤砣，秤砣虽小压千斤。君主虽然是一个人，但可以压制天下，这个权力只能是他一个人的。什么宰相、百官，你们都是我的家丁而已。什么是势呢？势就是威势，积蓄各种力量，不可以给别人。

独裁者如何保证权力永远牢牢在我手中呢？以权制权。这个以权制权指的是大权制小权，君权制臣权，也是一种帝王术。什么是法律？法律是为权力服务的，说到底是为一个人服务的。而权力只能属于独裁君主。比如春秋时期，有一次，齐国国君和燕国国君在一起会盟聊天，在燕国，燕国君主是东道主。齐国君主要回了，燕国君主要送，送着送着，就送出国界线以外。按照天子的规定，国君送人不能走出自己的境外。结果现在已经送出境外，怎么办呢？好办，齐国国君重新划了一下界，这块还在燕国境内。他不必征求百官的意见，不必上奏天子，已经是一种独裁。无论听起来温暖还是恐怖，都是一个人说了算，这就是独裁，所以说是古典法西斯。

然后他提出"君臣不同道"，什么意思呢？"君操其名，臣效其形。"我来提出主张，你们去做。然后再分成抓手，"二柄"。在实践中有两个可操作性的助手，一个叫刑，就是罚；一个叫德，就是赏。赏罚分明。有了这两个抓手，君就是君，没有了这两个抓手，君就成了臣，臣有了这两个抓手，也就成了君。所以一定要保证永远的独裁。因此，必须"谨执其柄而固握之。""夫赏罚之为道，利器也。君固握之，不可以示人。"比如，民间传说有一个明朝的大富翁叫沈万三，沈万三致富是在元朝，朱元璋定都南京之后，说："把沈万三给我叫过来。"沈万三去了，知道皇帝找他看上他的钱了，他就说您现在不是修南京城墙吗？南京城墙需多少钱我出一半，或者我全出也行，然后我再拿出多少钱犒劳国家的将士们。朱元璋一听大怒："你算什么人？你有什么资格犒劳我们国家的将士？你有什么资格来修我们国家的城墙？你忘了你是一介草民，只有天子才有这个权力，你这是犯上！"然后把沈万三给流放了。他有生杀予夺的大权，让所有人都害怕。

当然，韩非子也想到了要有经济基础。他说："利于民者，必出于君。"你让老百姓怎么顺应你，你说了算。比如秦始皇就有这个思想，他把原

▲《韩非子》

来商鞅的思想更加往前推了一步，当时商鞅为秦国立了法律。什么思想呢？不允许私下里打架斗殴，私下打架斗殴是要重罚的，但是，你要杀了敌人，在战场上立了功，会受到重赏。秦始皇把这种思想根据韩非子的理论更往前推了一步，不允许打架斗殴，打架斗殴的话就是死，不是重罚。但是杀敌不仅是杀了对方的将士，杀了对方的百姓也算。于是形成一个恐怖的秦国军阀，秦国军阀的每一个战士为了更多地获取军功，于是到了别国以后，不仅杀燕、赵、魏、楚、齐国的士兵将军，也杀百姓，让所有国家心惊胆寒。

当一种思想产生的时候，它肯定是产生于良好的动机，但是产生于良好动机的思想未必都会按良好的路子走下去。中国的法家思想就犯了这个错误，而且他还强调君主必须运用信息掌控中的政治神秘主义，封锁、隐蔽、掌控，就是不能搞信息公开。"夫事以密成，语以泄败。""术者，藏之于胸中……潜御群臣者也。""其术远，则众人莫见其端末。""言通事泄则术不行。"

我举两个例子，一个是在《韩非子》中提到的。有一天国王派一名小官，让他到外面看看怎么样？小官出去转了一圈，回来说，外面的人口很多，市场很繁华，就是我新买的鞋踩了两脚马粪，弄脏了。又过了一天，国王把首都的市长叫过来，说："有好多人表扬你，说你人口越聚越多，市场也越来越繁华，但有很多的事你做得不行，我不想多说，我只说一点，你的卫生工作怎么搞的？"这个市长大吃一惊，君主每天不出门，他怎么知道？君主绝对不会说他听谁说的。他要让人感到：我虽然深居宫中，但是无所不知。这个人就怕了，回去以后，不仅打扫卫生，而且把别的工作也越做越好。

再举一个例子，有这么一个故事，有的说是朱元璋的故事，有的说是雍正的故事，我认为是雍正的可能性大一点。有四个大臣，晚上玩纸牌。当时窗户开着，突然，风吹了一下，蜡烛灭了，把蜡烛点着后，一张纸牌不见了，找了半天没找见，就换一副牌重打。第二天上朝，雍正问一个大臣："你们昨晚干什么了？""臣昨晚没工作，打牌了，和谁谁谁。""你们怎么坐的？""我坐南边，他坐东边，谁西边，谁北边。""你很老实，不错。"随手扔了一个信封，拆开一看，是那张昨夜丢失的纸牌，还有一张是画着谁谁坐哪儿的座位图，这个大臣吓得半死。这些东西让人听起来有种法西斯的味道，不好。这些都是韩非子思想在中国历史中不时地露头。

严而少恩：容易失控的冰冷机器

法律是个手段，也是个容易失控的冰冷机器。我们需要机器，是因为机器能为我们服务；我们需要法律，是因为法律可以让我们幸福，让我们安全。如果法律不能让我们幸福，不能让我们安全的话，那这个法律就值得商榷。比如中国古代专制社会的法律是有问题的。

关于商鞅变法，有个著名的故事叫"立木行赏"，把一根木头从这边扛那边去，就奖赏多少钱，没人扛就加钱，还没有人扛再加钱，最后加到百金时，终于有人扛了。商鞅兑现诺言，果然给了此人百金。这叫什么？叫诈，是

▲《史记》

诈术。就算取信于民，也犯不着把老百姓当小白鼠玩，当愚蠢的傻子哄吧？这就是一种独裁，这里体现的不是给予老百姓的恩典，而是我要让你看到：我有权，我代表法，我就是这么任性，你得顺着我的性。

司马迁的父亲司马谈留下了一篇文章，被收在《史记》中，叫《论六家要旨》，这是一篇非常了不起的文章。它里边也评论法家，说："法家不别亲疏，不殊贵贱，一断于法。"法家根本不管什么亲疏贵贱，全部用这个法来判断，"则亲亲尊尊之恩绝矣"。那么伦理纲常、仁义道德的作用就体现不出来了。所以法家"可以行一时之计，而不可长用也"。这句话说得太对了。所以说法家严而少恩，严格，严厉，但没有人情味。

当时，整个秦国没有一个人不怕商鞅。商鞅就是法，而且也只有一种法，根本不分民法还是刑法，这个法甚至就没有形成书面形式。他说的话就是法。变法之初，很多人反对，商鞅把这些人抓起来，处以流放或者重罚。谁让你们敢诽谤国家法律？变法好几年后，秦国富强起来了。有人说商鞅真是好人呀，真了不起呀，你看国家富强起来了！商鞅说，"谁说的？把他们给我抓起来，全部流放，你们有什么资格议论法律，好好种地，好好打粮食就行了。"他让所有人在他面前颤抖。

孟德斯鸠说过一句话："在民法慈母般的眼睛里，每一个个人都是整个国家。"这样温暖的精神，在商鞅的法里看不到。只能说在法家严酷的眼睛里，每一个人都是他们可以利用的工具。这种法的精神在很多社会里已经变得越来越尴尬。

比如，几年前，在一次车祸中，一位少年被撞，肇事车辆逃逸，少年重伤，父母赶到，二话不说，先把孩子送到医院急救室动手术，用药。总算把命留住。继续用药，最好的大夫，最好的营养。父母没多少钱，卖了房子，节省，借贷，吃糠咽菜，保证孩子良好的药品和营养。后来，孩子康复出院了，就在这时，肇事司机被逮住了，被公诉，司机要赔偿所有的相关的费用，然后法庭的判决刚刚下来没两天，这个儿子一纸诉状把自己父母告上法庭："受伤的是我，我已经满十八岁，这笔钱应该是我的，他们有什么资格拿？他们在非法占有我的财产。"法官强忍愤怒，判给这个少年。然后拍着桌子说："天理何在？"所以说法律这个东西，无论是在传统的社会中，还是在当代的社会中，都是个底线，而不是标准线。

人存政举：人治法治的两难选择

中国传统法律有一个特点："人存政举"。它是人治和法治间的一种选择，两难选择。在秦始皇时期，依靠以韩非子为代表的法家的古典法西斯统一全国，但很快，国家就灭亡了，为什么呢？司马谈说的一针见血："可行一时之计，而不可长用也。"除了郡县制一直被沿用下来，其它的刻薄的残忍的法律基本上都受到历代的批判，都被历史所淘汰。

儒家认为，还是应该本着"以人为本"的态度来执行法律。比如包大人，他就是一个既有人情味，又有公正心的好法官。在漫长的中国的历史中，自秦朝以后，中国的执法在很大程度上要依靠个人的能力或魅力。不得不说，这是一种让人很不放心的传统。如果没有包大人，那么不就有很多人冤了？秦香莲不就没有人管了？陈世美不就没人抓了？所以让人感到非常的不放心。

在《宋史·包拯传》里边说，"旧制"按照过去的制度，凡诉讼不得"径造庭下"，不得直接来告状，不能击鼓说"大人我冤"。但包拯开正门把大堂打开，让所有的人能够到他面前来，"吏不敢欺"，没有人敢骂他。这段话里边有个很好玩的东西"制"，按照过去的制度如何如何，但包拯把这个制度说破就破了，他不必上请朝廷同意，这是人格魅力。但同时，也是当时法律的不严密，只要我包大人觉得对，可以不经过朝堂议论，可以不通过宰相批准、皇帝首肯，说破就破了。这就是人治。人治可以好，也可以不好。在中国历史上，长久传颂一些人治的佳话，但更多的是人治的弊端。

还有唐代的柳宗元，是咱们山西的老乡。柳宗元和韩愈一样，也做过地方官，他曾经在柳州当刺史，便是韩愈《柳子厚墓志铭》中说的，"子厚得柳州"。柳宗元到了柳州后，感叹这地方太糟糕了，但是"是岂不足为政邪？"糟糕的地方也能让我大显身手。"因其土俗，为设教禁"，按照当地的风土人情设立了一系列的地方法律，大家都听他的话。比如这地方还是奴隶社会，"其俗以男女质钱，约不时赎，子本相侔，则没为奴婢"，如到时没还钱的话，就是永远的奴隶了。"子厚与设方计，悉令赎归"，他千方百计地替老百姓想办法，让百姓把自己的儿女赎买回去。那些穷的实在是没办法的人"书其佣"，在官府打工，记下你的工钱，够了把你儿女划回去，"观察使下其法于他州"，在各地巡查的观察使。把这个方法进行推广。一年之后，"比一岁，免而归者且千人。"差不多有一千人获得人身自由。这一千多人要感谢的首先不是大唐的法律，而是柳宗元这个人。这到底是人治的一种温暖，还是人治的一种悲哀呢？假设没有这个人，怎么办呢？这是中国传统的法治最大的一个让人不放心的地方、一个弱点。

白居易，是中国古代是一名伟大的诗人。他除了是诗人以外，还是一名很优秀的地方官。大家知道，中国就是人去政息，人存政在。所以他在杭州做地方官时，也像韩愈、柳宗元一样，做了很多政策上的、法律上的有益工作。他知道一旦自己走了，这些法就不存在了，但是有一个东西会继续存在，什么东西呢？西湖。为了让西湖里边的水更多，他把西湖挖出的淤泥筑成了一道堤坝。后来他离开杭州的时候，父老乡亲们送他，他写了首诗，其中有这么两句："唯留一湖水，与汝救凶年。"他说的不是唯留一部法，甚至不是唯留一条令，而是唯留一湖水。白居易走了，这湖水留下来了。但是这湖水为什么留下来呢？不是因为能为老百姓灌溉，而是因为美景，"山外青山楼外楼，西湖歌舞几时休。"此后的达官贵人，纷纷来这里游览。

　　一千多年后，一个和白居易八竿子打不着的外国人，一个骑白马的小个子——拿破仑有一句话，应该让我们反思。拿破仑晚年说："我的光荣不在于打胜了四十个战役，滑铁卢会摧毁这么多的胜利……但不会被任何东西摧毁的，会永远存在的，是我的民法典——《拿破仑法典》。"东方和西方都有过

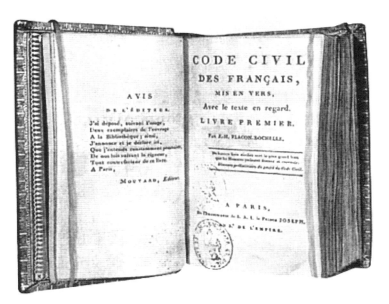

《拿破仑法典》

黑暗的、漫长的、曲折的、在法律的道路上探索的过程。但是在民法这个方面，西方早我们一步。中国古代，只有刑法而无民法。

在这种人治的情况下，中国古代最理想的政治局面——仁政——就让人打了问号。到底什么时候能出现仁政呢？倒是有几个仁人，比如说韩愈。但是全国有几个韩愈？好不容易出了个白居易，但白居易被调走了。所以仁政在中国古代可能会在一个地方、一段时间出现，但是它很难在所有地方长时间出现。

现在，社会主义法制体系已经相当完善，而且越来越完善。我们学传统文化，绝对不能说凡是传统的都是好的，不能泥古，更不能复古。比如对于中国古代法律的弱项、弊端，必须深刻认识。

王霸杂之：历史潮流中的不断调整

王道是儒家，霸道是法家。"王霸杂之"在历史上不断调整。"王霸杂之"有个出处，在《汉书》里边的《元帝纪》。汉元帝还是太子时，有一次，和他爸爸汉宣帝聊天。他爸爸这个人搞严刑峻法，他劝他爸爸说："陛下持刑太深，宜用儒生。"汉宣帝一听大怒："汉家自有制度，本以霸、王道杂之，奈何纯任德教，用周政乎！"怎么可以完全用儒家、完全用道德来治呢？"且俗儒不达时宜，好是古非今，使人眩于名实，不知所守，何足委任？"乃叹曰："乱我家者，太子也！"这是道破了中国古代天机的一句话。我们一直推崇孔夫子。我自己也是一个坚定不移的孔夫子的追随者。但是其实神仙都明白，只靠孔夫子是不行的。有句叫作必须有个底线在这儿，如果没有这个底线的话，是不是就乱了。底线就是法律，就是霸道。后来汉元帝即位时，也跟着他父亲的路子走了。

中国的法律是"儒法相表里"，道德和法律相表里。那么什么时候用霸道呢？太松的时候紧一下，太紧的时候松一下。比如刘邦实际上是个很弱的人，为什么他能得天下呢？有一个关键的原因是，他在法律方面做得很好。

刘邦刚进咸阳时，项羽及各路诸侯都在外边。他把所有父老乡亲召集起来，说："父老苦秦苛法久矣。"秦朝的法律太严酷了，你们被统治得时间太长了，现在我来了，我就是你们的王。既然我是王，我就可以立法，我的法没有太多，只有三句，"约法三章"，哪三章？"杀人者死，伤人及盗抵罪"，杀了人要抵命，伤人的抵罪，偷东西的抵罪。至于该定什么罪，怎么把握尺度，刘邦不说。太宽了，宽得没边没沿。但是在秦朝那种严刑峻法下受苦太多的百姓一听，当真是如释重负，说太好了。刘邦进一步宣布，所有的有关部门按这个来办案，来工作。"待诸侯至而定约束耳。"等其他诸侯来了以后，我们再定法律。这样一来，"秦人大喜，唯恐沛公不为秦王。"生怕他不做自己的主人。他让老百姓感到宽松，能活得比秦始皇时好得多。

法律是种工具，一种统治工具，不仅可以杀人，而且可以团结人。比如这时候约法三章，就是刘邦极高明的一点，这就是王道，用德来团结所有的人。

到了刘邦的后代，刘备的时候，他没有统一全国，在蜀国做了几天皇帝。他的法是诸葛亮定下来的，是严刑峻法。诸葛亮定法之后，有一个叫法正的官员反对，说当年汉高祖约法三章，"秦民知德。今君假借威力，跨据一州，初有其国"，也应该像汉高祖约法三章一样，宽一点嘛。"愿缓刑弥禁，以慰其望。"符合老百姓的希望。诸葛亮说，不对，你只知其一，不知其二。"秦以无道，政苛民怨"，秦国就是一种军国主义，一种法西斯主义。法律特别苛刻，老百姓对它充满仇恨。"匹夫大呼，天下土崩。"一个普通的人陈胜振臂一呼，他的天下就完了。"高祖因之，可以弘济。"高祖面对当时秦国的乱局，用约法三章正好，而现在呢，"刘璋暗弱，自焉以来有累世之恩，文法羁縻，互相奉承，德政不举，威刑不肃。蜀土人士，专权自恣，君臣之道，渐以陵替。宠之以位，位极则贱；顺之以恩，恩竭则慢。所以致弊，实由于此。吾今威之以法，法行则知恩；限之以爵，爵加则知荣；恩威并济，上下有节。为治之要，于斯而著。"总之，刘璋有法不依，执法不严，他是徇私枉法，完全地你好我好，大家都好，这是不对的，我们现在必须用严刑峻法。

最后这几句很有意思："吾今威之以法，法行则知恩；限之以爵，爵加则知荣；恩威并济，上下有节。为治之要，于斯而著。"恩威并济，法律是可以有弹性的，关键在于什么时候弹，这也是中国法律自古以来有时候松，有时候紧，有时宽，有时猛，一种宽猛相济的过程。这是中国古代法律思想留给我们的宝贵财产。根据现实的需要，根据社会的发展来制定我们的法律政策。

道之以德：传统法治的道德主流

中国之所以是中国，关键不在于法家，而在于有着崇高修养的儒家，有着无上觉悟的道家。比如中国的法律，自秦朝以后，它总是不得不"道之以德"，用道德来引导。"道之以德"这句话出自《论语》。孔子说："道之以政，齐之以刑，民免而无耻。"如果只用政令来引导百姓，只用刑法作为一个标准，那么老百姓害怕挨板子，害怕坐牢，不敢去犯罪。但他没有羞耻之心，没有人情味，不存在对于上级，对于政府，对于国家的情感；"道之以德，齐之以礼，有耻且格"，如果用道德来引导他，用礼法来教育他，老百姓就会有耻辱之心，而且一定会恪守法律。

在延安时期，有一位法官叫马锡五，他的"马锡五模式"被广泛地推广。马锡五在新中国成立后进入最高人民法院。他在延安断案子时有一句重要的话，说："作为法官，当你下乡找老百姓调查了解情况，恰好遇到他下地归来，这时候，你应该把他手中的牛绳接过来，帮他把牛拴好，让他在一旁喝喝水、抽抽烟，好生休息后，才跟他了解情况。"——这番朴素的描述被认为是马氏审判方式最经典之处：巡回审判、就地办案、调解结案。这就是"道之以德，齐之以礼。"马锡五不仅在建国之后受到推崇，包括在当时的国统区也很受推崇。因为他代表了一种人性的光辉，他把这种人性最大限度地落实到他的工作的法律范围内，很了不起。

当然，最高级的道德，不是说用道德调查案子，用道德断案，而是让每

▲
《国民录》

个人都有道德，再没有案子发生。这才是最理想的道德。孔子说："听讼，吾犹人也。必也，使无讼乎？"要说断案的话，我也和别人一样，问了原告再问被告，再做调查做研究，最后再判是非曲直。如果非要说我和别人的法律观念有什么不同的话，就是希望能做到让诉讼再也不要发生。

这多好呀！一个社会永远没有案子多好。

从2008年以来，每年我都要到一些监狱里边讲课，比如，女子监狱、太原一监、未成年人管教所，每一次去都感到很震惊。他们有的是少年犯，怎么那么小，怎么那么傻；或者是高智商犯罪，水平那么高犯得那些罪；或者是职务犯罪等等。我的一个警官朋友跟我聊时也说，卫老师，去您那里的人多一个，来我这里的人就会少一个。假如我们岢岚县不让一位民警、不让一位交警、不让一位执法人员操心劳累，大家每天清闲，百姓都安居乐业，将是多么幸福呀！

有一副很有名的中药铺对联："但愿世间人无病；何愁架上药生尘。"我们闲不怕，只要老百姓太平和睦，不犯罪，这就够了！

清朝有个地方官员叫袁守定，他写了一本《图民录》，里边有这么一句话："来讼者固有不得已之情，而亦由不能忍。苟能容忍，则十省七八矣。"来打官司的人，肯定有很多是没办法才来的，但是，又都是没多大事，就是心眼小，脾气大，不能容忍，只要能忍，十个事里边有七八个事不会发生。"长民者，劝民忍忿兴让，则必有气平而已讼者。"管理百姓的干部官员如果能够谆谆切切、好好地教育百姓，一定会使生气的人变得心平气和，停止诉讼。我们有句话"防患于未然"，在诉讼发生之前已经把问题解决了。用现在的话说，民事调解了，这多好，甚至不用民事调解，自己就和解了。

举个例子，汉代的杜畿，做山西的河东守，"有讼者，为陈大义，令归谛思之。"有人来打官司，他给摆清道理，回去再好好想想，"自后少有诉讼者"，很少有打官司的，被他讲道理讲走了。

"刘旷为平乡令，以义理晓谕，讼者皆引咎而去"，还有一个叫刘旷的人做平乡令，老百姓来打官司的，他给讲清道理。听了他的话，百姓都感觉是自己错了，都回去了。"提耳训告，县庭不可入，讼者感之，辄各罢去。"苦口婆心告诉他，脾气可以忍的，法庭不是玩的地方，能不来尽量不要来。打官司人的都很感动，好了，这官司我们不打了，都听你的，回去了。

还有更聪明的人，明朝的一个人，赵豫，做松江知府时，"始至，患民俗多讼"，刚到那个地方时，发现这个地方人脾气大，有事没事都爱来打官司。"讼者至，辄好言谕之。曰：'明日来'。"打官司的人来了以后，"噢，来了，坐下喝茶。"今天有事，你明天来吧。"众皆笑之"，人们都笑话他这个当官的，总是让我们明日来。"于是有'松江太守明日来'之谣"。但是神奇的效果发生了，"及讼者逾宿，忿渐平，或被劝阻，多止不讼。"打官司的人隔了一夜后，气下去了，或被亲戚朋友邻居师长劝了半天，大部分第二天也不去了。这是多好的方法呀！有多少事是杀父之仇、夺妻之恨、不共戴天之仇呢？所以隔一夜之后，睡上一觉醒来，气就平了，或者回去长辈做做工作，开导开导也就过去了。这种工作方法特别好。虽被人笑话，但极大地减少了当地的案发率，维持了当地的稳定，甚至改变了当地的民风。要知道，亲兄弟之间只要一上法庭，很可能几辈子都不和了；邻居之间只要一上法庭，可能几辈子都不大来往了。而因为一个官员的四两拨千斤的"明日来"，就达到这种效果，这是太好了。这位赵豫，就是尽可能让老百姓没有诉讼或减少诉讼。

还有一位顾光远，在和州。那地方的人也是喜欢打官司。顾光远写了很大很大一副对联，"官员书字百联，纸长数丈，诲谕谆切，民争来观，观已，去不讼者十二。"大家都过来看，原来是劝人们好好过日子，不要打官司。人们看了以后，十个打官司的有两个不来了。"又令凡诉者居谯楼上，思三日然后得诉。"八个人去鼓楼上，那地方安静，好好想三天，三天后，还想打官司的来吧，我给你们受理，"事不三日，去不讼者过半矣"，没到三天，那些人说，老爷我们撤诉，不打官司的人超过了一半。

这是中国古代法律历史上让人非常温暖的一方面。有一句话叫"民不告，官不究"。为什么不告？说明没有矛盾。没有矛盾我们为什么要挑事呢？尽量地保证百姓的民风淳朴，尽量地不要让大家非要拿起法律的武器。武器是个兵器。老子说："兵者，不祥之器，圣人不得已而用之。"那是个不得已的东西，是条底线，而不是条标准线。

还是那句话："不能一天没盐，但也不能天天只吃它。"

有这么一句民间谚语："饿死不做贼，屈死不告状！"用一种极端的口气说出了中国一种民风。饿死也不做坏事，不犯罪。有羞耻之心，自然不会去做坏事。再说"屈死不告状"，妯娌俩、姑嫂俩、婆媳俩、邻里之间有了矛盾，无论多大的气，也只是人民内部矛盾。只要能忍的，咱就忍，体现了老百姓的一种忠厚。"屈死不告状"是种极端的说法。我们虽然不提倡这种真正的"屈死不告状"，但是，一点芝麻大的事就告状，也不合适吧？

法律是国家的公器，是神圣的，不允许亵渎。而人们不亵渎法律的前提是人性的觉悟。所以，中国传统文化的核心还在于对于人的教育上。

漫长的专制历史已经过去了，现在，我们面前已经是崭新的一页历史。我们现在要依法治国。在社会主义核心价值观中，我们可以看见更多的、更综合的、很温暖的、很正能量的词："富强、民主、文明、和谐；自由、平等、公正、法治；爱国、敬业、诚信、友善"。

　　还是那句话，无论是在传统社会中，还是在当代，还是以后的社会中，公正与法治都是至关重要的。但法律绝对不是全部，尤其是传统的法和现代的法不一样。我们既不要把现代的法与传统的法机械对比，也不要把他们完全隔离，两者之间可以进行一些比较，也可以在一定的范围内进行继承。如果一味地泥古、复古，那肯定是错误的。

　　今天我给各位汇报就到此为止，浅薄、不对之处，请多多指正，谢谢。

第三篇

四书提要

岢岚是个好地方，清凉山城，很适合读书。很高兴，能在这适合读书的好地方与大家谈四书。

四书，又称四子书，是中国传统文化中非常重要的基础性读本，也是经典读本中的一套最著名的丛书。

我们为什么要读四书？这个问题，不妨先放得宽一点，讨论一下，我们为什么要学习传统文化？

因为传统文化中有崇高的品质、丰富的智慧、壮美的理想。通过学习传统文化，让我们的人生会更有质量，我们的工作会更有效率，我们的生活会更有内涵。

"观今宜鉴古，无古不成今。"悠久的历史传统，丰富的文化遗产，是中国的基本国情之一。对于领导干部而言，学习传统文化，可以更有效地了解国情，从而更有效地开展工作，服务人民。

那么，学习传统文化，从何处开始呢？

很多人，都是从唐诗开始。而其所选的书，往往是一本妇孺皆知书，《唐诗三百首》。

《唐诗三百首》是清朝乾隆年间的人选编的，面世之后，迅速成为中国最流行的一本诗集。有人做过统计，《唐诗三百首》的印刷量远远超过了同时期莎士比亚的诗在欧洲的印刷量。这本书之所以能如此流传广泛，其原因可用一句老话来解释："熟读《唐诗三百首》，不会写诗也会诌。"熟读这本书，在慢慢懂得欣赏诗的同时，也逐渐学会了写诗。

与此类似的，是一本中国历史上最伟大的语文教材————《古文观止》。其中，收录了从先秦直到明朝二百二十二篇优秀的古文，也是清朝编选的，目前也几乎家喻户晓。"熟读古文两百篇，等闲过得文言关"，还有一种说法："熟读古文两百篇，等闲过得文章关。"熟读这本书，能轻易地掌握文言，学会文章。

我的许多学生，在跟着我学习的时间里，并没有进行过专门的作文训练，但是绝大部分都能在较短的时间里写出远比同龄人优秀的文章，很大程度上是由于学习古文。在学习古文的过程中，自然就掌握了文章的气韵、脉络、结构、角度等。

《唐诗三百首》，并不是准确的三百首，而是三百一十一首，包含七十七名诗人的作品，时间跨度从初唐到晚唐。而《古文观止》是从先秦到明代，几乎整个中国散文发展史，唐宋期间的文章最多。唐宋的文章中，最多的又是韩愈。但即使是韩愈、苏东坡的全集，也没有《古文观止》这个选本流传广，影响大。

而且，一般人没时间阅读太多的书。比如《四库全书》，可能用一生的力量也难以读完。因此，必须学会挑选精华，有效阅读。老子说："少则得，多则惑。"少而精，要比多而乱要好得多。

这说明，一些优秀的组合书籍，或者一些优秀的选集，往往有集中精华、篇篇俱佳的特点，而且，这些书的编辑系统非常合理，因此更容易流传，对传播文化的效果更大。

然而，无论是《唐诗三百首》还是《古文观止》，都停留在一个文学的层次上。在中华传统文化体系中，文学是关键的一部分，但绝对不是最高的一部分，也不是最核心的一部分。

文明的最高层次、最核心的部分，是思想，是一种上层建筑，是一种意识形态。

我们必须读这样的书。

一、四书的形成

那么，在思想领域有没有这样的选本呢？有！那就是从先秦开始的儒家经典体系。先秦诸子百家，有的已经失传，如农家；有的则流传下来，如道家；有的不仅流传下来，而且成为国家的主流思想，如儒家。

儒家为什么能够成为主流思想？原因有很多，简单来说有两点：第一，是儒家思想的可操作性和理性；第二，是儒家教材的系统性。这是其他各家所没有的。合理的思想，加上合理的教材，使儒家在历史的反复选择和淘汰中，能够胜出其他学派，最终被汉武帝"罢黜百家，独尊儒术"。

儒家的经典教材体系，早在孔子时期就已形成，即"六经"：《诗》《书》《礼》《易》《乐》《春秋》。后来《乐》失传了，就剩下五经，但无论五经还是六经，都夯实了儒家在中国不可动摇的历史地位。

五经之后，儒家又出现了另外一个经典系统，就是四书。四书是四本书，《大学》《论语》《孟子》《中庸》。这四本书是儒家在五经之后的又一次经典体系的发展与完善，是在新的历史阶段形成的新的里程碑。

儒家思想成为中国历史经过反复选择后的主流，是《四书》形成的前提和基础。

《论语》：门徒编撰

四书中最著名的，是《论语》。

《论语》成为四书之一，是在南宋时期。但它早在战国时期就已出现，由孔子的学生，还有学生的学生，也就是再传弟子，共同编辑而成。汉代经学家郑玄认为，《论语》是孔子的学生仲弓、子有、子夏等人编订的，后人又考证出还有曾子参与。

几年前，我在《论语》中发现了一条线索，"子张问行。子曰：'言忠信，行笃敬，虽蛮貊之邦，行矣。言不忠信，行不笃敬，虽州里，行乎哉?立则见其参于前也，在舆则见其倚于衡也，夫然后行。'子张书诸绅。"子张把孔子的话记录在了衣服带子上，这虽然是《论语》孔门弟子做笔记的唯一的一个证据。但是我相信子张绝不可能只做过这一次笔记，做笔记的也不仅仅是子张一个人。

孔子一生，以教学为主。他从三十岁左右开始收徒，到七十三岁去世。这期间说过的话何止千言万语！但整个一本《论语》也就一万两千多字。这说明，在孔子去世后，弟子们在对其平生言语进行汇编之后，经过了反复挑选和提炼，其中的每一句都至关重要。

《论语》的编纂过程，本身就值得我们学习！这些人，不仅爱学习，而且会学习。

《孟子》：自己写成

"《孟子》者，七篇止。"比《论语》晚一些的，是与孔子并称"孔孟"的孟子所著之书，《孟子》。

《孟子》也在战国时期形成。与《论语》不同的是，它不是孟子的门人所编，而是孟子和门人共同写成。中国人有句话："七十三，八十四，阎王不叫自己去。"就与孔孟两位圣人有关系，孔子享年七十三，而孟子则高寿八十四。据《孟子》这本书来推断，他应该于七十多岁时停止了游说诸侯，回到家乡山东邹县，开始和学生万章等人编纂书籍，定书名为《孟子》。

孟子口才非常好，是一个杰出的辩论家。然而，虽然雄辩无敌，却惜墨如金，只给后世留下七篇文章，共二万五千字左右，差不多是《论语》的两倍。

人到了一定的年纪，总喜欢回忆和讲述往事，孟子也不例外。但和一般老人不同的是，一般的老人讲奇闻趣事，讲自己平生的得意之事，孟子讲述的则是仁政王道，治国平天下之法。

写书之时，孟子肯定对他几十年的大量言论进行了删减裁汰，对其一生的思想进行了沉淀、归纳、总结和提升。他一心想着写下对苍生，对后世最有价值的东西，对自己的个人情况反而忽略不写。因为书中提过一句"轲也请无问其详"，我们才知道他叫孟轲。他的字是什么，相貌身高如何，父母名字叫什么，家庭情况又是如何，后人一概不知，即使有，也大部分是传说。比如著名的"孟母三迁"故事，便是汉朝人编出来的，本无其事。

如果没有这本书，后世或许就不知道有这么一个人。通过这本书，这个个人资料严重不全的人成了圣人，他的自我价值也得到了最大的实现！

《大学》《中庸》：两篇论文

这是四书中比较特殊的两本，很少有这么薄的书单独成册。此前说过，《论语》比较短，但也有一万多字，而《大学》仅有一千七百余字，《中庸》也不过三千五百多字，都是一口气就能读完的。

自古以来的许多学派，都有言简意赅的一些著作，最凝练地反映这个学派的精髓，比如道家的《老子》，佛家的《心经》。儒家之中，《大学》《中庸》就是这样著作。虽然短，却自成体系，且意蕴丰富。

《大学》和《中庸》，最早是《礼记》中的两篇论文。《礼记》是从战国到秦汉初期一些儒家学者的论文集和笔记，内容繁多，参差不齐。后来，有人把《大学》和《中庸》两篇论文单独抽出来，成为两本书。

据说，《大学》为孔子的学生曾子所著，《中庸》则是由孔子的孙子子思所写。我觉得未必如此。《论语》中，曾子语言不少，相互比较一下，就可发现《大学》中的语言与《论语》中曾子的语气、习惯、思维大不相同。《中庸》中写道："今天下车同轨，书同文，行同伦。""车同轨，书同文"，这是秦始皇搞的事，而子思是战国时期的人，不可能提前说秦朝的情况。

我的看法是，《大学》与《中庸》，是儒家几代人的智慧结晶，起源在战国，西汉初年才完成。

这两篇非凡的论文，都在《礼记》之中。唐朝时，韩愈开始对其高度关注。

韩愈首先是一位大思想家，然后才是一位大文学家。在他的著作中，有很多思想性很强的文章，比如《原道》《原毁》。在《原道》中，韩愈说："斯吾所谓道也。尧以是传之舜，舜以是传之禹，禹以是传之汤，汤以是传之文武周公，文武周公传之孔子，孔子传之孟轲，轲之死，不得其传焉。"

韩愈说出了一个谱系，这就是中华民族早期的尧舜一直到成熟期的孔孟，一脉相承的一个"道"的传统，道统！道统，就是一种思想，一种价值观，一套方法论。

韩愈揭示道统，还有另外一层意思：孟子之后，道统便失传了，如果有继承人的话，应该就是我韩愈！他有这种想法，只不过没有明说出来。——这是一种矜持！他的这份矜持与自信，是有资格的。比如他对《大学》《中庸》的注意。

因为韩愈的缘故，《大学》《中庸》引起了唐朝以后的各个阶层的注意。比如，宋仁宗曾用单行本的《大学》赏赐新科进士，咱们山西老乡司马光曾研究《大学》，并写下《大学广义》。

这个传统，又被程颢、程颐兄弟俩往前推进了一步。

程颢、程颐，后人称他们为"程子"，又分别称为大程子、小程子，最普遍的称呼是"二程"。二程的祖籍是咱们山西晋城，后来迁到河南洛阳。他们与在岢岚当过官的范仲淹、在岢岚搞过调查的欧阳修等人都是好朋友。兄弟俩最主要的事情有两件：一是读书与思考；二是讲课和写书。二人在当时产生了很大的影响，成为北宋时期最重要的五位先生中的两位。

据后人记载，二程教育人，"必先使之用意乎《大学》《中庸》《论语》《孟子》之言"，主张先不要读别的书，先读这四本，把它们读熟了，领会了，再学其它。

这是二程很了不起的一个学习方法和教育程序。只不过，二程对四书的排序是《大学》《论语》《中庸》《孟子》，与后来四书顺序不一样，而且也没有准确地说出"四书"这个概念。

四书的顺序是《大学》《论语》《孟子》《中庸》。这种顺序，归功于南宋的朱熹。朱熹是二程的传人，一生做过大官，写过好诗，但他最重要的贡献，或者说最大的价值，不是做官写诗，而是研究和阐明儒家思想。他是一名伟大的思想家、教育家，被后人称为"朱子"。

朱熹不仅提出了四书的概念，重新排列了四书的顺序，而且对每本书都逐字逐句进行了注解，这就是著名的《四书集注》。元朝时，《四书集注》成为考试教材，明朝清朝则进一步普及，家喻户晓。

世界上最厉害的人，就是能下笨功夫的聪明人，朱熹就属于这种人。他自己说："某于《论》《孟》，四十余年理会，中间逐字称等，不教偏些子。"对于《大学》《中庸》，同样呕心沥血。他说："温公作《通鉴》，言：'臣平生精力，尽在此书。'某于《大学》亦然。"在他去世前的前一晚，还在修改已经花了多年工夫的《大学章句》。真可谓鞠躬尽瘁，死而后已！

朱熹编订并且注释的四书，具体地说是《大学章句》《中庸章句》《论语集注》《孟子集注》。这其中，不仅有他的注释，而且还有他认为比较好其他人的注释，全部集中在一起。

从此，中华文明进入了一个新的时代。

二、四书的意义

四书至此，全面完成。意义非常重大。

四书的意义，可以用《论语》中的一句话来概括："温故而知新。"

温习我们早就有的思想与传统，结合现实，再吸收外来的思维方法，对传统进行归纳、梳理、扬弃，包括注释，用它来指导我们解决遇到的新问题，这就是四书的意义。

《诗经》说："周虽旧邦，其命维新。"中国传统文化就有这样的优点，虽然很古老，但是永远年轻。朱熹说："问渠哪得清如许，为有源头活水来。"源头活水，就是万古常新的经典。但必须会读经典，有正确的路子。朱熹怕后人不会读书，故而利用传统，进行新的整合，促成了四书的形成。

我们知道，中国早在秦朝时就试图思想统一。秦始皇焚书坑儒，罢黜百家，独尊法术，结果历史证明此路不通。西汉初期，又用黄老思想治天下，发现也不合适。然后，就是汉武帝罢黜百家，独尊儒术，将儒家思想作为国家意识形态。中国的历史从此翻开崭新的一页。

但那时的儒家经典，主要是五经，没有四书。

五经是不朽的经典，但太过高深，不易普及，还不能有效地统一所有人的思想，凝聚所有人的意志。于是，中国又出现了问题，那就是三国两晋南北朝的大分裂。在这个分裂的时期，中国的知识分子再次出现了思想的困惑，魏晋时期的玄学就反映了这种困惑。

这一时期，外来佛学的进入以及逐渐普及，给中华民族的传统文化注入了新的血脉，但同时也在客观上对儒家文化发出了挑战。

在这面临困惑与挑战的时期，中国的许多知识分子都在思考，我们固有的传统到底有没有价值，能不能适应时代的发展？我们是不是错了？这情况，就像1840年之后的近代许多知识分子，都在思考这个问题。

从东汉到宋朝，几百年的时间里，很多人都在思考这个问题。韩愈在思考，二程等北宋五子在思考，朱熹也在思考。在继续前人思考的基础上，朱熹把问题解决了。他把老传统重新组合了一下，进行重新理解，做到了继往开来，"尽发圣贤底蕴"，"圣贤经传之旨，灿然复明于世。"

《宋史·朱熹传》中，有这么几句话："道之正统，待人而后传。自周以来，任传道之责者不过数人，而能使斯道章章较著者，一二人而止耳。由孔子而后，曾子、子思继其微，至孟子而始著。由孟子而后，周、程、张子继其绝，至熹而始著。"可作为对朱熹的千秋定论。

为什么到朱熹"章章较著"呢？因为他将中国传统典籍进行了新的排列组合，通过这种排列组合，形成了一个新的系统。这个新的四书系统又与原来的五经系统水乳交融，一脉相承，极大地丰富了中国传统精神的内涵，让古老的传统又一次产生出无比强大的生命力。面对中国本土原有的道家文化，后来传入的佛家文化，儒家文化拥有了更从容的姿态和更宏大的气度，一下又走到了历史的最前列。

而且，相比五经，四书更容易普及，因此更容易产生文化凝聚力。四书问世之后，中国的读书人越来越多，孔孟的思想深入到中国的每一处城市乡村、山林田野。

对于四书，朱熹注释方法很有意思。他不同于汉代学者，只是逐字逐句地解释字词，他更注重探究四书中的思想、精神，而且加以自己的引申和发挥，用现代话说就是"夹私货"。——但他的货，都是宝货！

朱熹对四书的排列、选择、注释，是对中华民族优秀传统文化的一次重新整理与归纳，是中国人思想体系由"个体化卓越"走向"全民化优秀"的里程碑事件。

可以说，四书是六经之后最伟大、最系统的一套经典丛书，而且与六经浑然一体，相辅相成。所以说，四书不仅是朱熹之前儒家思想的大成，也是朱熹之后儒家体系的基础。要懂中国，不懂儒家是不可能的；要学儒家，不学四书也是不可能的；要读四书，不读朱熹的《四书集注》更是不可能的。

有这么句话："尊孔子则必尊朱子，尊朱子所以尊孔子。"把孔夫子和朱熹合二为一，学朱子成为学孔子必要条件。这句话是谁说的呢？康熙皇帝。这足以说明，朱熹这套体系有强大的生命力，不仅能在自己的民族中流传，而且能同化外来的一些民族，使这些民族也开始尊奉孔子，提倡仁义，自觉地跑步进入更高级的文明形态。

早在康熙之前，中华民族的一些民族矛盾，已经开始被四书缓缓地化解。南宋时，洪皓奉皇帝之命出使金国，到了现在的东北，被扣押多年。在那里，洪皓把四书默写到桦树皮上，教金国的一些孩子。在他的熏陶下，学生们后来都成了金国优秀的人才。而且，在耳濡目染中，都接受了民族和解的思想，反对金宋战争。这是中原文明，尤其是儒家思想传入金国的第一步，也是成功的一步。历史上许多由少数民族建立的政权中，金国汉化最快。

后来，金国被元朝所灭。但金国出了位大文学家，足以扛起中华传统文化的大旗。他是元好问，忻州人，咱们岢岚人王中立的学生。元好问是鲜卑族后裔，学的汉族的文化，当过女真族的官，进入了蒙古族的朝代，是一个民族融合的典型人物。他曾到大都，面见忽必烈，请忽必烈接受"儒教大宗师"的尊号。这是希望忽必烈接受儒家思想，做儒家思想的护法。忽必烈接受了这一尊号。这是元朝政权汉化的关键一步。遗憾的是，这个朝代最终没有充分汉化。

虽然如此，元朝却做了件大事，这件事与四书有关。

历史上，元朝第一次将四书定为科举考试的教材。朱元璋推翻元朝，对元朝全面否定，但是偏偏把四书原封不动地继承了过来。清朝也是如此，元明清几度夕阳红，四书青山依旧在。

三、四书的系统

朱熹说："先读《大学》，以定其规模；次读《论语》，以定其根本；次读《孟子》，以观其发越；次读《中庸》，以求古人之微妙处。" 这是一个四书的顺序，也是一种思想的体系，从开始到结束，它是这样一种发展的模式："心理、思维——行为、道德——气势、实干——真理、归宿"，从低到高，由浅入深，由理论到实践，再由实践到理论的一个过程。非常合理，非常精密！

《大学》是规模，就好像盖房子，一开始要打一个地基，地基有多大，房子才可能有多大；地基有多深，房子才可能有多坚固。《大学》是在人的内心打下一个规模足够宏大，基础足够深厚的地基。有多大？大到可以吞吐天下。有多深？深到灵魂深处。

《论语》是圣人之言，是儒家最大的代表人物，中华民族的至圣先师孔子思想的最真实记录。书中也记录了孔子一些高徒如曾子、有子、颜回、子贡、子路、子张等人的语言。这些人的思想，实际上是孔子思想的发展和继续。可以说，《论语》是以孔子为核心的一个圣贤集团的言行录。其中，提出并多角度论述了儒家最核心的道德，仁，对后代产生了无比深远的影响。另外，以仁为核心的种种道德比如忠、信、孝、悌、礼、义、廉、耻，也都有深刻的论述。这本书，是道德行事的根本。

《孟子》是"发越"，什么叫发越？朱熹有这么句话，很可爱："万物到秋冬时，各自收敛闭藏。忽然一下春来，各自发越条畅。"发越，就是像咱们岚岚山中的植物到了春天，伸展发挥，生机勃勃。孟子的思想是对孔子的发展、发挥，在生机勃勃的同时，更加具体，更加有气势。在思想上，孟子把孔子的仁发展到了"仁义"；在实践上，把孔子的仁发展到了"仁政"。

《中庸》是一本很薄的书，但是却与另一本很长的书，《周易》，合起来并称"《易》《庸》"，是儒家最高深，也最精纯的理论，被称为"儒家理论渊薮"。什么是渊薮，就是深渊和湖泽，可以生长很多鱼和草的地方。《中庸》就像深渊和湖泽一样，有取之不尽，用之不竭的智慧。

前面我们提过北宋五子，其中有一个了不起的人物，张载，他是程颢程颐的表叔，也是中国历史上第一流的思想家、哲学家。张载年轻时，曾投奔陕西经略安抚副使、主持西北地区军务的范仲淹，准备抵御西夏，效命疆场。此前，张载也的确熟读兵书。范仲淹也是当代大儒，要不然，怎么会在岢岚当过一把手呢？他召见了这位志向远大的年轻人。张载谈论军事边防，保卫家乡，收复失地的志向得到了范仲淹的热情赞扬。但是，范仲淹说："儒者自有名教可乐，何事于兵？"给了张载一本《中庸》，让他回去好好读。张载从此改变了人生方向，终成一代大儒，在历史上，其地位甚至不下于范仲淹。

四、《大学》：至善之性

《大学》之所以叫《大学》，和第一句有关系："大学之道，在明明德，在亲民，在止于至善。"

这真是气势宏大的一句，气壮山河的一句，让人震撼的一句。

什么是大学之道？学者，觉也。大学之道，就是大觉之道，就是追求最伟大的觉悟的一种方法，以及有这种方法所达到的伟大崇高的目标。

这个目标是什么？《大学》中一连用了三个"在"字，斩钉截铁，不容置疑。"在明明德，在亲民，在止于至善。"在于让自己具有光明高尚的德行；在于在自己的努力下，让人民能够不断进步，每天都有新的进步，新的境界；在于与所有人一起，共同到达最高境界的善。

目标决定一切，目标高于一切，目标就是一切。这三大目标，气吞山河，涵盖个人修养、责任精神、终极目标。虽然语言简短，但是囊括一切。

在目标的基础上，便产生了计划。就好像一个人一旦知道自己要往哪里去，自然就会制定路线。这个计划，或者这个路线是什么？是这样的："知止而后有定，定而后能静，静而后能安，安而后能虑，虑而后能得。物有本末，事有终始，知所先后，则近道矣。"

知道了目标，自然会定下心来，一心一意地追求目标。好像唐僧取经，既已知道真经在西天，那好，我去西天。宁可向西一步死，绝不往东一步生；能够定下心来，自然内心安静，不会再患得患失，杂念丛生；能够内心安静，自然安于此中；能安于此中，便能专心考虑；能专心考虑，便能有所获得。世间万物，都有个根本和末节，世间万事，都有个开始和结束，搞清楚这个，便接近了"在明明德，在亲民，在止于至善"的大学之道。

这是价值观与方法论的高度统一，这是理论与实践的完美结合。

这种目标与方法，具体落实到每个人身上，尤其是落实到执政者的身上，便是这样的："古之欲明明德于天下者，先治其国，欲治其国者，先齐其家；欲齐其家者，先修其身；欲修其身者，先正其心；欲正其心者，先诚其意；欲诚其意者，先致其知，致知在格物。物格而后知至，知至而后意诚，意诚而后心正，心正而后身修，身修而后家齐，家齐而后国治，国治而后天下平。"

从天下太平到个人修身，再从个人修身到天下太平，这是一种目标倒定法。先清楚自己的终极目标，终极目标清楚了，自然会一步步推理出要达到终极目标的步骤和方法；一步步的步骤和方法正确，自然会达到终极目标。一往一来，非常科学，清清楚楚！

需要注意的是，在修身之前，还有格物、致知、诚意、正心四个阶段。格物致知，就是通过对客观世界的认真考察来获得认知，就是实事求是，就是通过调查研究来获得最正确的认识。事实胜于雄辩，事实决定认识。有了实事求是这个基础，自然会有正确的意识和心态。

这就把人的心理层次、心灵世界与整个世界的关系紧密地联系在了一起。这是一种精致、坚固、科学、完美的结构！几千年后，我们这些后人，在学习老祖宗的这些经典之时，忍不住要衷心赞叹！

而这个结构的关键与枢纽，在于修身。"自天子以至于庶人，壹是皆以修身为本。""壹是"，全部都是，毫无例外！"其本乱而末治者，否矣。"知道了谁先谁后，孰轻孰重，便知道了根本。这个根本是什么？就是做好自己，管好自己的内心与行动。"天下兴亡，匹夫有责"，管好自己的心，做好自己的事，就是为天下尽责了。

《大学》不仅展现了一个包括"万物——自我——他人"的阔大人生内容，而且厘清与指明了人生努力的目标与次第。

总而言之，大学提出了一个君子的三大纲领和八大方法，古人称之为三纲领，八条目。三纲领是，明明德，亲民，止于至善。八条目是：格物、致知、诚意、正心、修身、齐家、治国、平天下。

五、《论语》：仁者之心

有个故事，说的是宋代开国宰相赵普。赵普年轻时熟悉政务，但学问不多，等做了宰相，宋太祖常劝他多读书。赵普晚年，开始勤奋读书。不过他读书的方法很有意思。他不在上班时间读书，而是每次退朝后，回到家里，关上门，打开书箱，拿出一本书读，往往一读就是一夜。第二天上朝，处理政务时，决断很快。人们都很奇怪，这个人读的什么书呢？如此进步神速？后来，赵普去世，家人打开书箱一看，原来是一部《论语》。——《论语》中的智慧，可见一斑！

《论语》是孔门诸弟子答问的记录，孔子的语默静动皆有记载，最为亲切可信。儒家思想的精义亦囊括其中。因此，次读《论语》，可以从中了解与体悟圣人中正平和之道。

圣人的这种中正平和之道，或者说，孔夫子的思想，博大精深。我们应该从哪里入手开始学习呢？

简单而言，我觉得我们应该向孔子学习以下几点：

奋斗精神

孔子的一生，是奋斗的一生，不仅是为个人奋斗的一生，也是为天下，为苍生，为历史奋斗的一生。他曾遭受到无数的挫折，但他总是锲而不舍。

从个人而言，他生下来就长得丑，幼年丧父，母亲不得不带着他离开家门；少年丧母，母亲去世都不知道自己的父亲是谁，该往哪里埋葬；晚年丧子，世间最惨痛的事情是白发人送黑发人。它可以说是在苦水中泡大，在黄连树下老去的一个苦命人。面对命运的不幸，一般人早就崩溃了，或者颓废了，但孔子没有。他矢志不渝地坚持奋斗，最终成为千古圣贤，不仅解放自己，还要解放全人类！

每一个埋怨命运的人，都应该在孔子面前扪心自问地比一下，与他老人家相比，我们有什么资格不奋斗？

解放全人类，孔子用的是他思想学说。一生辛辛苦苦，风尘仆仆地推行他的学说。然而，他遇到的，是一次又一次地失败，是一处又一处的炎凉。有一回，在兵荒马乱中被困了好几天，大家都饿坏了，"从者病，莫能兴"，情况非常狼狈。孔子开玩笑说："匪兕匪虎，率彼旷野。"我们不是犀牛，不是老虎，却成群结队地在这荒野之中跑来跑去，这是为什么呢？他的高徒颜回说："夫子之道至大。虽天下不能容。不容何患？不容然后见夫子。"您不是犀牛或老虎，您是我们敬爱的先生。虽然您现在如此困顿，但您是正确的！您的思想太伟大，伟大到了整个天下都容不下您！没关系，正因为您不被这个错误的时代接受，所以才能证明您的正确和伟大！

——每一次读到这一段，我都忍不住要泪流满面！

读《论语》，总会感觉到一种温暖和力量，一种光明和崇高，温暖我们的内心，激励我们的前行，照亮我们的灵魂，拔高我们的人生境界。

学习精神

"学而时习之，不亦说乎？"学习，是孔子一生所倡导与践行的最大主题。

西方名言说，"生命在于运动。"物理学上说，运动是事物的存在形式，哲学上也这样讲。那么，什么是最好的生命运动形式，或者说生命存在形式呢？就是学习。

从小到老，孔子都是一个坚持学习的人。"吾十有五而至于学，三十而立，四十而不惑，五十而知天命，六十而耳顺，七十而从心所欲，不逾矩"，这期间的每一个阶段，每一种成就，都扎扎实实地扣着一个"学"字。

"我非生而知之者，好古，敏以求之。"没有谁天生就知道一切，孔子也是通过勤奋学习来掌握知识，提高能力，形成思想，成就自己充实而有光辉的一生。韩愈说："圣人之所以为圣，愚人之所以为愚，其皆出于此乎？"圣人与愚人的区别在哪里？就在于对待学习的态度！

"发愤忘食，乐以忘忧，不知老之将至。"是孔子的学习态度，不仅发奋学习，而且以积极的心态来学习。学习必须是主动的，唯有如此，才能其乐无穷。曹操说："何以解忧，唯有杜康。"其实，何以解忧，唯有学习。学习，只有学习，才是最健康，最积极的生命状态。

学什么？学正能量的东西。孔子所学，是他之前所有的优秀文化，是不仅大量学习文献，而且学礼仪，学驾车，学射箭，学音乐，学唱歌。无论他的哪种爱好，归根到底都结合到他的理想与价值观。

博爱精神

"仁者爱人。"孔子深深地爱着这个世界。哪怕这种爱，是一种不对称的爱，是一种很辛苦的爱。

与孔子同时的人中，不仅仅是孔子一个人有文化，但只有孔子选择了最辛苦的这种活法。在周游列国的过程中，孔子师徒不止一次地遇到有文化但不出来做事的隐士。有一回，面对一位隐士的讽刺，孔子感叹说："鸟兽不可与同群，吾非斯人之徒与而谁与？天下有道，丘不与易也。"我知道，我这样风尘仆仆很辛苦；我也知道，当今天下很多人是有问题的。然而，我是一个人，我必须同我的同类在一起，为他们做事，我不能同鸟儿和野兽在一起。正因为现在天下有问题，所以我才如此辛苦地做事，如果天下太平，河清海晏，我也不会如此辛苦。

——这番话，令人想起艾青的诗句："为什么我的眼里常含泪水？因为我对这土地爱得深沉。"博大深沉的爱，感人肺腑！

孔子有句名言："知其不可为而为之。"明明知道要失败，或者说明明知道收效甚微，但仍然百折不挠地去为他的同类，去推动社会的进步和历史的发展，做出自己最大的努力。这种对所有人的爱，感动千秋！

——当然，孔子的爱，绝不仅仅是理论上的爱，他付诸了实践。无论从政，教学，编书，他都付出全部的爱心和努力。这一点，《论语》中比比皆是。

责任精神

"当仁不让。"真诚博大的爱心，会产生强烈的责任感。

孔子那个时代，社会发生急剧变革，生产力与生产关系严重地出现了不适应。种种社会矛盾频发，中国的历史面临重大的选择关头。此时，孔子勇敢地承担起了历史责任与时代责任。

"文王既没，文不在兹乎？"他自信地认为，自己是周文王之后文化的集大成者。他不忍心眼睁睁地看着这种文化沦亡，也不忍心看着历史就这样失控地发展下去。于是，他竭尽全力，最大限度地尽到了自己的责任。他的学生曾子说："士不可以不弘毅，任重而道远。仁以为己任，不亦重乎？死而后已，不亦远乎？"不妨看作是对孔子的写照。

一百多年来，中国的传统文化，面临着一次次的挑战。这个时候，我们该如何对待我们的传统文化，如何消化外国文化，如何用文化解决当代遇到的一系列的新的问题，这都是我们的时代责任，也是我们的历史责任。

中国历史有一个有趣的现象，是"三千年山东，三千年山西。"中国最早的文化中心，在黄河中上游，山西陕西一带，尤其是山西的尧舜时期。西周之初，周公被封到鲁国，姜子牙被封到齐国。从此，山东文化蓬勃兴起，终于孕育出孔子这样的伟大人物。如今，他已经影响了中国两千五百多年。

现在，我们中国人，能不能再一次让传统文化焕发出新的生命力，以此来更好地抓住机遇，面对挑战？我们山西人，能否再发扬尧舜禹时期就有的伟大文化传统，承担我们的历史使命和时代责任？我们岢岚人，又能否在这伟大的时代中彰显自己的风采，做出自己的贡献？

我想是可以的。我去毛主席路居馆，看到两棵槭树。听导游同志讲，这是这家院子的主人从江南带回来的。这说明大到山西，小到岢岚，我们并不封闭保守，不拒绝外来的新事物，还可以把外边的东西带进来，让它在这片土地上生根发芽。

俯仰古今，放眼世界，无论是中国人、山西人、岢岚人，都应该，而且都可以承担自己的时代责任、历史责任！

现实主义

商朝的甲骨文，从第一片到最后一片，只有一种内容，即占卜、祭祀、祈祷，充满了神秘主义。西周时，周公往前推进了一大步，史称"周公制礼"，但尚未完全摆脱天命思想。孔子在周公的基础上，又往前推进了一大步，具有了更强烈的现实主义精神。

孔子的学生子路曾向孔子请教鬼神之事，孔子说："未能事人，焉能事鬼？"人的事情你还没解决好，谈什么鬼神之事？子路问，人死后是什么情况，孔子说："未知生，焉知死？"活着的事情还没搞清楚，怎么能谈死后？

一部《论语》，孔子的语言很多，但基本上没有讨论鬼神的，皆是讨论人的问题，包括人的健康、交际、政治、社会、家庭、心灵等，一切紧扣现实。"子不语怪力乱神"，不谈空，不谈玄，一切都在人的理性前提下进行。

中国历史上，从来没有发生过宗教战争，更没有出现严格意义上的政教合一。这与孔子所倡导的这种理性精神有直接的关系。

顺便提一下，近代以来，不断有人提出把儒家宗教化的想法，我认为这是不对的。儒家从根本上讲不是宗教，孔子是教育家，不是宗教家。

另外，对于一些以宗教眼光来解读《论语》的书，要谨慎阅读。

人本主义

现实主义中，最可贵的是人本主义，以人为本。

孔子做过官，是一个清官，没有太多的财产。有一次他上朝回来，家人告诉他马圈着火了，孔子听后，问的第一句不是我的车和房子烧了没有，而是"伤人乎？"先问的是人。

当时给孔子喂马的，是些仆人或者奴隶，但是他仍然把人放在第一位，这一点非常伟大。

我们知道，历史上有一种很残酷的事情，人祭和人殉。孔子非常反对这个事情，包括反对以人的形象做成陪葬的俑。他很罕见地骂人说："始作俑者，其无后乎？"这是对人的尊严的重视。

以人为本，便要关心人。无论对方富贵或者贫穷，熟悉还是陌生，发达还是落魄。我们一定要把生命中更多的情感、更多的精力放在以人为本的态度上，关怀生命，关怀人本身。

文化情怀

一个地方、一个国家、一个民族有可能在一次战争、一次天灾，或者一次意外灾害中，受到极大的创伤，但是只要这个地方文化之根还在，文化之魂还在，这个地方一定会恢复得非常快，而且恢复之后往往会比此前更加生机勃勃。

这个文化之根，文化之魂是什么？就是以人的自觉性道德为基础的文明程度，在孔子那里，称之为仁。

孔子的弟子颜回问，仁德是什么。孔子说："克己复礼为仁。"颜回说："能不能再说的细一点呢？"孔子说："非礼勿视，非礼勿听，非礼勿言，非礼勿动。"不该看的不要看，不该听的不要听，不该说的不要说。非礼勿动的"动"，不是行动，是动心，不该想的不要想，管住自己的内心！这样我们就能堂堂正正做事情，清清白白当干部。

孔子是武士的后代。孔子的父亲能征善战，但孔子却是坚决的和平主义者。一次，卫灵公问他排兵布阵之法。孔子没有回答，而是说："我不懂这些东西。至于怎么祭祀，怎么行礼，这个事我懂。"他认为，能够推动历史，拯救一切的，不是杀伐，而是仁义；不是暴力，而是文化。所以孔子终其一生，都在孜孜不倦地收集各种文献，并编出《诗》《书》《礼》《易》《乐》《春秋》，然后，传给学生，留给历史。这些饱含文化精神的伟大典籍，成为支撑中华民族两千多年命脉的基本教材，力量源泉。

孔子实在是中华民族传统文化中一个承前启后的转折，一个继往开来的枢纽。

换言之，孔子之前的中华民族文化，孔子是集大成者；孔子之后的中华民族文化，孔子是一个能量释放者，"万世师表"，当之无愧。

六、《孟子》：浩然之气

儒家文化，又称孔孟之道。孔子是最高级人物，被称为至圣，孟子仅次于孔子，称为亚圣，地位非常崇高。

但是，明朝的开国皇帝朱元璋却想杀孟子。

一个明朝的皇帝，一个战国的圣贤，二人相差一千多年，他们之间，究竟发生了什么？

朱元璋读《孟子》，读到"君之视臣如土芥，则臣视君如寇仇"后，勃然大怒，说："使此老在今日，宁得免耶？"假如这老人活到今天的话，能逃得掉吗？

让朱元璋恼火的话，还有。比如："民为贵，社稷次之，君为轻。"说一个国家最重要的就是人民，次要的是社稷江山，最轻的才是君王。

中国自古以来就有"普天之下，莫非王土，率土之滨，莫非王臣"之说，整个天下都是君王的私有财产。现在朱元璋突然听到这么句话，能不发怒吗？

朱元璋动了杀心，但他没有穿越时空的能力，只好拿《孟子》这本书来出气。他下了命令，第一，把孟子从文庙中撤掉，取消圣贤待遇；第二，科举考试不再考《孟子》，这等于是撤销《孟子》的经典地位。而且，朱元璋下令，不许提意见，谁提意见就是和他过不去。

可《孟子》已经深入人心，读书人对此强烈抵抗。刑部尚书钱唐就坚持要进宫为孟子求情。朱元璋一听钱唐为这事而来，命令金吾侍卫将他在殿前活活射死。钱唐肩臂上各中两箭，鲜血直流，仍坚持往里爬。朱元璋叫他进来说话。钱唐跪在皇帝面前，痛陈孟子之不可废，而且说，"臣为孟子死，死有余荣。"朱元璋也没办法了，最后极不情愿地收回了成命。

但是，朱元璋下令把《孟子》删去八十多条，叫作《孟子节文》。等到他儿子明成祖朱棣，又恢复了全书。孟子在历史中的地位，不是任何君王能够撼动的。

王道

孟子所处的战国时期，是典型的战乱之世，用孟子的话说叫作："民之憔悴于虐政，未有甚于此时者也。"虽然孟子生于这个乱世，但当时周朝开国已经七百多年，年数早已超过五百，王者和名世者理当出现，乱世理当转为治世，社会发展理当完成由乱到治的第三个周期。对于这个情况，孟子充满自信。

在孟子看来，出现乱世主要是因为邪说诬民，仁义充塞，要实现治世就必须建设仁政，实行王道。

实行王道，可以达到"人和"。这就是孟子所说的"天时不如地利，地利不如人和"。战争胜负要受很多因素的影响，这些因素中上，天时的条件赶不上地利的条件，地利的条件又赶不上人和的条件。人和表面上是讲内部团结，实际上是讲人心归向。只有实行王道，才能团结一心，不讲王道，必然会分崩离析，一盘散沙。孟子认为，实行王道，还可以得到"多助"，可以做到"战必胜"。他相信，这是由乱世到治世最有效，最理想的办法。

孟子不仅大力宣传王道主义，而且还为王道主义描绘了美丽蓝图，制定了一些具体措施：保民以安、制民之产、取民有制、用民以时、教民孝悌、养民孤老。

在我们这样的一个大国，怎样才能既充分发掘传统政治思想的精华，这些是我们不能不面对的时代课题，也是我们学习孟子必须提交的答卷。

仁政

孟子说："得天下有道，得其民，斯得天下矣。得其民有道，得其心，斯得民矣。"得到天下，是有方法的。什么方法呢？就是得到百姓。而要得到百姓，就要得到百姓的心。要得到百姓的心，就要学会"所欲与之聚之，所恶勿施尔也"，百姓想要的就多给他，所厌恶的不要给他。百姓想要什么呢？想要安居乐业，想要生存与发展的良好环境。

这几年，岢岚干部们就给了岢岚人民想要的这种文明形象。我们岢岚的面貌已经焕然一新，而且越来越好。这就是"所欲与之聚之，所恶勿施尔也"。

孟子这个人口才也很好。一次和齐宣王对话，问齐宣王："王之臣，有托其妻子于其友而之楚游者。比其反也，则冻馁其妻子，则如之何？"大意是，您的臣子之中，假如有这么个人，把他的老婆和孩子托付给他的朋友，一个人去了楚国，嘱托朋友照顾好他的老婆孩子。结果等他回来，发现老婆和孩子在挨冻受饿，他该如何对待这个朋友？王曰："弃之。"和他绝交，这种辜负别人重托的人不能与他再相处。孟子又问："士师不能治士，则如之何？"王曰："已之。"司法官不能管理好他的下属，就把他罢免了。孟子再问："四境之内不治，则如之何？"你的这个国家如此混乱，那又当如何？孟子直接把锋利的批评指向了齐宣王这个独裁者，而齐宣王只能"王顾左右而言他"，无法面对。

再看这一句，"左右皆曰贤，未可也；诸大夫皆曰贤，未可也；国人皆曰贤。然后察之；见贤焉，然后用之。"这是仁政思想中很重要的观点。意思是，如果你的左右都说某个人很有贤德，不一定就是这样的；周围的大官们都说他可以，你不要提拔他；只有人民群众都说这个人好，再去认真考察一下，如果真如大家所说，那就重用他。这里把用干部的最高标准交给人民群众，这就是从群众中来，到群众中去，走群众路线。

此句后边更酣畅淋漓，"左右皆曰可杀，勿听；诸大夫皆曰可杀，勿听；国人皆曰可杀，然后察之，见可杀焉，然后杀之。"意思与上句相同，就是要依靠群众的力量，如此可以使百姓信服，能起到民主的作用。

孟子的一些思想，现在来讲都不过时。比如他说，仁政最基本的是："夫仁政，必自经界始"。仁政首先从认真地丈量土地开始，必须平均分配、划定界限。只有这样，每个人的私有财产才能得到尊重和保护，老百姓才会觉得在这个国家生存是安全的，也就愿意为国家去纳粮、当兵。

孟子提出："人之所以异于禽兽者几希；庶民去之，君子存之。"人和动物的区别就那么一点点，一般人抛弃它，君子却保存它。有时候老百姓可以不在乎，但作为领导百姓、教化百姓、管理百姓的君子，一定要牢记人和动物的区别，虽然是一点点，却至关重要。

这一点就是"无恒产而有恒心者"的恒心，也可叫仁心。这个心可以分成四个方面，叫作"人之四端"——恻隐之心、羞恶之心、辞让之心、是非之心。"恻隐之心，仁之端也"，是对弱者的同情，这个是我们人类的一大品质，当我们在电视上看2008年汶川地震的画面时，会泪流满面，但是猫就不会，它也不一定感兴趣，因为只有人类才会有恻隐之心；"羞恶之心，义之端也"，也就是有一种作为底线的羞耻之感，这是是否选择正确的一个体现。比如，不该说的话不要说，不该做的事情不要做，不该拿的东西不要拿等等，这就是羞恶之心；"辞让之心，礼之端也"，辞让是中华民族的美德。《史记》中，尧、舜、禹禅让天下，还有伯夷让天下。孔子说："君子无所争。必也，射乎！揖让而升，下而饮，其争也君子。"君子如果非要争什么的话，就是比赛射箭。即使是比赛射箭，也会彬彬有礼；"是非之心，智之端也"，是指能够看清是非，这是智慧的表现。我们应该有四种道德，四种道德都不可或缺，这就是人和动物的区别。

而且，孟子还把孔子"己所不欲，勿施于人"的思想用到政治中。执政者应该将心比心，在尊重自家老人时要尊重别的老人，喜欢和关心自己孩子时也要，关心和喜欢别人家的孩子，这就是"老吾老以及人之老，幼吾幼以及人之幼"。孟子提出："乐民之乐者，民亦乐其乐；忧民之忧者，民亦忧其忧。"如果执政者能以百姓的快乐为快乐，百姓也以你的快乐为快乐；以百姓的忧愁为忧愁，那么百姓也以你的忧愁为忧愁。"乐以天下，忧以天下；然而不王者，未之有也"，把天下人的快乐作为自己的快乐，把天下人的忧愁作为自己的忧愁，一定可以让自己的国家变成天下最卓越、最优秀、最富强地方。这就是由仁政而产生的王道。

经济思想

现在，文化已经成为时代的主流，但并不等于经济就不重要了。

孟子说，诸侯有三件宝：土地，人民，政事。

春秋战国时期，中国历史正由奴隶制向封建制转化，生产关系得到了解放，生产力得以发展。各诸侯国通过战争相互兼并，最终形成高度集权的大一统的封建制国家，已是历史发展的必然趋势。因此，如何扩大土地面积、怎样拥有更多的人民，以及采取什么样的政策，是各诸侯国所面临的三大现实问题。

作为密切关注现实的思想家孟子，敏锐地意识到了这些问题，并向他所游说的各国诸侯提出相应的对策。

关于农田土地和农业生产，孟子主张实行"井田制"。孟子说："方里而井，井九百亩，其中为公田。八家皆私百亩，同养公田；公事毕，然后敢治私事。"即在一个方形土地上划出一个井田单位，每一井田单位若为九百亩的话，中间的一百亩为公田，其余的八百亩为私田，分给八家耕种，这八家共同耕种中间的公田，公田耕种好了，然后再料理私田上的农事。孟子说推行井田制是君主实行仁政的开端。因为农民耕种公田可以保证公粮的缴纳，而有了可以自由支配的一定的私田，能够种粮植树，并从事饲养家畜等副业，倘若不违农时，又风调雨顺，那么，农民就可以丰衣足食、安居乐业。

孟子又说："民之为道也，有恒产者有恒心，无恒产者无恒心。无恒产而有恒心者，惟士为能。"一个人如果没有稳定的资产，就不可能有稳定理念。没有固定的资产，却有固定的心灵，有固定的价值观的，只有士。士是什么？是有担当、有情怀，有道义、有使命感、有责任感的一批人。我们可以将士理解为知识分子和官员。

所以，我们不能拿少数人的标准来要求多数人，不能用有觉悟者的标准来要求群众。不可否认，确实有些人很高尚，不在乎物质，但那是少数中的少数，绝大部分人还是在乎自己的固定资产的。孟子告诫社会管理者，一定要懂这一点。

税收和劳役，是封建社会两项重要的财政收入。这方面，孟子认为助税法是比较理想的，这是他通过比较夏、商、周三代的税收制度而得出的结论。夏朝的贡税法是比较几年内的好坏收成，取一个平均数作为税收基数，不分丰年、灾年都按这个基数来征收；商朝的助税法就是借助农人的劳力来耕种公田以实现税收；周朝的彻税法是按十分抽一的税率来征收。通过比较，孟子认为助税法能在保证国家税收的基础上，极大地提高劳动者生产的积极性。

孟子恢复井田的经济决策，不是恢复商、周之制，而是为了便于"分田制禄"。他所主张、肯定的生产关系，是封建制的。可以说，孟子的经济思想与他的政治思想是一致的，也是为他的政治思想服务的。

浩气

一次，孟子的学生问："老师您有什么长处呢？"孟子曰："我知言，我善养吾浩然之气。"我知言，是指我懂得思想。学生又问："敢问何谓浩然之气？"

难言也。其为气也，至大至刚，以直养而无害，则塞于天地之间。其为气也，配义与道；无是，馁也。是集义所生者，非义袭而取之也。行有不慊于心，则馁矣。

这些话的大意是，这难以说得明白。那浩然之气，最宏大最刚强，用正义去培养它而不用邪恶去伤害它，就可以使它充满天地之间无所不在。那浩然之气，与仁义和道德相配合辅助，不这样做，那么浩然之气就会像人得不到食物一样疲软衰竭。浩然之气是由正义在内心长期积累而形成的，不是通过偶然的正义行为来获取它的。自己的所作所为有不能心安理得的地方，则浩然之气就会衰竭。

其实，孟子的"浩然之气"就是经过长期的道德修养而达到的一种境界。拥有这种浩然之气，便能如孟子所说："富贵不能淫，贫贱不能移，威武不能屈。此之谓大丈夫。"虽然有财富，有地位，但不放纵自己；虽然很贫穷，地位低下，但不改变自己的志向；面临各种威逼利诱，不会屈服，这就是大丈夫。这是中华民族传统的一种民族精神、慷慨气概！

对于如何锻炼自己的意志，养成这种浩然之气，孟子说："故天将降大任于斯人也，必先苦其心志，劳其筋骨，饿其体肤，空乏其身行，拂乱其所为，所以动心忍性，曾益其所不能。"老天爷要给你大任务，一定会让你内心痛苦、身体劳累、遭受饥饿，让你身无分文，让你行动无力，干扰你的一切事情，从而让你强大起来。

朱熹对此注释："浩然，盛大流行之貌。气，即所谓体之充者。"朱熹以"浩然之气"为盛大无限，不可屈挠，可以发挥出气吞山河的伟力，使人的行为充满勇气，所做的事情皆合乎正义。当民族和国家的利益要求每个人做出牺牲时，就能自觉地杀身成仁，舍生取义。

孟子告诉我们："鱼，我所欲也。熊掌，亦我所欲也。二者不可得兼，舍鱼而取熊掌者也；生，亦我所欲也。义亦我所欲也。二者不可得兼，舍生而取义者也。"生命过程中，最重要的事情就是选择。比如我们的职业选择、人生目标选择，说得郑重一点，就是我们的抉择。你不可能把什么好事都占了。既然选择当官，我们就不要想着发财，如果想着发财就别想着当官。孟子说，选择就要先放弃一些，"人有不为也，而后可以有为。"有所不为，才能有所为。

岢岚这片流淌着英雄主义、爱国主义的热土上，面对外敌入侵时，有大量舍生取义的前辈。他们面对一种选择，选择了孟子所说的"舍生取义"。

有很多人，他们抛弃了许多常人正常的一些生活，比如牛顿，比如康德，他们抛弃了常人正常的生活，一生未婚。有许多寒窗出身的苦读之士，他们也抛弃了很多同龄人所有的那种悠闲、欢乐的生活；还有在自己的事业中、政治中，也有大批杰出的人士放弃了常人的正常的享受，这是很正常的。

"自反而不缩，虽褐宽博，吾不惴焉？自反而缩，虽千万人，吾往矣。"孟子会经常反问自己："如果自己没占理，即使面对穿着很粗糙衣服的百姓，我能不惴惴不安吗？如果自我反问自己之后，发现自己没错，即使千千万万个人反对我，我也勇往直前，决不退缩！"有勇气的前提是对价值观的判断，对选择的正确与否，才会产生强大的信心。所以才能不仅培养正气，还能培养浩气。所以才能自信地说："夫天未欲平治天下也；如欲平治天下，当今之世，舍我其谁也？"大概老天不想使天下太平了吧，如果想使天下太平，在当今这个世上，除了我还有谁呢？相当地自信。

"吾善养吾浩然之气。"确实如此。《孟子》的文章气势极为雄壮，好像孟子其人，好像泰山一样，高出云天。儒家在孔子那里是一个源泉，到了孟子就如滔滔大河。朱子以《孟子》放在《论语》之后，是让读书人在确立大根大本之后，激发自己的自信心和浩气。梁启超说过，年轻人读孟子，可以培养自己的气势和自信心。

总之，孟子最主要的功业有两件：一是对孔子的许多学说进行了细化、拓展，以及根据时代特点而进行的变通，使儒家的学说更加系统和完整。比如孔子讲"仁"，孟子则"仁义"并说，并进而提出"仁政"的概念；第二，孟子对当时流行的杨朱、墨翟的学说进行了坚决批判，保证了儒家思想的影响力和纯洁性。以至于后儒说："孟子辟杨墨，功不在禹下。"故数千年来"孔孟"并称，儒家的学说也被称为"孔孟之道"。

七、《中庸》：高明之道

"极高明而道中庸"，走中庸的道路，是要到达最高明的状态。所以我们把《中庸》称之为高明之道。

此前，我们提到过一个大学者，张载，他有几句话非常著名："为天地立心，为生民立命，为往圣继绝学，为万世开太平。"因为张载号"横渠先生"，所以这四句话被称为"横渠四句"，也叫"横渠四学教"，是读书人的最高境界。

"为天地立心"，天地本无心，我为它立了心。就是使生之为人能够秉具博爱济众的仁者之心，和廓然大公的圣人之心。

"为生民立命"，帮所有人把握自己的命运。通过修身致教，最后达到把握命运的境界。不管寿命是长是短，都能保持自己的性体全德，那么这个生命个体就可以说已经安身立命了。

"为往圣继绝学"，这个"绝"不是断绝的"绝"，而是泰山绝顶的"绝"，最高明的意思。为以前的圣贤们继承最高明的学问，流传下去。

"为万世开太平"，为千秋万世开创天下太平。

这不仅是一个读书人的壮丽情怀，也是所有有志者的壮丽情怀。就像保尔·柯察金说的一样："我的整个生命和全部精力，都献给了世界上最壮丽的事业——为解放全人类而斗争。"

张载的这种情怀，直接来自于《中庸》。

性命

《中庸》是说什么呢？我们来看第一句："天命之谓性，率性之谓道，修道之谓教。"一开始就很深奥。"天"不是玉皇大帝，而是自然；"命"就是规律，大自然的规律，客观规律，是一切人力所无法改变的，由规律所决定的东西，就是本性。"率性之谓道"按照特性来发展，合乎特性的就是"道"。如果别人不符合"道"，你把他领到道上来，那就是"教"。

举个例子，牛适合耕田，马适合打仗。这就是牛性和马性。按照牛马的特性去做就符合"道"。你要是让牛马吃最好的草料，住最好的窝棚，却让它去打仗，让马去耕地，都不会发挥它们最好的特性。我们一定要认识事物的本质、特性，并尊重它的规律。

再举个例子，我们苛岚没有得天独厚的煤矿资源，也没有闻名海内的名胜古迹。如果我们按照那些资源大县、旅游大县的方法来发展，就是背道而行。我们有的是青山绿水，是养生佳所，这是苛岚的性，要按照这个"性"发展有自己特色的东西，那就合乎"道"。

分寸

《中庸》不像《论语》和《孟子》一样，比较具体，经常有些故事。《中庸》是哲学，这种哲学就是追求合乎本性，恰如其分。"发而皆中节谓之和。"

但也有些东西不是恰如其分，比如："素隐行怪，后世有述焉，吾弗为之矣。"有的人很怪，很清高，很偏激，这样的人也许会名留后世，但是一个真正的有大胸怀、大气魄的人才不屑这样。就像李白那样的人，有才，可是皇帝就是不用他，为什么，爱喝酒啊，酒仙么。哪个单位会用这样的人，让他上班，说不上，为什么不上，因为我是酒中仙啊。这就是"素隐行怪"之人，不属于中庸之人。

中庸之人没有耀眼的光芒，没有刺人的棱角，会让自己走在最合适的路上，但是决不妨碍别人。这就是"君子遵道而行，半途而废，吾弗能已矣。君子依乎中庸，遁世不见知而不悔，唯圣者能之。"

还有一句，"愚而好自用，贱而好自专，生乎今之世，反古之道：如此者，灾及其身者也。"我们自己没有大智慧，却觉得很了不起，没有什么地位，却喜欢做独裁式的判断，我们明明生活在当今这个时代，却完全要重复古代的生活，要复古，这是很不对的，会招及灾祸。我们学习传统文化绝不是泥古，更不是复古，而是吐故纳新，继承优秀的、有益的，而不是全盘拿来，都要恢复。历史只能前进。

治国

在《中庸》之中，还有一些治国的哲理，讲得非常的斩钉截铁、干脆利索。像这段："天下之达道五，所以行之者三。曰：君臣也、父子也、夫妇也、昆弟也、朋友之交也，五者，天下之达道也；知、仁、勇，三者，天下之达德也；所以行之者，一也。或生而知之，或学而知之，或困而知之，及其知之，一也。或安而行之，或利而行之，或勉强而行之，及其成功，一也。"就是说，天下所共同遵守的大道有五种，当其力行实践时则分为三种：君臣、父子、夫妇、兄弟姊妹、朋友之间的关系，这五种就是天下人所共同遵守的伦常大道。而智能、仁爱、勇气这三种是人人所应该具备的德行，当他实行时就是一个'诚'字。五伦与智仁勇以及诚的道理，有的人天生就知道了，有些人是经过教育学习才知道的，有些人则是经过勤勉苦学才明白的，等到明白以后，其中的道理都是一样的。有些人心安理得地实行，有些人是因为有利益才去做，有些人则需要勉强才会去做，一旦做成功了，结果都是一样的。

再比如在领导百姓、治理国家方面，要智慧。怎么算智慧呢？好学就是智慧。要勤奋学习，所以，"好学近乎知，力行近乎仁"。要有仁德，但不是说有爱心就好，还要把爱心表现出来，做出来；"知耻近乎勇"是说要有羞耻之心。"知斯三者，则知所以修身；知所以修身，则知所以治人；知所以治人，则知所以治天下国家矣"。明白这三种道理的人，就知道如何修炼自身；知道了如何修炼自身，就知道如何管理别人；知道了如何管理别人，就知道了如何治理天下国家了。所以儒家会把复杂的东西简单化，再把简单的东西复杂化。

"凡为天下国家有九经，曰：修身也，尊贤也，亲亲也，敬大臣也，体群臣也，子庶民也，来百工也，柔远人也，怀诸侯也。修身，则道立；尊贤，则不惑；亲亲，则诸父昆弟不怨；敬大臣，则不眩；体群臣，则士之报礼重；子庶民，则百姓劝；来百工，则财用足；柔远人，则四方归之；怀诸侯，则天下畏之。"治理天下国家有九条永恒的法则，就是"九经"。我们自己要做一个有道德的好人，要尊重有才能的人，要好好对待身边的人，尊敬有能力的干部，体谅大家，爱民如子，引进各种技术人才，对待远方的人要好，团结兄弟单位，自然会有所回报，上下一心，财富富足，朋友遍地，繁荣富强。

博大

"仲尼祖述尧舜，宪章文武；上律天时，下袭水土。譬如天地之无不持载，无不覆帱；譬如四时之错行，如日月之代明。万物并育而不相害，道并行而不相悖。小德川流，大德敦化。此天地之所以为大也。"这是说孔子以尧、舜、文王、武王为楷模，是一个非常尊重自然规律的人，按照天时运行的规律，冬天穿棉衣，夏天着单衫，在一方土地作一方土地能做的事。爱护一切人，没有什么东西不能覆盖，遵循各自的规律而不向违背。人的胸怀就应该如天地一样博大，要有包容性，允许各种各样的人、各种各样的合理的生存状态，所以像四季错综运行，日月交替照耀，万物一起生长而不相妨害的盛大的原因。

"万物并育而不相害，道并行而不相悖。"在我们岢岚这片土地上，无论是绒山羊还是金钱豹，都是平等的生命，都要进行保护。无论是官还是民，无论驻军还是平民，都应一视同仁。

明朝时郑和下西洋，带着永乐帝的一道圣旨，其中有《中庸》中的语言："唯天下至圣，为能聪明睿智，足以有临也；宽裕温柔，足以有容也；发强刚毅，足以有执也；齐庄中正，足以有敬也；文理密察，足以有别也。溥博渊泉，而时出之。溥博如天，渊泉如渊。见而民莫不敬，言而民莫不信，行而民莫不说。是以声名洋溢乎中国，施及蛮貊，舟车所至，人力所通，天之所覆，地之所载，日月所照，霜露所坠，凡有血气者，莫不尊亲，故曰配天。"这就是说，无论从哪些方面，都要做到极致，做到最好，要让自己与时俱进，像源源不断的泉水，永远有新的生命、新的活力。这样，大家才会尊敬他、信赖他。他的名声才会在中国大地上流传，在边远之地传颂，只要人力所能到、苍天所覆盖、大地所承载，雷霆风雨所能到达的地方，一切有血有气有生命的人，都会尊敬他，亲近他。圣人之道德成就，像天地一样伟大，是永远存在的。这就是中国文化的伟大情怀。

《中庸》一书难读，初学者不必理会。需要在其他三书都读完了，于其中道理都有所了悟之后再读。朱子在《中庸章句》中称其为"孔门传授心法"，"放之则弥六合，卷之则退藏于密"。是说《中庸》这本书所讲的道理，放开来可以遍满天地四方，归纳起来可以收藏在隐秘的方寸之间。

《中庸》是实实在在的学问，善于读书的人，仔细思量，用心研究，自然会有心得，做人处事，受益终生。

八、四书与现代社会的结合

与时代的结合

孟子曾经盛赞孔子："夫子，圣之时者也。"我们读四书，包括读一切优秀的传统经典，要注意结合时代。比如三年之丧，比如君主专制，都不符合现在这个时代，都不能有君主专制的思想、封建思想。孟子有句名言，"男女授受不亲"，现在再说就有点过分了。所以要结合时代，看我们这个时代最需要什么，什么是不能用的。我们学习传统是为了现在和未来，而不是要回到古代。

与工作的结合

《四书》中有关于各行各业的建议，是说要有针对性的读书。经书之所以是经书，就是可以经得起不同时代的、不同角度的、反复的考验和选择。所以无论我们从事什么工作，经书对所有人都是通用的。尤其是《四书》。

与教育的结合

这个教育不是做教师，而是说自我教育和家庭教育，要给自己制定学习计划，还要把它带到家庭中，这就是修身、齐家。我自己的方法就是在一段时间针对一个重点，坚持下来，多少会有一点点的进步。

朱熹告诉我们："读书已是第二义。盖人生道理合下完具，所以要读书者，盖是未曾经历见许多，圣人是经历见得许多，所以写在册上与人看。而今读书，只是要见得许多道理。及理会得了，又皆是自家合下元有底，不是外面旋添得来。"

还告诉我们："学问，就自家身己上切要处理会方是，那读书底已是第二义。自家身上道理都具，不曾外面添得来。然圣人教人，须要读这书时，盖为自家虽有这道理，须是经历过方得。圣人说底，是他曾经历过来。"

读书方法

这个方法适合任何人，不受年龄和行业的限制。

选对门径 就是选对路子。这个路子就是版本，要选可靠的版本，中华书局、岳麓书社、古籍出版社、商务印书局、齐鲁书社的就比较可靠。朱熹的《四书集注》、陈柱的《大学》、杨伯峻的《论语译注》和《孟子译注》比较好，杨伯峻的《孟子文选》也不错。还有张居正讲的四书都不错。对美学感兴趣的朋友，可以读读李泽厚的《论语今读》。

循序渐进 是两个意思，一个是按照四书的顺序来读，把《中庸》放在最后，一定要由浅入深、由低到高；一个是《四书》读完之前，不要读《五经》，不要破坏这个规律。

熟读精思 读书不要以背书为目的，慢慢读，边读边想，必然会有意想不到的道理。精思的过程就是领悟的过程。

虚心领会 不要带着一种挑毛病的眼光去读书，一读觉得封建，二读批评迂腐，三读嗤笑落后，那肯定什么也读不到。最好把自己的心放空，再进入这个境界。读书达到无我的地步，才能有我。

切己体察 用自己的生活、经历来考察，时间久了就会有意想不到的收获。

突出重点 书中有很多门类，就像钻石一样，有很多切面，我们一介凡人，很难面面俱到，不妨在阅读中抓重点，集中精神去领悟。

融会贯通 世界是相通的，领域也是相通的，读书更是相通的，书读通了，就是通儒，就是通才。千古不过一念间。孔子就和仍然在世一样，为什么？人不在，话还在啊。

持之以恒 这是最重要的一点，凡事就怕坚持，只要坚持下来，就算很平凡的人也会积土成山，也会积沙成塔。

五经略说

第四篇

顶层设计

德国有个思想家，叫卡尔·雅斯贝尔斯，他在《历史的起源与目标》一书中提出一个跨文化研究的概念："轴心时代"或"轴心期"，用以指称公元前500年前后即公元前800年至公元前200年间同时出现在中国、西方和印度等地区的文化突破现象。他说："对我们来说，轴心期成了一个尺度。在它的帮助下，我们衡量各种民族对整个人类历史的意义"。这个"轴心时代"，在整个人类历史的总进程中具有不可替代的"唯一性"的位置。我国有学者称这是一个创造了"元典"的时代，是一个在它之前都"趋进"它，在它之后都"回味"它的时代："一个民族的中心价值大体是在这一阶段定型的，而这些价值对该民族此后的发展则起着范畴的作用"。

这个时代，在东方的代表性人物，是老庄孔孟荀墨等先秦诸子，以及印度的释迦牟尼等巨人，在西方的代表人物是苏格拉底、柏拉图、毕达哥拉斯等人。这批人物以其天才的学说，为整个人类历史设计了基本的蓝图，或者说将人类文明史的发展进行了格式化。几千年来，我们基本上是按照这个格式化了的地图走的。

这批人物天才的学说之所以能流传下来，是有其载体的。这种载体就是一系列伟大的著作，比如《圣经》、佛经，比如中国的五经。相比佛经与《圣经》而言，五经没有丝毫的宗教色彩，更适合我们每一个人，也更适合每一位从事行政工作的干部。

四书五经，历来并称，已成为儒家经典与儒家文化的代名词。其中，四书是一个系统性的基础，在这个基础上是五经，是一个更高级、更精密的系统，是中国传统文化思想领域中的顶层设计。

那么，什么是经呢？织布的时候，织布机上有纵线有横线，其中的纵线叫经线，横线叫纬经，纵线不动横线不动，既然纵线不动也就是经线不动，不动就是永恒，具有永恒的价值。在中国传统文化中，经主要是指儒家的经典，在中国传统文化中处于第一和核心的地位，具有永恒性的不朽价值。

五经是五本书：《诗》《书》《礼》《易》《春秋》；汉代之后，称之为《诗经》《尚书》《礼经》《易经》《春秋》。《诗经》又叫《诗三百》；《尚书》又叫《书经》；《春秋》又叫《春秋经》；《礼记》又叫《礼经》；《易经》又叫《周易》。它们都比四书出现得早，属于中华民族传世经典体系中的元典系列。

这个元典系列，一开始并非《五经》，而是《六经》：《诗》《书》《礼》《易》《乐》《春秋》，后来，《乐》失传了。所以《五经》经过一个淘汰的过程。再后来，有人说《五经》太少，加一些吧，于是加成了七经、九经、十三经、十九经，形成庞大的经典系统。但在历史上和现实中，流传最广泛、影响最大的仍然是五经。比如，从隋唐到清朝，科举考试内容一般都是四书五经。也就是说，漫长一千多年的历史内，要想通过科举考试进入仕途，就必须精通《五经》。

今天，我们就谈五经。其中的任何一部，都是一辈子也学不完的，我们时间有限，要对这五部经典都进行介绍，只能是略说，点到为止。

《诗经》略说

诗是什么

五经的第一部，是《诗经》。

《诗经》主要是在教什么呢？"温柔敦厚，诗教也。"《诗经》主要在教一种思维，一种情感，一种审美观。这种思维、情感和审美观，就是温柔敦厚。

在很长一段时间里面，我们认为《诗经》是一部文学作品，有时候我们也会认为《诗经》是一部阶级斗争的作品。那它到底是一部什么作品呢？《诗经》是中国现实主义诗歌的源头，无疑具有极高的文学性；《诗经》中记录了很多重要的历史，无疑也有其历史性和政治性。但是，文学、历史和政治绝不是《诗经》的全部，也不是《诗经》的本质。

《诗经》就是温柔敦厚。什么是温？温，温和。既不是不到位，也不是过分；柔，柔和，与刚对应。《诗经》的精神不是刚性的，而是柔性的。法律是刚性的。《诗经》不是法律，所以它是柔性的。这个敦，是一种厚实，是一种淳朴，敦和厚是近义词，是一种民族气质、民族性格和民族心理。

我读《诗经》，最早是在初中时，当时翻了翻，记住了其中比较有名的

▲ 五经

几篇，其他的觉得太枯燥，便搁置起来，转
而去读别的书，连浅尝辄止都算不上。后来
高三时，于课余时间又把《诗经》细读了一
遍，在收获很大的同时，心里非常后悔，后
悔自己没有早几年认真品味这部经典。那样的
话，自己的青春会更加健康平和。

　　青春是容易迷茫的，是容易浮躁的。
而《诗经》恰恰是对心理的一种把握和
把持。刘勰说："诗者，持也，持人情
性。"诗就是一种对自我性情恰到好处的
调整与保持。

▲《诗经》

　　这种调整与保持，早在原始社会就有了。鲁迅先生说："在未有文字之
前，就有了创作。"他说："我们的祖先的原始人，原是连话也不会说的，
为了共同劳作，必需发表意见，才渐渐地练出复杂的声音来，假如那时大家抬
木头，都觉得吃力了，却想不到发表，其中有一个叫道'杭育杭育'，那么，
这就是创作，大家也要佩服，应用的，这就等于出版，倘若用什么记号留存下
来，这就是文学；他当然就是作家，也是文学家。"

　　那些喊劳动号子的原始人，在发出这种声音后，心理会感到舒服一些，
身体可能好受一些。这就是诗最早的萌芽。后来，随着语言的不断复杂，便发
展成为歌谣，形成固定的语言，尤其是有固定的节奏的语言形式。再后来由文
字记录下来，便形成了诗。

民歌与诗

　　《说文解字》说："诗，志也。情志心志。"《尚书》中说："诗言
志，歌永言。"诗反应的是内心的东西。

　　目前中国最早的诗，并没有被《诗经》收入，而是保存在一本叫作《吴

越春秋》的书中。这首诗产生于山西运城一带，很短："断竹，续竹。飞土，逐肉。"意思是，截取一段青青竹，鹿筋连成弹弓固。飞出土块到天上，打下鸟儿回家煮。

这首诗每一句只有两个字。但是节奏整齐，内容明确。后来语言越来越复杂，便产生了《诗经》三百多篇。

《诗经》不是任何一个人，是一群人，是好几个时代的人，从西周到战国时期，前后用了五百多年的时间。一开始都是民歌，是一些任何人都听得懂的歌谣。后来经过加工，便从语言到音乐都发生了巨大的变化，变俗为雅，变不整齐为整齐了。

举个例子，郭兰英的《一条大河》，我们耳熟能详：

一条大河波浪宽，风吹稻花香两岸，我家就在岸上住，听惯了艄公的号子，看惯了船上的白帆。

这是美丽的祖国，是我生长的地方，在这片辽阔的土地上，到处都有明媚的风光。

姑娘好像花儿一样，小伙儿心胸多宽广，为了开辟新天地，唤醒了沉睡的高山，让那河流改变了模样。

好山好水好地方，条条大路都宽畅，朋友来了有好酒，若是那豺狼来了，迎接它的有猎枪。

这是强大的祖国，是我生长的地方，在这片温暖的土地上，到处都有灿烂的阳光。

然而，它可以变成这样的形式：

彼川浩浩，河干其稻。风扬其香，我生我劳。

稔彼舟者，白帆举棹。惟我之国，洵美且衮。

育我长我，食我终老。土其厚矣，历历皆好。

女颜如花，士皆嘉貌。敦且旷矣，彬彬矫矫。

辟斯沃土，河山新肇。雄哉吾国，达哉斯道。

我朋远来，旨酒是报。逢彼豺狼，以戟以矛。

如果这样，就完全变成了一种文人的把戏了。这是我去年的时候，翻译来闹着玩的。当时几个朋友在一起讨论外国诗歌和中国诗歌的区别，我试着把泰戈尔的诗翻译成了《离骚》体，莎士比亚的一些诗翻译成了七古，来打通中西的诗歌。后来有朋友说，能不能翻译一下中国的民歌？我说试试。昨天晚上，为了配合今天与大家的交流，又翻译了一首。这首我们更熟悉：

> 桃花来你就红来，杏花来你就白，爬山越岭我盼你来呀，啊格呀呀呔榆树来你就开花，圪枝来你就多，你的心眼比俺多呀，啊格呀呀呔锅儿来你就开花，下不上你这米，不想旁人光想你呀，啊格呀呀呔金针来你就开花，六瓣来你就黄，盼望和哥哥（妹妹）结成双呀，啊格呀呀呔桃花来你就红来，杏花来你就白，盼望和哥哥（妹妹）结成双呀，啊格呀呀呔，盼望和哥哥（妹妹）结成双呀，啊格呀呀呔。

可以变成这样：

> 桃其灼灼，杏也皎皎。陟彼山岭，我心悄悄。
>
> 榆其华矣，枝也纠绕。子其慧矣，使我心劳。
>
> 釜其沸矣，米也在瓢。不他念矣，惟子暮朝。
>
> 金针六出，翩翩其摇。安得与子，相偕以老。

再比如著名的《东方红》，本是陕北民歌，后来经过文艺工作者的加工，调子不变，改了歌词，就成了我们现在听到的样子。所以，诗歌源于生活，又高于生活。这些最初的歌唱、思念、呻吟和哭泣，最早从民间传出，经过一批文人的整理加工，成为定型。

咱们岢岚也应该有许多歌谣吧？也应该有一些别处没有的民歌，我们能不能有意地搜集一下，并进行加工，让它变得更加高远、更加健康、更加便于流传、更加有益于教育下一代呢？不妨一试！

民歌在民间形成以后，必须流传出去，才能为人所知，才有被加工的可能。就比如《桃花红杏花白》，是经过阿宝等人唱出去的。古代没有录音，没有电视，这些最早的歌谣是如何流传出去的？这就是一种非常英明，甚至非常伟大的政治措施。

王官采《诗》

王，君王，指的是周天子。周天子派出专门的一些干部采集各地的民歌，称之为采风。根据《孔丛子·巡狩篇》载："古者天子命史采歌谣，以观民风。"采风这个词，在中国隋唐以后基本上就已经很少用了。很多作家下基层，接地气，搞调查研究，促进自己的思考与创作，都被称为采风。

《汉书·食货志》讲："孟春之月，群居者将散，行人振木铎，徇于路以采诗，献之太师，比其音律，以闻于天子。故曰王者不出牖户而知天下。"也就是说，好的文艺作品能够反映现实。领导干部都应该经常阅读文艺作品，这样能够帮助我们了解民情，及时制定正确的工作政策。

刘歆《与扬雄书》亦称："诏问三代，周、秦轩车使者、遒人使者，以岁八月巡路，求代语、童谣、歌戏。"很多童谣、儿歌、游戏中间也包含很多历史的真实。比如在祖国各地流传的拉钩，"拉钩上吊，一百年不许变。"来源于遥远的结绳记事，用绳子打个结，表示契约、盟约，比如结拜、结义、结婚、结交。再比如我小时候念过的一首儿歌：

红鞋鞋，绿袜袜，走到河里捞鸭鸭。还没捞到一半哩，我妈喊我吃饭哩。什么饭？煮饺，一口吃了五个。我妈嫌我吃得多，把我卖给了箍漏锅。

我们念起来漫不经心，但它有真实而残酷的社会背景：旧社会，穷人家卖儿卖女，吃得多的孩子会最先被卖掉！

一个负责任的政治家，一个关心民生的人民公仆，一个善于调查研究的干部，会通过包括民谣在内的各种文艺作品来了解民间的真相，及时制定措施。

《诗经》除了王官采风以外，还有公卿献诗。如果说，王官是天子派出的地方巡查人员，那么公卿就是天子派出的地方常驻官员。对于地方官员而言，不仅得考虑今年交了多少赋税，还得交上当地两首民歌。"天子听政，使公卿至于列士献诗，瞽献曲……师箴，瞍赋，曚诵。"专门用各地的残疾人来背诵，这不仅是对残疾人的一种照顾，更是一种人尽其才的考验方法。因为残疾人记性好，让他们作当地的记录者，看公卿献上的诗是不是自己编的。如果和残疾人记的不一样的话，那你就是严重的弄虚作假。所以，看起来是一种文学形式，背后是一种政治措施。看起来是一种文学形式，背后是一种政治关怀。

且不管《诗经》内容是什么，单看它产生的过程，已经足以让我们感动。

《诗经》定型的第四步，与一位圣人有关。这位圣人，就是孔子。

孔子删《诗》

从西周到春秋，历代收集的歌谣积攒了太多，成为一种优秀而丰富的文化财富。春秋末期，孔子身体力行地推行教育。或许他老人家想，既然天子、官员可以利用这些民歌来了解民间疾苦，那么我也可以利用这些民歌来让我的学生了解天下情形。所以，他就在前代收集的基础上选了一部分，作为教材。

选了一部分的前提，是不选了一部分，删除了一部分。据说，《诗经》原来有三千多首，到孔子选择之后，剩了三百多首。《史记·孔子世家》："古者诗三千余篇，及至孔子，去其重，取可施于礼义三百五篇。"去掉重复的，在不重复的中，取那些可以用于教育，可以赋予更丰富的文化意义的，一共三百零五篇。

《诗经》又称"《诗》三百"，一共三百零五篇。还有六篇只有题目没有内容，如果加上，就是三百一十一篇，如果不加就是三百零五篇。取个整数，三百篇。后来人喜欢用三百这个数字，像《唐诗三百首》《宋词三百首》，其实并非都是三百首，而是要通过"三百"这个数字，表示要继承《诗经》的优良传统。

《史记》中的记载，未必正确。因为孔门后学荀子在其著作中引用的《诗》，有好几句不见于现在流传的《诗经》。而且，《论语》中孔子与子夏所讨论的"巧笑倩兮，美目盼兮，素以为绚兮"一句，后世的《诗经》版本中并没有"素以为绚兮"五字。

故而可以推断：孔子确实对他之前的《诗》进行了删减整理，但这未必就是后世《诗经》的定本。

但孔子对于《诗经》形成与流传，绝对有划时代的影响。

而《诗经》的定型，应该一直到汉代才彻底完成。

《诗》成为经

《诗经》形成的第五步，是汉代为经。

那些古老的歌谣，那些由歌谣改编成的诗，一旦经过圣人的加工整理，它就具有圣人的思想，就再也不是一个简单的文艺作品或政治作品，它成为一种伟大的思想作品。

偏偏秦始皇最见不得有思想的作品。秦朝时，罢黜百家，独尊法术，除了法家的书和占卜种树农业之书不烧，剩下的都烧！《诗》在所难逃。秦朝法律明确规定："偶语《诗》《书》者弃市。"谈论《诗经》，是要被杀的。中国书籍受到了严重的摧残，中国文化受到了严重的伤害，中国的传统也受到了强烈的破坏。

到了汉代，这一切得到了恢复的可能。董仲舒向汉武帝提出"罢黜百家，独尊儒家"，被采纳。而尊儒术的前提，是尊儒书。儒家的《诗》《书》《礼》《易》《春秋》，从那个时代开始成了经。

汉代专门为《诗经》在中央设立了博士，确立了其国家主流文化的地位。从此，一直到清朝，它的经典地位一直没有变。

然而，民国以来，随着儒家正统和主流地位的丧失，《诗经》的命运也一落千丈。就连其性质也莫衷一是，一会是文艺作品，一会是政治作品。二十多年来，基本上都是按照文艺作品来看待的。这本不是不可以，但是，对于一些戏说《诗经》的声音，我是不愿意听到的。

在我心里，《诗经》是文学著作，也是历史资料，但首先是经。

风雅颂

传说，在北宋的时候，来宋朝出使的辽国使者出了一副对联："三光日月星。"这貌似是个绝对。辽国使者口出狂言，你们不是很有文化吗，那就对一下！如果对上来，还则罢了，如果对不上来，说明你们虚有其名，我们就讨伐你们！结果，大学者苏东坡轻而易举地给对出了好几个。其中最著名的一个是"四《诗》风雅颂。"辽国使者奇怪地问："风雅颂不是《诗经》的三部分么？怎么成了四《诗》了？"苏东坡大度地一笑："看，你们对我们的文化还是不了解。《诗经》分风雅颂不错，但雅还分大雅小雅。"辽国使者目瞪口呆。

这个故事，涉及《诗经》内容分类的问题：风、雅、颂。

风，就是各地的民歌。采风，采什么，采集民歌。《左传》说："乐操土风,不忘旧也。"风有地方特色的意思。我们现在说风土、风味、风情，都和这个意思有关。

《诗经》之中，一共有15国风，也就是15个地方的民歌。包括现在山西、陕西、河南、河北、山东一些地方（齐、韩、赵、魏、秦），大部分是黄河流域的民间乐歌，多半是经过润色后的民间歌谣，有160篇，这是《诗经》中的核心内容。

《诗经》的分类第二部分是雅：贵族的诗歌。"雅"是正声雅乐，即贵族享宴或诸侯朝会时的乐歌，大雅多为贵族所作，小雅为个人抒怀。固然多半是士大夫的作品，但小雅中也不少类似风谣的劳人思妇之辞，共105篇。雅这一部分的特点是语言优美，情怀高尚。我们现在说优雅、文雅、大雅之堂，都与这个有关。

颂，是祭祀时的赞美诗，是神曲，其内容多是歌颂祖先的功业的。《毛诗序》说："颂者美盛德之形容，以其成功告于神明者也。"分"周颂"31篇、"鲁颂"4篇、"商颂"5篇，共40篇。颂的主体比较纯粹，对伟大的先祖进行歌颂、怀念与叙述，真诚而热烈，具有赞美诗和史诗的特点。"慎终追远，民德归厚矣。"通过这种方式，从内心油然而生对所歌颂对象的爱慕和景仰，同时净化自我灵魂，坚定正确信仰，产生洗礼般的作用。

风、雅、颂，形成一个综合的系统，涉及了相当长的一段历史时期的政治与社会生活的各个层面。

这个时期，是五百多年。

"五百年桑田沧海，顽石也长满青苔。"然而，有些东西别说五百年，就是五千年也不会变的。

帝王将相饿了会难受，平民百姓饿了也会难受；古人不喜欢受人欺负，现代人也不喜欢受人欺负；中国人谈恋爱，外国人也谈恋爱。有些东西是放之四海而皆准，流之千古而不易的。

随着历史的发展，很多东西都在进步，比如科学技术；但是有些东西是很难进步的，比如文学艺术。谁敢说自己写的诗能超过《诗经》《离骚》，超过了李白杜甫？

比文学艺术更难进步，或者说不存在进步的，是人类的情感、道德、情怀、修养。你能说《诗经》里的爱情比现在的爱情落后，现在的悲伤比《诗经》里的悲伤进步吗？不能！

至于伦理道德，我们几千年来顶多是局部上进行了突破或完善，而不可能从整体上进行否定。

所以，孔子曰："《诗》三百，一言以蔽之，曰：'思无邪。'"一般的理解是，"思无邪"就是思想纯正无邪。我的理解不是这样。思是虚词，邪，念耶，也是虚词。三个字中，只有一个实词：无。无是无边无际，是空间的无穷和时间的无尽。《诗经》，超越了一切时间空间的限制，可以直通任何一个时代、任何一个地方的人心最深处。

《诗经》管窥

管中窥豹，来学习一下《诗经》。先看最著名的一首，《关雎》，据说是爱情诗。

> 关关雎鸠，在河之洲。窈窕淑女，君子好逑。
>
> 参差荇菜，左右流之。窈窕淑女，寤寐求之。
>
> 求之不得，寤寐思服。悠哉悠哉，辗转反侧。
>
> 参差荇菜，左右采之。窈窕淑女，琴瑟友之。
>
> 参差荇菜，左右芼之。窈窕淑女，钟鼓乐之。

你可以认为这是一首爱情诗，但是当它到达思想的层面，或者哲学的高度的时候，它便超越了具体的物象，另有所指了。

我们看这首诗，从具象到抽象，从爱情诗到哲理诗，是怎么过渡的。"关关雎鸠，在河之洲。"那呱呱叫的鸟儿啊，成双成偶，栖息于河边平平的沙洲。这是多么和谐的场面！不是"国破山河在"，不是"出门何所见，白骨蔽平原"，而是充满了生机。在一种很和谐的状态中，一切情怀和境界徐徐展开。

"窈窕淑女，君子好逑"。淑女的概念，与美女不同。美女重在貌，淑女重在德。表面的意思是，那美丽贤淑的姑娘，是君子的好配偶。然而，它更深刻的意思是，那善良高尚的理想，应该是君子的终身追求。中国古典文学中，向来以美女、香草来代表美好的东西。这种传统迄今未断，比如《红梅赞》《好一朵美丽的茉莉花》，你能说它只是在歌唱梅花、茉莉花么？

但是任何一种理想，任何一种追求，都不会求之即来，一蹴而就。"参差荇菜，左右流之"，"参差荇菜，左右芼之"。那河中长长短短的荇菜啊，我不停地采集，不停地淘洗。这种不停劳作的过程，就是对理想不懈追求的过程。

"窈窕淑女，寤寐求之"，"求之不得，寤寐思服"。对这种理想，我无时或忘，时刻都在想。理性和情感都在日夜思念中达到了金石为开的地步。

"窈窕淑女，琴瑟友之。"对于理想，要用很文明的方式来追求。"窈窕淑女，钟鼓乐之。"即使已经与窈窕淑女结婚了，也还要以钟鼓来与她共同享受高雅的精神生活。钟鼓是什么？是最高级的音乐，象征最高明的境界。这表示还是要不断地追求更高的境界。我们在建设岢岚的道路上，已经取得了很了不起的成绩，但我们还要继续努力。

——你说，它还是一首简单的爱情诗吗？你说，它还是一首简单的文学诗吗。不是。相比之下，我们现在的很多爱情诗，不仅仅是黯然失色，简直要羞死！有时候，我走在街上，听到一些不知所云的流行歌曲，不禁悲从中来。

再看这首，《硕鼠》。如果说《关雎》表达的是爱的话，那么《硕鼠》表达的可以说是恨。

> 硕鼠硕鼠，无食我黍！三岁贯女，莫我肯顾。
>
> 逝将去女，适彼乐土。乐土乐土，爰得我所。
>
> 硕鼠硕鼠，无食我麦！三岁贯女，莫我肯德。
>
> 逝将去女，适彼乐国。乐国乐国，爰得我直？
>
> 硕鼠硕鼠，无食我苗！三岁贯女，莫我肯劳。
>
> 逝将去女，适彼乐郊。乐郊乐郊，谁之永号？

如果我们把它翻译一下，是这样的：

> 大老鼠呀大老鼠呀，请你不要再吃我的五谷。好多年了，我养你养得很辛苦，你却一点也不感谢我，不肯将我照顾。现在我发誓，要离开你这可恶的大老鼠，去寻找幸福的乐土。乐土啊乐土，在那里，我才能享受我永恒的幸福。

我们现代人假如写硕鼠，大概是这样的：

> 硕鼠硕鼠，无食我黍！再食我黍，我打死汝！

"礼之用，和为贵。"斗争是一种逼不得已的方法。《诗经》的精神是温柔敦厚，怨而不怒，哀而不伤。

当然，温柔敦厚绝不是懦弱。我们来看《诗经》中的战争时期，《无衣》。

> 岂曰无衣？与子同袍。王于兴师，修我戈矛，与子同仇！

岂曰无衣？与子同泽。王于兴师，修我矛戟，与子偕作！

岂曰无衣？与子同裳。王于兴师，修我甲兵，与子偕行！

面对民族危亡，面对外敌入侵，就不应该一味地忍让与退缩。必须团结起来，共同战斗，保卫我们的江山社稷。我们岢岚，在历史上一直是军事重镇，无数的边防将士在我们这里戍守的时候，应该都这样精诚团结与慷慨豪迈。

说完最刚性的军事，再来看看最深沉的情感，关于父母的。

蓼蓼者莪，匪莪伊蒿。哀哀父母，生我劬劳。

蓼蓼者莪，匪莪伊蔚。哀哀父母，生我劳瘁。

瓶之罄矣，维罍之耻。鲜民之生，不如死之久矣。

无父何怙？无母何恃？出则衔恤，入则靡至。

父兮生我，母兮鞠我。拊我畜我，长我育我，

顾我复我，出入腹我。欲报之德。昊天罔极！

南山烈烈，飘风发发。民莫不谷，我独何害！

南山律律，飘风弗弗。民莫不谷，我独不卒！

这首诗的大意是：

我看见一丛一丛的抱娘蒿，就想起我是一个无依无靠的独根苗。可怜我那辛辛苦苦的父母呀，生我养我实在辛劳。我看见那层层叠叠的抱娘蒿，就想起那我这个到处流浪的独根草，我那可怜善良的父母呀，他们为我把心血浇。瓶子里的水已经干了，为什么干了，是因为罐子没有浇进水来。我的心血已经干，为什么，因为没有父母养育我，没有父亲我靠谁，没有妈妈我依谁。我离开家门时，满怀着悲伤，我回到家里是多么的孤单。我的父亲他生下了我，我的母亲她养育了我，他们不断地提携我，他们让我长大，把我教育，他们出门还要回头看我一眼，他们说完还要再叮咛我一句。当我小的时候，无论出门还是回门，他们都在怀里抱着我。现在我想报答父母的恩情，但是树欲静而风不止，子欲养而亲不在。老天呀，我这种悲伤的情感到什么时候才能停止。每个人都

活的那么的平安，为什么我自己却这样的孤单。南山的风在刮个不停，风也在不停地呼啸，每一个人都过得那么好，只有我生活的一点都不好。

　　这首诗，读了让人落泪！这种情感，非常悲伤，非常痛苦，但这种悲伤和痛苦无比感人！它让每一个人听到之后，都会更加珍惜有父有母的生活，更加孝敬自己的白发高堂。如果我懂音乐，我会把它谱成曲子，让它广泛流传。

我相信，在中国不久的将来，一定会有大批《诗经》中的优秀诗篇再一次被谱上曲子，到处流传。

说完民间的情感，我们再看一下官员的情感。

　　彼黍离离，彼稷之苗。行迈靡靡，中心摇摇。知我者谓我心忧，不知我者谓我何求。悠悠苍天！此何人哉？

　　彼黍离离，彼稷之穗。行迈靡靡，中心如醉。知我者谓我心忧，不知我者谓我何求。悠悠苍天！此何人哉？

　　彼黍离离，彼稷之实。行迈靡靡，中心如噎。知我者谓我心忧，不知我者谓我何求。悠悠苍天！此何人哉？

这是东周的一位官员写的，《黍离》，怀古伤今，感慨无限。

周朝分为西周东周，二者之间一脉相承。西周为犬戎所攻，周平王不得已迁都，从陕西迁到了河南，这便是东周了。《黍离》一诗，是一位东周的官员从河南到陕西出差，路经当年西周都城的故址，看见当年巍峨壮丽的宫阙，现在是一片茫茫无边的庄稼地，内心感慨无限，写下的一首诗。

我们大致解释一下第一段：

　　你看那黄米长得无边无际，小米也长出了青青的苗。想起当年的故国繁华，我的脚步变得慢慢腾腾，内心的悲伤谁人知晓。我的随从们，了解我的人知道我正在为沧桑巨变伤心，那些不了解我的人，还以为我在享受这美景，闲得无聊。我忍不住抬头，问这无边无际的苍天，这一切是谁造成的？是谁在左右着时间的车轮，在翻覆着我们的王朝？

这是渺小的个人对宏大的宇宙的追问，这是有思想的知识分子对历史规律的思考。这种问题，后来的很多人都意识到了，比如苏东坡的"大江东去，浪淘尽千古风流人物"，比如刘禹锡的"人事有代谢，往来成古今"。最典型的是司马迁的"通天人之际，通古今之变，成一家之言。"但最鲜明的表述，还是后来直接用这首诗的典故的许多作品，比如小学课本里的"离离原上草，一岁一枯荣"，比如高中课本里姜夔的《扬州慢》，直接点明是"黍离之悲"。

作为一个古老的文明国度，我们有太多的历史感慨。就在这样的感慨中，我们不断总结、思考、进步。而这样的感慨和总结、思考，《诗经》给中国文化开了一个非常好的头。

孔门论《诗》

此前提到过，孔子对于《诗经》的形成和流传起到了划时代性的关键作用。这不仅指他对《诗经》的整理，更包括他对《诗经》的阐发。而这些阐发，才是《诗经》成为五经之一的最重要原因，而且对我们也有深刻的启发意义。

《论语》之中，有许多关于《诗经》的内容，下面我们选几个例子。

> 子贡曰："贫而无谄，富而无骄，何如？"子曰："可也。未若贫而乐，富而好礼者也。"子贡曰："《诗》云：'如切如磋，如琢如磨'，其斯之谓与？"子曰："赐也，始可与言《诗》已矣，告诸往而知来者。"

这是孔子与子贡的一次有趣的对话，反映了子贡的一种特殊而微妙的心理，更反映了孔子的一种教育方法，一种思想境界。

作为一个商业上非常成功的人，子贡想在社会上获得较高的地位，得到孔夫子的一句正面评价。用现在的话来说，就是讨一个口封。想通过老师的一句表扬来提高自己的社会地位，或者自己的自信心。

子贡很会说话，他问，老师，若有人虽然贫困，却从不巴结讨好别人；

或者虽然有钱，也没有一点骄横跋扈，总是平易近人，您觉得这样的人怎么样？——这是一种已有答案的提问。换成一般人，肯定会说："这样的人，当然不错了！"

——如果孔夫子也这样的话，那就中了子贡的圈套啦！

孔夫子何等人物，一听就明白了子贡的"小九九"。他想，子贡还是有上进心的，但也有一定的虚荣心，我要遏制其虚荣心，也要鼓励其上进心。于是，他答道："可也。"可，就是可

▲ 子贡

以，基本认同，但谈不上赞赏，不过，这已是对子贡的肯定。接下来的话，就是批评与指引了："未若贫而乐，富而好礼者也。"你刚才说的"贫而无谄"，我觉得不如"贫而乐"。"贫而无谄"，只是说人在贫困的时候不会丧失尊严去讨好别人，攀龙附凤。而"贫而乐"则如同孔子表扬的颜回一样，"一箪食，一瓢饮，在陋巷，人不堪其忧，回也不改其乐。"其所乐者，道也。

"富而好礼"就是作为一个富人不仅要有社会责任感，在社会需要的时候慷慨捐赠，而且能够恪守国家法律、尊重社会道德，自觉地做一个君子。这样的人，不仅是财富的拥有者，更是社会责任的体现者、担当者、引领者，对社会的贡献非常突出。

子贡听罢，如醍醐灌顶，觉得自己的人生境界又上了一个层次，就对夫子说，听了您的教诲，我想到了《诗经》里的"如切如磋，如琢如磨"，上您的课就像是一个原材料被加工的过程，您不忽视任何一个细节，最终把一个粗陋原始之物塑造成一个很精美的艺术品。我总是不断地接受您的精心打磨，我一天天在改变，我的身上有了纹理，有了光彩，我成器了。每天都有新的变

化，新的进步，每天都能体会到新的快乐。

对于子贡的反馈，夫子很满意，说，子贡呀，你已把握了《诗经》的言外之意，弦外之音。我刚刚跟你说了一个结果，你马上就可以找到理论源头，就能想到自己受教育的过程。归，就是回归的意思，无论学习了多少，都可以把它回归到儒家经典的框架之内。循流探源，难能可贵。

如今，对于"先富起来的一批人"的教育与引导是一个关键的问题。孔子对大商人子贡的这种教诲与引导，值得我们学习。

再看这一段：

> 子夏问曰："'巧笑倩兮，美目盼兮，素以为绚兮'。何谓也？"
> 子曰："绘事后素。"曰："礼后乎？"子曰："起予者商也，始可与言诗已矣。"

子夏为孔门精通文献的杰出人物。他问孔子："《诗》中间说，'美丽的姑娘真好看，动人的笑容真漂亮，美丽的眼睛在顾盼，素白衫子花纹艳。'这几句话是什么意思呢？"

子夏当然明白，这几句肯定不仅仅是在说一个女子的相貌美丽。他可能已经有所体悟，只不过是想向老师再确认一下。

孔子一向主张"不悱不发，不愤不启"。他知道，此时是子夏已经遇到问题而且进行了思考的时候，正是指点的绝佳契机。于是，他点到为止："这是说，先有白底然后才能画画。"

子夏听后，一下就明白了，又问："那么，这其中的深意是否在说人应当先有仁德的本质，然后再产生具体的的礼呢？"孔子非常欣慰："商啊，你真是能启发我的人，现在可以同你讨论《诗》的真谛了！"

子夏从孔子所讲的"绘事后素"中，领悟到仁先礼后的道理，受到孔子称赞，可谓善读书者。孔子曾说："人而不仁，如礼何？人而不仁，如乐何？"首重内心德行，其次才是外在礼仪。在这次对话中，老师与学生，传统与自我，实现了一次完美的互动。

再来看看孔子的另一位弟子，曾子。他享年八十余岁，临终之前，对学生和儿子们嘱咐遗言，也引用了《诗经》：

> 曾子有疾，召门弟子曰："启予足，启予手。《诗》云，'战战兢兢，如临深渊，如履薄冰'。而今而后，吾知免夫！小子！"

曾子患了重病，可能手脚已经不能动弹了。他召唤门下的弟子说："抬一抬我的脚，抬一抬我的手。我没有什么不完整的。我没有因触犯刑律而手足不全，也没有因马虎大意而伤害自身。《诗经》中说：'小心谨慎，如同面临深渊，如同践履薄冰'，从今以后，我知道能免于祸难了，我终于可以带着我的完整之躯去见我地下的父母了。学生们！" 一位教育家，在他临死之前，还现身说法，很感人。人一生确实应该时时谨慎，刻刻小心。

以上三个故事，都是师生之间的讲授。现在说两个与孔子的家庭有关的。

> 南容三复《白圭》，孔子以其兄之子妻之。

南容，是孔子的学生南宫适。他读《诗经》，特别喜爱这几句："白圭之玷，尚可磨也；斯言之玷，不可为也。"意思是，白玉被玷污了，还可以把它磨去，而说错了的话，则无法挽回。孔子听到后，就把侄女嫁给了他。因为孔子从这个细节感到南宫适是一个非常谨慎和理智的人。

儒家认为，懂得行藏用舍之道，是明智之士立身处世的最基本、也是最重要的素质之一。《诗经》云："既明且哲，善保其身。"明哲保身，并不是怯懦或者圆滑，而是对现实的清醒认识，以及对自己人生计划的合理设计与有效掌控。学文化，不等于学天真，更不等于要学成傻子。

孔子对南宫适肯定，实际上也是对一种君子人格和能力的肯定。这是圣人对于贤人的肯定，是孔门师生这个圣贤集团交相辉映的又一千古佳话。

这是孔子根据《诗经》选侄女婿，我们再讲一个孔子教儿子读《诗经》的故事。

> 陈亢问于伯鱼曰：子亦有异闻乎？对曰："未也。尝独立，鲤趋而过庭，曰：'学《诗》乎？'对曰：'未也。''不学诗，无以言。'

鲤退而学《诗》。他日，又独立，鲤趋而过庭，曰：'学礼乎？'对曰：'未也。''不学礼，无以立。'鲤退而学礼。闻斯二者。"陈亢退而喜曰："问一得三：闻诗、闻礼、又闻君子之远其子也。"

陈亢问孔子的儿子伯鱼："你是不是听到过我们没有听到过的一些好东西呢？"伯鱼回答说："没有，父亲没有给我开过小灶。如果有的话，就是有一次他在院子里站着，我从他面前以很快的小碎步走过。父亲看见了，就问了一声，你学《诗》了吗？我说没有。父亲说，你不学《诗》，就没办法说话。然后我就回去开始学习《诗》；后来又有一天，在同样的情况下，父亲问我，你学礼了吗。我说没有。父亲说，你不学礼，就没有办法自立。然后我回去就开始学礼。"陈亢听后，非常高兴。我只问了一个问题，却有三大收获：知道了《诗》的重要性，知道了礼的重要性，知道了君子是怎样教育儿子的。

为什么说"不学《诗》，无以言"呢？一是通过学《诗》，可以提升自己的内心修养，"腹有诗书气自华"，说出来的话温文尔雅，温柔敦厚。二是《诗经》中有大量的常识，通过学习《诗经》，可以增广见闻。

孔子教育自己的儿子，以《诗》，以礼。这就是诗礼传家。包括我们岢岚在内的中国许多地方，很多民居都悬挂着"诗礼传家"的匾额，这就是我们的家风。

接下来，我们就开始说礼。

《礼记》：敬以致和

礼的起源

谈《礼记》，先从礼说起。

礼这个字，在甲骨文和金文中都有。《说文解字》说："礼，履也。所以事神致福也。"是针对神的。本来是祭祀的意思。中国文化以及其他许多其他类型的文化，在早期的时候都与祭祀、祈祷、图腾、原始宗教等事情有关。

祭祀有两大讲究，一是严格的仪式，有一整套讲究的形式；二是虔诚恭敬的心态，专注，宁静、平和、诚心诚意。这两点，成了后世一切礼的共同点。

在经过漫长的演变之后，西周初年，礼从纯粹的祭祀、祈祷等事情中剥离了出来。转而侧重社会性，专门针对人。自古相传的"周公制礼"，便是这次转变中的一个伟大事件。

战国时期山西的大思想家荀子，对礼的起源进行过非常精彩的论述："礼起于何也？曰：人生而有欲，欲而不得，则不能无求，求而无度量分解，则不能不争。争则乱，乱则穷。先王恶其乱也，故制礼仪以分之，以养人之欲，给人之求。使欲必不穷于物，物必不屈于欲，两者相持而长，是礼所起也。"起源是社会管理的需要。人生而有欲，每个人都有欲望。如果每个人都想实现欲望，就会去争，一旦争不到，就会怒从心头起，恶向胆边生，发生暴力和灾祸。先王不想让天下和人民这样混乱，便制定了礼仪，让每个人的利益都得到了保证。

所以，礼仪是天下的公器，就像法律一样，是对每个人的尊重与保护，同时也是对每个人的约束和限制。

荀子还讲："人之生不能无群，群而无分则争，争则乱。"人是一种群体性生物，任何一个群体，如果没有分工和分寸，就会乱。说得实在透彻。

礼的起源，就是这两个。最早是起源于祭祀与祈祷，后来适应人类社会发展的需要，变成了人与人之间的一种共识，一种治理天下的公器。

礼的发展

我们知道，人类社会的发展，就是生产力与生产关系的一部发展史。随着中国历史不断地发展，礼，作为一种生产关系，也在不断发展。当它与社会发展不相协调的时候，就会出现"礼崩乐坏"。而此时，往往有大人物站出来对两者重新进行梳理和协调，这就是制礼作乐。

周公之礼作乐之后，到春秋时期，历史进入一个空前复杂和剧变的时代，周天子失去了以礼制约管理天下的权威，"王纲坠地，礼崩乐坏"。若长此以往，后果非常可怕。于是，孔子担当起了重新制礼作乐的历史人物。

孔子在其政治生涯中，一直以礼为标准。"道之以德，齐之以礼，有耻且格。"但那个时代的政治氛围不适合他，他通过政治来推行礼制的理想无法得到实现。于是，他转而通过教育来实现自己的理想。我们翻开《论语》一书，会发现大量孔子与礼的记载，从实践到理论，从历史到现实，从政治到道德，无不贯穿着一个礼字。

这深深地影响了此后儒学的发展。儒家文化中，往往称礼教、礼乐、礼法，也是在孔子及其传人们在儒学早期便给中国历史打下的烙印。

比如荀子。他说："学恶乎始？恶乎终？曰：其数则始乎诵经，终乎读《礼》；其义则始乎为士，终乎为圣人。"学习应该从哪里开始，以什么结束？答，就方法而言，从读经典开始，到读礼结束；就思想而言，应该从做士人开始，以做圣贤为目标。很明显，荀子心中的圣人，就是知礼之人。

荀子推而广之地说："礼者，法之大分，类之纲纪也，治辨之极也，强国之本也，威行之道也。""人之命在天，国之命在礼。"礼关系到国家的生死存亡。

荀子说的有道理。中华民族自古以来便是礼仪之邦。礼不仅是个人安身立命的原则，也是我们这个国家的基本意识形态。礼，也是我们过去、现在和未来立身于世界民族之林的原则。

说中国的礼仪，就不能不说关于礼的典籍。这就必须谈《礼记》。

孔子讲："三十而立。"这个立，我认为就是"不学礼，无以立"的立。不学礼，便没办法站立吗？显然不是，而是不学礼，便无法自立于社会。

《礼记》简介

《礼记》这本书，又叫《小戴礼记》，它与《周礼》《仪礼》合称"三礼"，是战国至秦汉间儒家学者的文章选集，是一部儒家思想的资料汇编。它

▲
《礼记》

的作者，不止一人，写作时间也有先有后，其中多数篇章可能是孔子的七十二名高徒弟子及其学生们的作品。

西汉时，出现了编纂整理先秦文献的时代潮流。此时有姓戴的叔侄俩，叔叔叫戴德，侄子叫戴圣，都是大学者。两人各自对先秦流传下来的一些儒家资料进行了编纂，叔叔编的被称为《大戴礼记》，侄子编的被称为《小戴礼记》。叔叔选编了八十五篇，到唐代只剩下三十九篇。侄子编的那一本比叔叔内容要少，四十九篇，但却更好，这就是我们今天见到的《礼记》。平心而论，叔侄二人各有侧重和取舍，各有特色。东汉末年，大学者郑玄为《小戴礼记》作了出色的注解，后来这个本子便盛行不衰，并由解说经文的著作逐渐成为经典，到唐代被列为"九经"之一，到宋代被列入"十三经"之中，成为士人必读之书。

《礼记》全书用散文写成，一些篇章具有相当的文学价值。有的用短小生动的故事阐明某一道理；有的气势磅礴、结构谨严；有的言简意赅、意味隽永；有的擅长心理描写和刻画，书中还收有大量富有哲理的格言、警句，精辟而深刻。

　　《礼记》是部儒学杂编，里面包含的儒家的思想史料相当丰富。研究儒家的思想，需要读《论语》；研究儒家的行为，就不能不读《礼记》了。读《论语》能够看到儒家学派的确立，读《孟子》《荀子》《礼记》能够看到儒家学派的发展。从《礼记》这部书里，可以看到儒家对人生的一系列的见解和态度。《王制》《礼运》谈到了儒家对国家、社会制度的设想。如《礼运》展示的理想是："大道之行也，天下为公，选贤与能，讲信修睦。故人不独亲其亲，不独子其子，使老有所终，壮有所用，幼有所长，矜寡孤独废疾者皆有所养，男有分，女有归。货恶其弃于地也，不必藏于己，力恶其不出于身也，不必为己……是谓大同。"没有盗贼，没有饥饿，没有孤独和痛苦，这是美满的人类社会。

　　大同社会不可能一蹴而就，需要有一个过渡阶段，或者说基础："今大道既隐，天下为家。各亲其亲，各子其子，货力为己。大人世及以为礼，城郭沟池以为固。礼义以为纪，以正君臣，以笃父子，以睦兄弟，以和夫妇，以设制度，以立田里，以贤勇知，以功为己。故谋用是作，而兵由此起。禹、汤、文、武、成王、周公，由此其选也。此六君子者，未有不谨于礼者也。以著其义，以考其信，著有过，刑仁讲让，示民有常。如有不由此者，在执者去，众以为殃。是谓小康。"我们现在建设小康社会，"小康"的概念是从这儿来的。

　　这类光辉的语言，并不因为年长日久而失去其光芒和震撼力，它极为精炼地反映了我们祖先对美满而公正的社会的强烈向往。

　　《礼记》有不少篇章讲修身作人的，像《大学》《中庸》《儒行》等篇就是研究儒家人生哲学的重要资料。专讲教育理论的《学记》，专讲音乐理论的《乐记》，其中精粹的言论，至今仍然有研读的价值。

　　《曲礼》《少仪》《内则》等篇记录了许多生活上的细小仪节，从中我们可以了解古代贵族家庭成员间彼此相处的关系。今天看来，这些细节极为繁琐、迂腐、呆板、缺乏生气，不过有些地方，还是可以借鉴的。

　　《礼记》关于丧祭之类的篇章占了很大的比重。这类文字有四大特点：

琐碎、枯燥、难懂、远离今天的生活。可是对于研究中国古代社会，特别是研究中国宗法制度的人们来说，实是珍贵的文字资料。其中有很多地方是对《仪礼·丧服》的补充和说明。

《礼记》中还有不少专篇是探讨制礼深义的。这类文章是研究儒家礼治思想的重要依据。举例来说，《昏义》是解释《昏礼》制定意义的专篇。一开始就解释为什么要重视婚礼，说"昏礼者，将合二姓之好，上以事宗庙，而下以继后世也，故君子重之。"所以要在家长主持下搞一套隆重礼节。从而得知，结婚一事之所以重要，儒家并不着眼于当事男女的幸福，而是：一，密切两个家族的关系；二，男方死去的祖先，有人祭祀了；三，传宗接代。儒家认为，结婚只能是家族中的一件庄重的事，不是个人的美事。传宗接代意味着新陈代谢，这样，做人子的不能无所感伤，所以《郊特牲》说"昏礼不贺，人之序也。"郑玄注说"序犹代也。"

此外，儒家对各种祭礼、丧礼、冠礼、乡饮酒礼、射礼、聘礼等等，在《礼记》中也都有一套解释。显然，研究这些都有助于全面理解儒家的思想体系。

总之，《礼记》是了解和研究儒家思想的重要史料。

《礼记》举要

如果用一句话来概括《礼记》的精神，就是开篇第一句话："毋不敬，俨若思，安定辞，安民哉！"对待任何事情都要认真，一定要庄重，不要轻率浮躁，说话的时候要清楚条理，以此来对待他人，对待百姓。

如果还要进行更简短地概括，那么三个字就够了："毋不敬。"有人说过这样一句话："《诗》三百，一言以蔽之，曰思无邪；礼三千，一言以蔽之，曰毋不敬。"敬就是认真，就是一丝不苟。很多人来到我们岢岚，都惊叹于岢岚的干净。这是因为我们已经以这个字作为自觉地要求。

干净不仅是环境的干净，更包括个人卫生和行为的干净整洁，彬彬有礼。"礼仪之始，在于正容体，齐颜色，顺辞令。"礼仪的基础，就是在乎自己的一言一行。周总理的母校南开中学，俊才辈出，这个学校一进校门有一面镜子，上面写着："面必净，发必理，衣必整，纽必结。头容正，肩容平，胸容宽，背容直。气象：勿傲、勿暴、勿怠。颜色：宜和、宜静、宜庄。"在潜移默化中对学生的气质与素质产生了深远的影响。

除了认真，礼还讲究分寸。"夫礼者，所以定亲疏，决嫌疑，别同异，明是非也。"通过礼可以知道什么先什么后，什么事情该如何判断，对于我们每个人来说，平时注意这些分寸，无论对生活还是工作，都是很有必要的。"不侵侮，不侵犯他人，不好狎"，不要过分亲近。礼在某种程度上是一种合适的距离，合适的分寸感。"修身践言，谓之善行；行修言道，礼之质也。"知礼之人，就是修身有道之人，就是不断为社会和他人提供正能量的人。

认真与分寸，既是对自我的，也是对他人的。这就是礼的双向性了。礼尚往来，"往而不来非礼也，来而不往，亦非礼也。"礼尚往来，就是互相尊重。在古装剧中，我们经常看到儿女向父母行礼，臣子向君王行礼。父母或君王大马金刀地坐在那里，纹丝不动，顶多说一句免礼平身什么的。这是不对的。实际上，在中国古代，即使父母和子女之间，君王和臣子之间，也不能来而不往，也是要还礼的。两只手合拢，往前一推，叫推手礼。所以。礼不仅是对自我形象的塑造，也不仅是对他人的尊重，更是一种对共同法则的遵从，人人都要讲究！

人人认真，人人讲究，整个社会便会和谐稳定。"礼之用，和为贵。先王之道，斯为美，小大由之。"无论是大事小事，都应该按照这个标准去做，包括治国理政方面。

这种以礼为标准的修身与理政，是人类的特点。"鹦鹉能言，不离飞鸟；猩猩能言，不离禽兽。今人而无礼，虽能言，不亦禽兽之心乎？夫唯禽兽无礼，故父子聚麀，是故圣人作，为礼以教人，使人以有礼，知自别于禽兽。"人和禽兽的区别就在于人知礼而动物不知礼。比如上厕所，只有人类才会给自己建厕所，而且分男女。绝大部分人有时即使找不到厕所，也不会随地大小便。人和动物的区别，或者说文明和不文明的区别，就在这儿。

从2007年以来，每年9月28号的时候，在太原文庙举行的纪念孔子诞辰活动，都由我担任主礼。2012年的时候，我带领山大附中一百多名高一学生一起祭拜孔子，国内许多媒体都进行了报道。新华网上了头条。后来，这批学生都上了重点大学。这至少说明，喜欢传统、喜欢礼的孩子对自我的要求要比别的孩子严格一些，他对同学和老师之间的关系处理也是比较好的。

《弟子规》与《礼记》

岢岚政务微信平台一直在连载《弟子规》。《弟子规》很多内容出自《礼记》，此前关于《弟子规》的书铺天盖地，但没见过有哪一本注意过这个现象。这里举几个例子。

"冬则温，夏则清。晨则省，昏则定。" 出自《礼记·曲礼上》："凡为人子之礼：冬温而夏清，昏定而晨省。"对父母的关心与陪伴，落实到每一个早晨和黄昏。

"物虽小，勿私藏。" 出自《周礼·曲礼上》："父母存，不许友以死，不有私财。"父母还在，便要侍奉，不可为朋友去抛生死于度外，而且不为自己积攒财物。

"路遇长，疾趋揖。长无言，退恭立。"出自《礼记·曲礼上》："遭先生于道，趋而进，正立拱手。"在路上遇到先生，要马上行礼。"先生与之言则对；不与之言则趋而退。"先生和我们说话，就回答；先生如果不和我们说话，就行个礼告退。"从于先生，不越路而与人言。"跟着长辈走路，突然看到路对面有认识的人，马上把长辈扔下，过去和那个人说话，不合适。

"将上堂，声必扬。"出自《周礼·曲礼上》："将适舍，求毋固。将上堂，声必扬。户外有二屦，言闻则入，言不闻则不入。"去别人家做客，进门前一定要问"有人在吗"，或者敲门。古人进门前把鞋脱下，放在户外，进门后在席子上跪坐。如果看到门外有四只鞋，这说明家里有两个人。注意，是两个人，不是三个人。三人成众，两个人就是私密空间。人家可能正在谈一个很秘密的事情，或者是一件很私人的事。如果说话声音很高，在户外能听见，就打招呼，或者敲门。如果听不见门内的说话声，就不要打扰别人，转身离开便是。尊重他人的隐私，是最基本的礼仪。

"勿践阈"，出自《周礼·曲礼上》："大夫士出入君门，由闱右，不践阈。"不踩门槛。

"或饮食，或坐走。长者先，幼者后。"出自《周礼·曲礼上》："长者辞，少者反席而饮。长者举未釂，少者不敢饮。"这是酒礼。

"谏不入，悦复谏。号泣随，挞无怨。"出自《礼记·檀弓上》："为人臣之礼，不显谏。三谏而不听，则逃之。子之事亲也，三谏而不听，则号泣而随之。"我们也许可以选择领导，但是没有办法选择双亲。所以双亲犯错的时候，必须想尽一切办法予以规劝，哪怕遭受责骂。

"亲有疾，药先尝。"出自《礼记·檀弓上》："君有疾饮药，臣先尝之；亲有疾饮药，子先尝之。医不三世，不服其药。儗人必于其伦。"应该了解药性，试一下药的温度。

"兄道友，弟道恭。兄弟睦，孝在中。"出自《礼记·礼运》："父之笃，兄弟睦，夫妻和，家之肥也。"

还有这一句："父母呼，应勿缓。"出自《札记·玉藻》："父母呼，唯而不诺，手执业而投之，食在口则吐之，走而不趋。"父母喊我们的时候，马上要答应，正在干活也要把活放下，正在吃饭也要把饭吐出来马上答应，一种很细节的孝道。

《尚书》：圣贤之政

上古之书

现在说《尚书》。

书，就是记录。《说文解字》说："著于竹帛谓之书。"好脑筋不如烂笔头，一旦一种东西被记录下来，就有了流传的可能性，而那些被记录下来的有价值的东西，则会更永久地流传。

《尚书》者，上古之书也。上古时期，中华文明中出现了尧舜禹汤文武周公等许多圣贤，他们的治国理念被记录了下来，这就是《尚书》。

但这本书的流传并不是一帆风顺的。尤其是秦汉以来，已经打了两千多年的笔墨官司。

据说，《尚书》原来有一百篇，由孔子编纂，并亲自作序，用它来作为教材，教授弟子的同时，保存和流传优秀的文化。《论语》之中，确实有孔子引用《尚书》的几处语录。

秦始皇烧书之后，《尚书》再也没有了。秦朝的宫廷中应该还有，但项羽一把大火，也没了。

汉代重新重视儒学，由秦博士伏生口授，用汉代通行文字隶书写的《尚书》，共28篇，人们称之为今文《尚书》。西汉时期，相传鲁恭王要扩建自己的王宫，便对王宫旁的孔子故宅进行拆除，在一段墙壁中，发现了另一部《尚书》，是用先秦六国时的字体书写的，人们称之为古文《尚书》。古文《尚书》经过孔子后人孔安国的整理，篇目比今文《尚书》多16篇。

西晋战乱期间，今、古文《尚书》全部散失。东晋初年，豫章内史梅赜给朝廷献上了一部《尚书》，包括今文《尚书》33篇、古文《尚书》25篇，古文25篇，经宋代以来的考异争论，总体认为是东晋人的伪作，假的！

清代学者孙星衍作《尚书今古文注疏》，广泛汲取前人考订成果，摒弃25篇伪作，将篇目重新厘定为29卷，大抵恢复了汉代《尚书》传本的面貌。

《尚书》按朝代分为《虞书》《夏书》《商书》《周书》，按文体分为诰、训、谟、誓、命、典六种。战国时已有很高的地位，在《荀子》一书中已把它称之为"经"，汉代改称《尚书》。

无论历史上怎么争论，有一点是可以肯定的，那就是《尚书》这部书确实是在很遥远的时候就存在，至少在东周之前就存在。《论语》《左传》及其他先秦诸子都曾毫不犹豫地引用《尚书》，即是明证。孟子说："尽信《书》，则不如无《书》。"算是从反面证明了《尚书》在当时的权威性。

而且，目前大量的商周出土文物尤其是许多青铜器也证明了《尚书》中许多内容的可靠。或直接，或间接，只要你愿意思考，就会将这些文明的碎片连接或者拼接起来，形成很庄严的历史画面。

顺便说一句，这几年一直关注"清华简"，但直到现在，我不敢确定它的真伪。

接下来，我们用比较简短的时间把《尚书》提炼一下。

家国情怀

《书》，是刚性的思维。《尚书》为圣贤之政。

比如，在尚书《尧典》中，说："克明俊德，以亲九族。九族既睦，平章百姓。百姓昭明，协和万邦。"

"克明俊德"在《大学》中被引用过。帝王一定要具有伟大光明的德性。以这种德行，首先对家庭和爱团结，让家庭中的成员老有所养，少有所育，每一个人都能幸福安乐。在这个前提下再推而广之，对百姓建立一种亲爱一种保护一种赡养的氛围。在百姓已经懂道理、很幸福的情况下再"协和万邦"。

"协和万邦"这四个字太伟大了，这就是中国人的世界观。到现在为止，它仍然是一种非常伟大、非常正确的国际关系准则。协，有互相合作之意，和有和睦之意。全世界所有的国家，在一种平等互助的关系中进行良性互动，共同前进，这境界，何等光明！

当然，仅仅靠抽象的道德，是不能协和万邦的。还必须有务实的精神。《尚书》讲："克俭于家，克勤于邦。"对待家务事，主要是一个俭字，是克俭于家；对待国事，对待公事，是勤字。

过去许多人家的大门门匾上，都是"克勤克俭"这四个字。我有好几个朋友都是叫克勤或者克俭。在运城、长治、晋城一带，每年过年的时候，老百姓给财神爷贴的对联是这样写的："勤是摇钱树；俭为聚宝盆。"

可见，克勤克俭已经成为我们中华民族的一种良好的家风，一种普遍的共识，世代传承。

从我做起

中国的儒家文化，一直讲究从自我做起，让自己成为一盏照亮周围的等，成为温暖他人的火。《尚书》讲："德日新，万邦惟怀。"如果我们每天都能有新的进步，新的觉悟，天下万邦都会敬佩我们，把我们作为一种楷模和榜样。

比如咱们岢岚，在这方面就做得非常好。我走过山西的很多地方，岢岚是让我非常敬佩的一个县。像岢岚这样，所有领导干部在改变岢岚两千多年的面貌的同时，又能够进行各种学习，包括党务、经济、国际关系、传统文化等方面的知识，让自己不断有新的进步，着实令人钦佩。即使在以科选拔官员的中国传统社会，也没有出现过一个县太爷带着所有下属一起学习的感人现象，非常不容易。所以，我们现在就是"德日新，万邦惟怀"。

不久前，我带着一批朋友来岢岚旅游。一位朋友的手机不慎丢失在了北寺塔下，发现的时候，我们已经在吴家庄。朋友赶紧用别人的手机打自己的手机，手机一直在响，但没人接。我对他说："放心，丢不了。岢岚人不会占这样的便宜。"几分钟后，手机有人接了。原来，一位姓李的清洁工正好在那里打扫卫生，听见有手机响，循声发现塔下有个手机，马上意识到是有人丢了。但他不会接，于是马上拿着手机送到了附近的县宾馆前台。第二天，我的朋友在县宾馆拿回了自己的手机，所有的人都对岢岚人这种品质感慨不已。这便是我们通过自身的素质与品质，对外界所形成的积极影响，也就是我们岢岚的"万邦惟怀"。

与此相反的是"志自满，九族乃离"。骄傲自满，故步自封，就是你的亲人也会远离你而去。所以归根到底，一个从政者的执政能力和执政水平与其个人道德密不可分。

道德从细节做起。"不矜细行，终累大德。为山九仞，功亏一篑。"对于领导干部来讲，尤其要谨言慎行，时刻注意每一个细节。

"天作孽，犹可违；自作孽，不可逭。"《尚书》提出了一个非常了不起的观点，人和天可以各是各的，就好像西方那句名言："上帝的事情归上帝，恺撒的事情归恺撒。"如果说自然界降下灾害，还可以尽力挽救。如果自己做错事情，那是不可挽回的。人是人，天是天。人和天很多时候是一个互动的有机整体，但在很多时候也是各是各的。

理性执政

《尚书》所提倡的，除了德行之外，还有理性，对于政治家而言，就是理性执政。

比如，"惟事事，乃其有备，有备无患。"无论对于什么事情，无论是大事小事，都一定要有准备。只要有充分的准备，就不会有灾祸，不会有什么不好的事情发生。

"无稽之言勿听，弗询之谋勿庸。"无稽之言，没有根据的话不要听，没有经过商量的话和计谋也不要采纳。

周武王克殷后，西旅国来献大犬。召公认为不可接受，劝武王慎德，重视贤能，安定国家，保护百姓。史官记录召公的话，名曰《旅獒》。大意是，圣明的王敬重德行，所以四周的民族都来归顺。不论远近，都贡献些各方的物产，但只是些可供衣食器用的东西。明王于是昭示这些贡品给异姓的国家，使他们不要荒废职事；分赐宝玉给同姓的国家，用这些东西展示亲爱之情。人们并不轻视那些物品，只以德意看待那些物品。德盛的人不轻易侮慢。轻易侮慢官员，就不可以使人尽心；轻易侮慢百姓，就不可以使人尽力。不被歌舞女色所役使，百事的处理就会适当。戏弄人就丧德，戏弄物就丧志。自己的意志，要依靠道来安定；别人的言论，要依靠道来接受。不做无益的事来妨害有益的事，事就能成；不重视珍奇物品，百姓的用物就能充足。犬马不是土生土长的不养，珍禽奇兽不收养于国。不宝爱远方的物品，远人就会来；所重的是贤才，近人就安了。

这则故事，可以作为理性执政的佳话。

先王之教

若说《诗经》是间接的"先王之泽"，那么《尚书》就是直接的"先王之教"。尧、舜、禹、皋陶、成康、文王、武王、周公……一系列中华文明史上的伟大圣贤，其言谆谆，其行淳淳，其事历历，其教雍雍。故《尚书》既是宝贵的历史资料，又是庄严的思想宝库。或许，其中有些内容不尽真实，但决不能说其中没有真实，或者说大部分不真实。而且，即使那些现在已经可以确定为不真实的资料，也自然有它的宝贵价值。"谦受益，满招损"，就算这不是大禹说的，但你能说这不是真理么？

从这一点而言，《尚书》的今古文之争，是完全可以从更宏观，也更深刻的角度理解。其实大家所争论的，关键不在于这个事情是不是真实，而是这种思想是否正确。

《尚书》的伟大之处，还有一点。那就是无论哪位先王或者圣贤的事迹言论，一律都是以人的方式体现，而不涉及丝毫的宗教或者神秘。"子不语怪力乱神"，《尚书》，亦不语怪力乱神。中国文化，自西周以来便牢牢地确定了以人为本，因此无须像西方那样的文艺复兴，将人从宗教与神学的禁锢中解放出来。在中国的文化中，天地人合为三才，人可以与天地叁。这是何等的光明俊伟，又是何等的从容大气！

——当然，这绝不是说中国的文化是将人视为天地的主宰，可以无所顾忌，为所欲为。相反，在以《五经》为代表的中国文化中，人对天地万物，充满了一种真诚的敬与爱，一种谨慎与同步。而这又是天人合一了。《尚书》之中，这种观念有充分的体现。

《易经》：天时人事

终于说到《周易》了。

一说《周易》，就容易让人想起神神叨叨的东西，比如算卦。那《周易》是不是只是算卦呢？如果是的话，国家的正规出版社就不会出这本书了，很多重点院校就不会开这个专业了，很多大思想家也不会学习它了，儒家五经中也不会有它的显赫位置了。

▲ 甲骨文中"易"字的写法

所以，《周易》没那么简单。

《周易》，也叫《易经》，简称《易》。

说《周易》，先要搞清楚什么是"易"。有一种由来已久，也流传很广的说法，说"易"就是蜥蜴。这种说法不对。

我们看看甲骨文中易字的写法。它表示的是阳光或者月光被什么东西挡住了，产生了影子。有明有暗，便有阴阳，有变化。

原来，《周易》就是阳光的变幻。然而，全世界的阳光都一样，为什么只是在中国产生了《周易》呢？

——咱们慢慢说起。

《周易》的产生

《周易》的产生，经过四位伟大的人物。所谓"人更四圣，世历三古"。伏羲画八卦，文王演《周易》，周公写《系辞》，孔子写《易传》。

我们现在看第一位，伏羲。王羲之的羲，羲是什么？在中华民族远古神话中有一位太阳神，叫羲和，"乃命羲和，敬顺昊天"，在《尚书》和《史记·五帝本纪》中都记载过。黄帝神农都曾派人观测日月星辰的规律，并把它记录下来，这个人叫羲和。

羲和的羲，伏羲的羲，是一个字，而且都带个羊字头，都有远古图腾崇拜的意思。我认为，羲和和伏羲本是一个人，或者说是一种人，他，或者说他们的职业，是最早记录日升月落、光影变化的天文学家、天文观察者。

比如，现在山西博物院内有一个复原的陶寺文化时期的塔尔山观测台，用十一根根柱子来记录太阳的运行。每天太阳刚出来时，照的哪个高度，哪根柱子，都可以明确记录。日久天长，记录越来越丰富。人们发现，当刻度在某一处的时候，就适合种庄稼；当刻度在某一刻的时候，适合收庄稼；太阳的运行规律与人的身体、农作物的生长、鸟兽的活动等有一种规律性的对应关系。

这个规律，一代一代积累下来，就成了一套学问。但这套学问只在贵族之间传承。可以说，是一种核心技术。夏朝的《连山》，商朝的《归藏》，都是这种学问在发展过程之中的不断流传与完善。

商朝末年，有一个商朝贵族之外的诸侯也学会了这种技术，他就是西伯侯姬昌。所以，商纣王很不满：那是我们才能懂的东西，你凭什么也懂？居心何在？于是把他关了好几年。结果，"文王拘而演《周易》。"关了几年，他的学问反而大进。文王去世后，他的儿子周公对父亲传下来的这套学问进一步完善。到春秋时，最后由孔子完成。

《周易》形成之后，历史上出现了许多研究《周易》的大学者。比如有一个与我们岢岚有关的人物：邵雍。

邵雍是北宋时的人，大《周易》学家，也是大思想家、大哲学家。他来岢岚干什么？那时候又没有绒山羊，没有红芸豆。那时岢岚有的只是边塞，难道他来打仗吗？当然不是。他研究《周易》，他来岢岚，应该与《周易》有关系。

那么，邵雍在岢岚能看到什么呢？如高高的荷叶坪，他能够在上面观星

▲ 邵雍

斗。岢岚地形复杂，具有立体形的植物生态体系，从平地的植物体系，到坡上的，到山上的，到水中的动物与植物，在不同的高度，以不同的形态生长，邵雍在看这些。而且，他的好朋友欧阳修曾在岢岚长期考察工作，他的好朋友范仲淹也在岢岚做过一把手。他来这里应该是这两个非常了解他的好朋友，看到岢岚这个地方挺适合观察《周易》，邀请他来的。这个以后可以留意一下，很有意思。

邵雍对《周易》的探索，侧重于自然规律方面。但是从孔子到朱熹，都侧重于《周易》哲学思想方面。这两个方面都正确，都是必不可少的。

《周易》的性质

《周易》有两套语言系统，一套是符号系统，一套是文字系统。其符号系统便来自于日月之影。我们看，地上斑斑驳驳的日月光影，像不像《周易》中的阴爻和阳爻呢？非常像！

苏东坡有一首诗，说的也是这个意思："重重叠叠上瑶台，几度呼童扫不开。刚被太阳收拾去，却教明月送将来。"日月交替，成了种种的影。这不断变化的影子便是最伟大、最精准的计时器。"《易》与天地准，故能弥纶天地之道。"手上的手表有时可能会出错，但天上的太阳是永远不会错的。

《周易》中符号的记录是以天地为标准，不是以仪器为标准。经线纬线、热带寒带，什么地方适合种什么，什么地方适合人类生存，都是按照阳光划分出来的。这就是"弥纶天地之道"。

"仰以观于天文，俯以察于地理，是故知幽明之故。"谁能逃过自然的规律呢？逃不过！那么就来探索自然规律，顺从和利用自然规律。圣人明白这种道理，总结这种道理，最终形成《周易》，"推天道以明人事"，用它来掌握天地的变化，造福于人类。这完全是从自然的变化中产生的一种融科技与人文为一炉的伟大的智慧结晶！

所以，《周易》是一部天书。它不是人的智慧能够创造出来的，它只有大自然才能创造出来，但人能够对大自然进行记录与总结。人是万物之灵，此言非虚!

《周易》讲的是天道。人是天的一部分，所以，天道也涵盖了人道。"推天道以明人事"，掌握了《周易》，人就掌握了自己的命运!

唐代名将裴行俭，一次带兵打仗，傍晚安营扎寨，一切就绪。晚上他读兵书累了，出去一看天色地形，马上下令全部转移，到高处扎营。部下说："大家都睡了，军事也很坚固，不要转移了吧。"裴行俭坚决不允许，严令紧急集合，马上上山。所有人都怨声载道，但又不得不执行。到了山上，就地扎营睡觉。半夜，突然下起大雨，原来山下扎营的地方平地水深一丈多。裴行俭懂天文地理，用天道来指导自己关于人事的决策。

再比如，我曾多次从植物中得到种种启示，受益无穷。

昨天晚上，与一些同志交流。我问大家："一棵树，在正常情况下，南边高还是北边高?"很多同志说南边高，因为南边向阳。可是，如果真的南边高的话，那北边怎么办? 它永远晒不到太阳。这棵树迟早会畸形，甚至死亡。所以，所有生长环境正常的树木，都是北边高。因为北边如果不努力生长，高过南边，就会对局部和整体带来很严重的后果。我们的劣势，就是我们的动力，要把劣势转化成一种强大的向上的力量。这就是《周易》一种智慧，"推天道以明人事"。

再比如，"天下衙门朝南开"，为什么岢岚的县衙朝北开呢? 因为我们这个县城的格局就是南高北低。这是根据自然环境进行的最合适的因地制宜，也符合《周易》的原理。

"天尊地卑，乾坤定矣。卑高以陈，贵贱位矣。动静有常，刚柔断矣。方以类聚，物以群分，吉凶生矣。在天成象，在地成形，变化见矣。是故刚柔相摩，八卦相荡，鼓之以雷霆，润之以风雨;日月运行，一寒一暑。乾道成男，坤道成女。乾知大始，坤作成物。"宇宙之间有各种各样的力量，有风有水有山有雷有电，各种力量都有各自的运行方式。风能把水吹起来形成灾祸，也能把水吹起来形成能量。在宇宙中各种综合力量的作用下，地球上产生了

▲ 岢岚地形

生命，产生了人类，人类又分男女："乾道成男，坤道成女。"男和女，就像自然界的太阳和月亮一样，互相作用，和谐共存。不存在男尊女卑，而是很平等的合作关系。

真正的精通天道之人，能够掌握自然的规律，来指导自己的生命。"与天地合其德，与日月合其明，与四时合其序，与鬼神合其凶吉，先天而天弗违，后天而奉天时。"天黑了就睡觉，天亮了就起床，就是"与天地合其德"。看到窗外日影到了某处，就道该做饭了。"与四时合其序"，春夏秋冬，不同的季节应该有不同的生活方式。比如我们都喜欢锻炼身体。然而，四季是在不断变化的。一年四季我们只穿一套衣服吗？不是。那为什么一年四季我们只用一种锻炼方式呢？

"参伍以变，错综其数。"就是一种综合的多方面的东西来共同作的过程和结果。他们之间不可能只是一对一的，都是多对一、一对多的关系，互相作用。关于八卦的关系，我编过一个顺口溜："八个小孩团团坐，围着公公和婆婆。"八个小孩子就是八卦，他们是在阴阳的基础上产生出来的八种结果，就像太阳一天有好几种影子一样。

　　一年之中的气候，可以分为二十四节气，二十四节气又可以分四季，四季如果把24节气再分一下，又能分成3个月，四个3个月，再分一下，又能分出一年中最重要的节气，就在于季节变化的时候，就是8个一头一尾的节气，视为八节，八节是二分二至和四立，立春立夏立冬立秋，夏至冬至春风秋风，正好和八卦对应上。八种节气的气候这就是好像一对夫妻生了八个孩子。八小孩子团团坐，都围着公公和婆婆，八小孩子在相互合作，或者争吵。这就是八卦与万物的互相作用。如果能够利用这种规律推理一些大事，一些未知的东西，就是行道。

　　"化而裁之谓之变，推而行之谓之通，举而错之天下之民谓之事业。"我们说一下这个"化而裁之谓之变"。比如，庄子有一个故事，有一个人去外地旅游，看到一个农夫在冬天洗衣服，手居然没有开口子。就问："你这个手为什么没有冻裂呢？"农夫说："家里边有一种涂了之后不开口子的药。"这个人说："要不你把药方卖给我吧。"农夫不卖。"一百黄金如何？"财富动人心，农夫卖了。这个人把药方拿上，到了一个国家，向国王推荐此方，让军队冬天打仗的时候手不开裂，战斗力大大提高。国王大喜，赏他万金。此人付出了一百金，收进了一万金。这便是"化而裁之"。对事物进行恰当地运用，收到最好的效果。

　　把这个道理用到治理民众之中，用到治国平天下之中，叫事业。看我们怎么用，一切都在变化过程中，变化过程要注意一点，"刚柔相摩，八卦相荡"。变化，不应该是单方面一厢情愿的变化，是两者之间的共同作用，有一个互相协调，彼此配合的过程。

　　比如干部与群众的关系，便应该是良性互动。古人讲"与民同乐"，我们现在说"接地气"，搞群众路线教育，都是很有道理的。

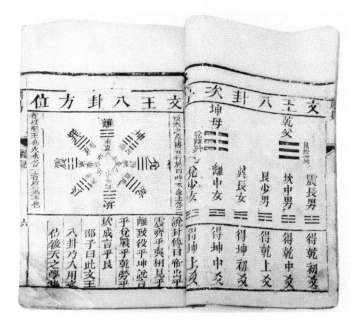

▲ 《周易》

《周易》的智慧

《周易》的智慧博大精深，这里试举出几点。

第一是"变动不居，与时偕行。"

"天地转，光阴迫。"天地在转，万物在变，我们也必然跟着天地变化。然而，难道只是把自己从小孩子变成大人，从大人变成老人吗？不是的！我们应该"苟日新，日日新，又日新"，有一种积极的变化。

"变动不居，周流无虚，上下无常，刚柔相易。"世界无时无刻不在变化，我们要承认这种变化，而且顺应这种变化。

举个例子，《周易》里边有句卦辞叫"初九：潜龙勿用"。在这个阶段，人应该沉默坚忍，就像一条龙在深渊里潜伏着。曾国藩写过一首诗，叫《小池》：

屋后一枯池，夜雨生波澜。勿言一勺水，会有蛟龙蟠。

物理无定资，须臾变众窍。男儿未盖棺，进取谁能料？

只要我不死，我就会变化的，只是我现在不适合变化，所以就悄悄的，像一条蛟龙在小小的水中躲着一样。

然后一旦变化，就到了下一个阶段——"九二，见龙在田，利见大人。"就可以开始有所作为了。比如朱庆馀的《近试上张水部》：

> 洞房昨夜停红烛，待晓堂前拜舅姑。
>
> 妆罢低声问夫婿，画眉深浅入时无。

这是新媳妇见公婆，但是你看这个新媳妇在害羞当中，有一种对夫君开玩笑的口气。她刚刚开始当家做主，开始逐渐体会少奶奶的感觉，有了主动性。

再变，到了"君子终日乾乾，夕惕若厉，无咎。"就不再害羞了，更不应该静静地呆着不动了，应该像杨万里这首诗写的一样：

> 万山不许一溪奔，拦得溪声日夜喧。
>
> 到得前头山脚尽，堂堂溪水出前村。

人生的路很长，但关键就那么几步，这是变化的时期，一定要抓紧机会，全力以赴，此时不拼搏，什么时候拼搏呢？"九四：或跃在渊，无咎。"应该奋力往上再飞腾一次，大不了是没有什么成就，这也没有什么灾害，这就是《周易》中讲的"无咎"。我们看明世宗的《送毛伯温》：

> 大将南征胆气豪，腰横秋水雁翎刀。
>
> 风吹锣鼓山河动，电闪旌旗日月高。
>
> 天上麒麟原有种，穴中蝼蚁岂能逃。
>
> 平安带诏归来日，朕与将军解战袍。

最吉祥的，"九五，飞龙在天，利见大人。"适合做最显赫的事业。试观《大风歌》：

> 大风起兮云飞扬，
>
> 威加海内兮归故乡，
>
> 安得猛士兮守四方。

刘邦当年做泗水亭长的时候，做汉王的时候，他怎么不写这首诗呢？那是还没到这个阶段。到了君临天下之时，他自然有了这种气势。

"上九：亢龙有悔。"好得过了就不好了，太红就发黑了，月亮太圆了就缺了。人生太圆满了就需要更加谨慎，反之必然不祥。如楚霸王的《垓下歌》：

> 力拔山兮气盖世，时不利兮骓不逝。
>
> 骓不逝兮可奈何，虞兮虞兮奈若何！

在哪个阶段，用哪种精神。咱们岢岚现在，应该是见龙在田的阶段，开始逐渐崭露头角，引起外部世界的肃然起敬，这是通过我们的努力得来的。此时我们如何继续努力，和外部的沟通，这都可以从《周易》中间找到一些启发。

《周易》的第二个智慧是"自强不息，厚德载物。"清华大学把这两句作为校训。"自强不息"，是本分；"厚德载物"，是能力。

什么叫"自强不息"？一般的理解，自强不息就是每天要自强，每天要努力，今天要比昨天强。这样的理解是不对的。举个例子，太阳每天从东方升起，到西方落下。今天用了八小时，太阳说不行，我要努力，于是明天七小时，后天三小时，越来越快，后来太阳从升起到落下，嗖地一闪就过去了。这是不可能的，也是很可怕的。太阳的运行速度是万古不变的。

这就说到"天行健"了。我的看法，"天行健"其实应该是"天行建"。不是"行走"的行，而是"太行山"的行，行是轨道的意思。在《周易》那个时期，还没有健字，只有建字。建是什么意思？就是深深地扎根建立。"自强不息"的息，实际上是"利息"的息，有"增加"的意思。"天行建，君子以自强不息"的意思是，天道深深地扎根于万物之中，君子就按照这个法则来行事，尽职尽责，但是绝不会过分。比如，我要盖个房子，到了标准的时候，我绝对不能再多盖一层楼，那是规划局不允许的，也是违反房屋的结构规律的，超过承重能力，盖起来也是危房。

所以说"自强不息"是本分，"厚德载物"是能力，能够接纳一切，能够面对任何外物。

第三个"居安思危，进退存亡。"要知道什么时候该退一步。一辆汽车，如果只有油门，没有刹车和倒车的话，这车谁敢开？人生也是如此。"亢龙有悔"，亢是进而不知退，知得不知失，最终物极必反，非常不好。

第四"循序渐进，防微杜渐。"天气暖和是一点点暖起来的，天气寒冷是一点点寒冷的。人生病也是一点点病起来的。俗话说："病来如山倒，病去如抽丝"实际上，病来也是如抽丝的，只是量变达到质变，在质变的那一瞬间突然发作而已。

《周易》告诉我们从小处做起。"知几之谓神。"能从微妙的地方看出变化的趋势，这是了不起的本事。比如现在城里人最喜欢吃的东西、喝的东西都是绿色的、有机的。而最大的绿色与环保是什么？是环境。城里人喜欢绿色有机食品就是一个很小，但是很明显的征兆，预示着我们岢岚这样的绿色有机大环境将有很大的文章要做！

第五，"万象归类，遗形取神。"抓住本质，不要再看表象。观天法地，"古者包牺（伏羲）氏之王天下也，仰则观像于天，俯则观法于地，观鸟兽之文，与地之宜，近取诸身，远取诸物。于是始作八卦，以通神明之德，以类万物之情。"

在《周易》产生初期，其原始作者发现一些不同的东西之间是有联系的，于是就产生了归类的思想。看到门前的树荫，就知道日月之运行，天地之变化；看到候鸟南飞，就知道应该抓紧储藏过冬食物了。推而广之，把万物进行归类，从局部到整体，从天地到人体，形成了大大小小越来越多的系统，这就是归类的思想。

《周易》把万物分为八类；乾、坤、震、巽、坎、离、艮、兑。再对这八类事物进行排列，他们之间的关系，便形成了世界上最美的图形——圆。圆的中间还有太极图，阴阳之间的变化不是直线的过程，而是你中有我我中有你。这八种变化，各自有各自的性能。乾，健也；坤，顺也；震，动也；巽，入也；坎，陷也；离，丽也；艮，止也；兑，说也。

对于八卦可以无限制地进行归类：比如乾为马，坤为牛，震为龙，巽为鸡，坎为豕，离为雉，艮为狗，兑为羊（特指白羊）。对人体也是这样的，乾为首，坤为腹，震为足，巽为股，坎为耳，离为目，艮为手，兑为口。对待自然界一切都是这样的。乾为天、为圆、为君、为父、为玉、为金、为寒、为冰、为大赤、为良马、为老马、为瘠马、为驳马、为木果；坤为地、为母、为布、为釜、为吝啬、为均、为子母牛、为大舆、为文、为众、为柄、其于地也为黑。这是第一个归类。

归类的思想对于中国人，影响非常深远。比如，中医就用到归类的思想。中医中对药性的分类非常精妙，哪个经络和哪个药对应，四季之中又如何对应，对应的同时就在归类、变化。

第六是"系统完备，开放包容。"《周易》一共有六十四卦，第一卦是乾卦，乾是积极，是刚建，是一种向上的态度；最后一卦，是未济卦。未济是没有完成，是一种开放的精神，表示永远不会封闭，永远会产生新的变化。

《周易》是无穷无尽，非常完整的系统，永远不会认为自己完整。因为不自满，所以永远能前进。从乾到未济，是从行动到效果，从开始到永远不结束的这么一个过程。

七是"由体生用，趋吉避凶。"《周易》中结果有四个，吉、凶、悔、吝，凶很不好；吉，很好，病好了，当官了，发财了；悔，不太坏；吝，不太好，这是人生中的四种情况。好，坏，不太好，不太坏。这绝不是说我们的幸福只有四分之一的人生时间，而是说要趋吉避凶，可以一生幸福，也应该一生幸福。

所以《周易》里边提出四德："元、亨、利、贞。"一开始很充实的实力，进行着很积极的努力来获得收获，来保持自己生活的状态。利，是趋利，利也是吉，君子趋吉避凶。就像我知道今天要下雨，所以我不能淋雨，就取消户外活动，或者带上雨伞再出去。《周易》一方面在认识天地间的规律，一方面在利用这个规律，逃避一些，抓住一些，进行积极的真实。最大的一种趋吉避凶的方式，落实到家庭，所谓"积善之家，必有余庆。积不善之家，必有余殃。"还是多做好事。多做好事对良好的家风家教有益，孩子们在外读书工作，父母也放心。

八是"敬天事人，天人合一。"人是天的一部分，人必须敬天。通过推理天道。《周易》中我认为最可行的是这一句，人和天是一个有机的整体。天人合一，"夫大人者，与天地合其德，与日月合其明，与四时合其序。""天地之大德曰生。"人最主要的是生，是活着、活好，大家一起活着，越活越好，这就是天地最大的品格。

九是"利民济世，天下为心。"《周易》是君子之学，君子对百姓和天下有责任，应当有所贡献。比如，在《周易》里提到过人类历史上最早的贸易，物物交换。

"日中为市，致天下之民，聚天下之货，交易而退，各得其所。"昨天看了咱们岢岚县城的市场，有钉鞋的，修拉链的，卖凉皮的等等，生意都很好。因为有需要，所以就有供给，这就是各得其所。这就是符合了《周易》之中利民济世的思想。

十是"谨慎自然，宁静致远。"要谨慎，要自然，保持安静。太阳只会在该出来的时候出来，绝对不会半夜三更突然出来；天气只会在该暖和的时候暖和，不会忽冷忽热。我们的评议和行为也应当这样，有规律，不喜怒无常。《周易》里说言行："言行，君子之枢机。枢机之发，荣辱之主也。"言行是君子的关键，管住自己的言行，就管住自己一生的成败得失，管住了自己一生的是非荣辱。所以《周易》也是让人谨慎，自然的谨慎，不要有不该有的想法，更不要有不该有的做法等等。

今天对《周易》的分析，只是点到为止。在座的肯定有对《周易》更熟悉的同志，不妥之处，敬请指教。

由于时间关系，五经的讲解，到此完毕。还有一部《春秋》，下次再讲。

　　此前我曾提过，五经是中国传统文化思想领域里的顶层设计。确实如此，两千多年以前，我们中国传统文化、人文情怀已经达到如此高明的地步，这是我们中华民族对整个人类文明史的杰出贡献，我们每一个炎黄子孙都应该感到自豪。作为炎黄子孙，我们更应该从祖先的智慧中汲取源源不断的力量，以利于我们继往开来、温故知新！

《春秋》与中国文化

第五篇

一、《春秋》的产生

先说一位我们很熟悉的人物，关公。

诸位皆知，关公在后世有诸多神的称呼，比如财神、伽蓝菩萨、地方的守护神等等，地位极其崇高。

而历史上的关公，却是个失败的将军，败走麦城，失去荆州，蜀汉的事业从此举步维艰。

为什么有些常胜不败的将军，比如关公的同事赵子龙，再比如关公的老乡薛仁贵，一生从无败绩，都没有被封神，唯独关公有此殊荣呢？

"青灯观青史，提青龙偃月"，其中原因，就在于他手中拿的那本书：《春秋》。

"孔夫子，关夫子，两位夫子；作《春秋》，读《春秋》，一部《春秋》。"关公践行和体现了孔夫子的《春秋》思想，故而其人虽殁，但精神永存，并且还会继续影响他人，影响民族，影响整个中国历史。

那么，《春秋》是怎样产生的？孔夫子为什么要写这部《春秋》呢？这就要从孔子说起。

孔子其人，一生非常不幸。《论语》记载，别人曾经讥笑他"惶惶如丧家之狗"，好像找不到主人的狗一样。他就是这样一个流浪的圣人，怀揣着理想，很悲凉地走在历史的时空中。

他自己曾感叹说："道不行矣。"孔子的道，不仅是他个人的道，也是他继承的中国上古时期的尧、舜、禹、文王、武王、周公等圣贤的道，是一种伟大的文明传统。他说"道不行矣"，是指从诸多的古之圣贤所传承下来，且能推动社会前进的正能量的行不通。

在他那个时代，"王权下移，陪臣执国命"，维系华夏文明的政治制度、伦理道德，遭到全方位、立体式的巨大破坏。这对孔夫子来说，是最大的悲哀。

而这种情况，在孔夫子出生之前就存在了。

孔夫子的祖先是宋国人，后来流亡到了鲁国。为什么流亡呢？不是因为政见不同，不是因为军事政变，而是因为孔子这位祖先的夫人非常漂亮，当时朝中的一位权臣对她有非分之想。然后就明目张胆地对孔子的这位祖先进行残忍的政治迫害，必欲除之而后快。一个大臣，无视男女之防，无视君臣大礼，无视人与人之间最起码的尊严和底线，可见当时中国的礼仪与仁义道德沦落到了什么程度。

上层的风气必然会影响下层，并且在下层更加严重和混乱！所以，孔夫子说"天下无道久矣"。

到了孔子的时候，这种历史发展中的负能量，到了更严重的地步。用孔子的话说，已是"是可忍，孰不可忍"。

面对这种情况，孔子该怎么办？

孔子开始讲故事、讲历史。

讲历史干什么呢？不是消遣娱乐，也不是单纯讲知识，而是为了向当时和千秋万世的人说清楚什么是"先王之道"，要建立对历史的一种考核制度，做整个历史的法官。他要通过这种考核，来评定谁是谁非，谁是忠臣，谁是坏人，从而直接地影响当时和之后的历史，影响历史的走向，甚至影响历史的性质。

我们的历史，到底是一部充满阴谋的历史，还是一部充满温情的历史？到底是越发展越不像话，一代不如一代的历史？还是能够无论经历多少风风雨雨，总可以走向云开日出的历史？

孔夫子的工作没白做。

中国的历史，在孔夫子之后，还有过更黑暗的一些时期。但由于有孔夫子的教材存在，历史总会拨乱反正，总会在千转百折之后归入正道。就好像严寒挡不住春天的脚步，乌云遮不住阳光的灿烂一样。

所以，孔子取得了伟大的成功，他没有战胜那个时代，但是他获得了整个历史。

孔子所编纂的教材，就是我们一直讲的《诗》《书》《礼》《易》《乐》《春秋》，尤其是《春秋》。

《春秋》是孔夫子亲手编订的。他在沉稳地叙事的同时，从君臣、尊卑、礼义、名分出发，用非常微妙的词汇，对事件所涉及的人物进行褒贬，"善善恶恶，贤贤贱不肖。"在叙事的同时，显现了一种被中国人高度认同和尊重的价值观。就像办报纸有自己的导向一样。

在《论语》中，孔子说自己是"述而不作"。什么叫"述而不作"呢？我只是将事实或真理说了出来，但事实或真理并不是我创作的。举个例子，牛顿三大定律，都用牛顿的名字命名，但我们不能说这三大定律是牛顿发明的，在牛顿没把它们说出来之前，三大定律便在宇宙中一直存在，只不过是牛顿以其绝高的天才和智慧把这个规律发现并说了出来而已。

所以，孔夫子的"述而不作"也是这种态度：真理就在那里，不是我编出来的，我只是把它说出来而已。孔夫子一生，并没有真正意义上的自己创作，他只是在说一些东西。

关于孔夫子思想与生平的书，目前有两部最为可靠：一部是《论语》，是他自己的言行；还有一部就是《春秋》，是他在讲历史。

二、《春秋》讲什么？怎么讲？

孔子在讲历史的时候，有技巧。

讲什么？怎么讲？跟哪些人讲？采用什么样的语言？完全取决于孔夫子自己，所以《春秋》是一部有明确价值取向的历史书。它是历史，是经典，是经史合一的。这一点比《尚书》大大地前进了一步，而且是质的一步，飞跃式的一步，具有伟大的划时代意义。《尚书》只是一部资料汇编，不存在系统的、一以贯之的思想，语言上也不太统一，但是《春秋》的系统性很强，思想和语言也很统一。

这种思想主要通过两方面来体现：

第一，我讲什么，不讲什么。比如某人办了九件好事、一件坏事，是九个指头和一个指头的关系。如果我在向别人说的时候，只伸九个指头，不伸那一个指头，那么在别人看来，他就是个好人，百分之百的好人；假如我只伸这一个指头，不伸那九个指头，那么在别人看来，他就是百分之百的坏人；假如我说他有九个指头的优点，同时还有一个指头的缺点，是哪一个指头的缺点呢？是小拇指，不是大拇指，那就是说这个人虽然有小缺点，但总体来看，还是相当好的一个

▲ 《春秋》

人。这就是选择说什么。也就是说，我说的都是真的，但是未必我把真的全说了。在我说的同时，其实已有对所说内容潜在而明确的评价。

第二，怎么说？举个例子，诸葛亮在《后出师表》中说："先帝虑汉贼不两立，王业不偏安。"他说的贼是谁？是曹操、曹丕等人。清朝道光年间，陕西出土了三国时魏国的一道碑，叫《曹真残碑》，其中有一句"蜀贼诸葛亮"。关于这个碑，启功先生写诗说："军阀相称你是贼，谁为曹刘辨白黑。"你说我是贼，我说你是贼，称呼表明了立场和态度。诸葛亮说曹操："曹操智计，殊绝于人。"曹操这个人呀，太狡猾了。他说刘备："高帝明并日月。"先帝像太阳月亮一样高明。同样说聪明，但措辞不一样，这就是怎么说的问题。

第一是说什么，第二是怎么说，这中间就有了判断，有了一个标准。《春秋》就是在判断与标准的基础上展开的一部历史书。这本书措辞严谨、精确、微妙，从头到尾都是孔夫子一个人完成的。"笔则笔，削则削"，该说的多说几句，该少说的少说几句。

"子夏之徒，乃不能赞一辞。"子夏是孔夫子门下号称文学之徒的高徒，精通文献，富于文采。但即使是这样的高徒，对《春秋》这本书的写作也是无能为力。孔夫子这种圣人的标准、圣人的水平，其他人是达不到的。

《春秋》本是鲁国的国史，共记载了鲁国12位君王在位时的事情，一共是二百四十多年。记载这么长时间历史的，有几十个甚至几百个人，每个人都有自己的语言风格。但孔夫子对于各种各样的语言资料进行了充分整理，把种种南腔北调、长短不齐都融为一体，变成了一部经典。

有些事情可能需要很多人来做，有些事情，只有极少数人才能做。

"一字之褒，荣于华衮；一字之贬，严于斧钺。"假如《春秋》对某人表扬了一个字，那简直比穿上华丽的衣服，甚至加官晋爵还要光荣；假如对某人批评了一个字，那他就永远被钉在了历史的耻辱柱上，简直比受了刀斧的酷刑还要难受。

▲ 一字之褒"吴佩孚"　　　　　　　▲ 一字之贬"曹操"

　　"九·一八事变"后，日寇占领了中国东北，并把特务势力渗透到华北地区。潜入天津的日本特务曾拉拢过中国一个有名的人物，吴佩孚，希望吴跟他们合作。吴佩孚这个人，在中国近代史上不算一个正面人物，是当年北伐的主要目标之一。但此人有一点很坚定，打内战是打内战，面对日寇态度非常鲜明：坚决不合作！在日寇的威逼利诱之下，吴佩孚决定：我不在这儿住了，我走！一天晚上，他穿上便装，坐火车从天津南下到了上海。天津《大公报》编辑作的标题是《吴子玉昨晚南下》，主笔张季鸾看了之后，将"昨晚"删去，添上"飘然"二字。"飘然"，颇有几分闲情逸致，一下显示出对吴佩孚的肯定和赞扬。不管吴的过去如何，他这件事毕竟是件好事，国难当头，应该予以鼓励，评价分寸把握得非常好，这就是一字之褒。

　　再说一字之贬。比如《三国演义》，是一部英雄的历史。说到《三国演义》中的英雄，可能一下子想起来很多的人物，关羽、赵云、周瑜等等。但是一说到奸雄，马上会想到曹操。英雄与奸雄，一字之差，但这一个字就有本质的区别。

这种寓褒贬于叙述中的写法，后人称之为"《春秋》笔法"。

孟子说："孔子成《春秋》而乱臣贼子惧。"这话实在精彩！过去有句话："我有笔如刀。"我手中有刀一般的笔。这个刀笔是什么呢？它能够写下历史，进行评论。

唐太宗李世民是中国历史上的伟大君王，他为什么伟大呢？一个关键的原因是，他有面对历史压力的宽容。他曾问主管历史的官员："你那段历史写得怎么样了？"那个官员说："写着呢。""你有没有写那一年的事件？""写了。""怎么写的？你能告诉我吗？""不能。""能让我看看吗？""不行。"那就是玄武门事变，被如实地记录下来。李世民的努力工作，很大程度上是为了给自己在历史上多加分，从而减轻自己杀兄弟的历史批评。

中国历史上有一种为特殊人物盖棺定论的方式——谥号。先从一部电视剧说起，在《康熙王朝》里，有一位伟大的女性，叫作孝庄太后。她经常有这么一句台词："我孝庄如何如何。"这句话是错的。孝庄是她的谥号。谥号，就是一个人在去世以后，后人根据其道德和所作所为给出的一个评价。"孝"，孝于祖宗，能够挽回、保全大清的江山；"庄"，庄敬矜持，能够母仪天下。

这是寓意好的，还有些寓意不好的。比如"隋炀帝"，炀者，残酷也；"晋哀帝"，哀者，悲伤也；"汉武帝"，武，群英动武等等。但是这个"武"还有别的意思，就是以武力开拓四方。历史上所有的武帝没有几个不劳民伤财的。再比如明朝的最后一任皇帝崇祯，谥号是"明思宗"，"思"，思考的思，希望你死后好好思考一下你错在哪里。像这些语言都非常的微妙。然后后人就知道：孝庄、炀帝、武帝、思宗、哀帝，他们是怎样的人。这就是千秋定论。

后人的这种谥号，一般只针对有身份的人，比如皇帝、大臣、有影响的人物，普通老百姓是没有资格获得谥号的。

不是任何人都能够进入历史。所以历史对于有身份、有责任的人，换句话说，对于领导干部的要求是比较严的，所以《新唐书·太宗本纪赞》有一句："《春秋》之法，常责备于贤者。"

《春秋》求全责备于有道德、有能力的人。一般的人，不配让人责备。用我们现在的话说就是：因为你不是一般人，所以我就对你要求更严，标准更高。

三、《春秋》大义

孔夫子要把这本书写好，让他所有的学生都学会，再传播四方。简单来说，要讲清楚四个方面：

一，"严夷夏之防"。知道什么是野蛮民族，什么是先进文化的界线和标准。这种界限与标准不是地域概念，而是行为性质的判断。具体说，进行侵略战争的就是"夷"；以德泽被于天下的就是"夏"。1840年鸦片战争之后，当时的科技及很多思想，西方的一些国家都远远走在大清帝国的前面，坚船利炮打得大清朝毫无还手之力。有人就说，因为他们技术先进，他们厉害，所以他们就对。也有人说，因为他们有孟德斯鸠、伏尔泰，有议会，他们就正确。这是完全错误的一种观点！他们侵略我们，怎么能是正确？他们就是"夷"，我们就是"夏"，这是民族大义所在！

二，"切复仇之志"。这个"复仇"，不是说杀父之仇，不共戴天。"复"是恢复，"仇"有点像《论语》中"窈窕淑女，君子好逑"中那个"逑"一样。"复仇"，指的是要永远走在正确的道路上。明朝时，中国人发明过连发四十九发的机关枪，清朝时候，又有两次由不同的人发明了机关枪。但是这三次都无一例外地被禁止了。为什么呢？这就是中国人的一种思想："兵者，不祥之器，圣人不得已而用之。"兵器是用来杀人的，不是什么好东西。用兵器打仗，一个壮汉用大刀长矛，一天能杀多少人呢？杀不了不少。但是一旦用机关枪，一个手无缚鸡之力的人，一天也可以杀人无数。清朝虽然把明朝灭了，但是在对待这件事的思想上，清朝和明朝都是"切复仇之志"。

三，"明义利之辨"。什么是义？什么是利？《论语》说："君子喻于义，小人喻于利。"我们到底是追求"义"呢？还是追求"利"呢？这就要对我们自己有一个人生性质、人生方向的定位。

四，"知治己之方"。知道如何修养自身，如何让自己达到之前《四书》中说的，"在明明德，在亲民，在止于至善"的那种至高无上的境界。

这四点之间，又有高低之分。最高的是什么？最高的就是"夷夏之防"，就是民族大义。当年的抗日统一战线，就是在外寇入侵的时候，"兄弟阋于墙，外御其侮。"把"夷夏之防"放在第一。

《春秋》表现出来的，首先是一种爱国主义，一种民族尊严，一种价值取向，一种做人原则，四种境界。这是种刚性的精神和气质，它不存在妥协。这种刚性的精神和气质于中华民族而言，无论何时，无论何世，无论何事，都是断然不会放弃的，一点点都不允许含糊。

所以，从孔夫子写《春秋》开始，中华民族的历史就是一部有标准、有原则的历史，对中华民族历史上一切历史人物都开始有了一种敬畏意识。好像有一只看不见的手在约束自己，好像头上永远悬着一把明晃晃的宝剑。历史从此有了底线，有了方向。

1949年10月1日，诗人胡风在《人民日报》发表诗歌说："时间开始了！"也就是说，一个新的时代开始了。对于《春秋》的产生，我们也可以这样评价："时间开始了！"从此，《春秋》精神、《春秋》标准对中华民族产生了无论怎么评价都不为过的一种伟大的正面影响。

南宋最后一名宰相文天祥有两句诗，家喻户晓："人生自古谁无死，留取丹心照汗青。"千古艰难，唯有一死。一般人认为生死是大事，王羲之说过："死生亦大矣。"但是，文天祥说，没关系，谁都要死，历史会证明我是正确的。

自我作为个体的生命，肉体可以消亡，但是，要相信自己所选择的方向，所恪守的标准，所坚持的精神，是经得起万代权衡的，历史上绝对会给予一个很高的地位，而不会骂声一片。这就是堂堂正正的《春秋》精神。

文天祥被俘后，解押到了大都，又在地牢里被关了一年。地窖里边什么都有，死人的尸体、粪便、腐烂的饭菜等，是一个特别容易产生细菌，特别容易得传染病的地方。但文天祥在里边生活了一年，反而越来越健康。为什么呢？文天祥说，他们有晦气、污气、杂气、浊气，而我有一腔正气。他写下了千古流传的《正气歌》。

忽必烈最后决定杀掉文天祥。文天祥临刑前，朝南拜了两拜，他在拜什么？肯定不是皇帝，南宋最后一个皇帝已经被背着跳了海。此前还有一个小皇帝，宋恭帝，被元军俘虏，投降了。宋恭帝曾亲自来劝文天祥投降，文天祥说："圣驾请回！"拒绝了。他绝对不是简单地忠君，而是忠于一种信仰。在生命结束之前，他拜的也不是皇帝，而是中华民族流传千古的一种思想和信仰。

文天祥就义之后，别人在他的衣带中发现了一张纸条，上面写着"孔曰成仁，孟曰取义。唯其义尽，所以仁至。读圣贤书，所学何事？而今而后，庶几无愧。"我读圣贤书，学的是什么呢？是取义成仁。

圣贤书就包括《春秋》《诗经》《大学》《中庸》《论语》《孟子》这些书，它们支撑起了中华民族的脊梁。

此前，元朝丞相博罗跟文天祥谈话，想聊历史，文天祥厉声反问："一部十七史，从何说起？"我们的历史从哪里开始，你知道吗？我们的历史，就是从抵抗你们这些侵略我们的野蛮民族开始！这就是《春秋》大义！

我们绝不提倡狭隘的民族主义，而是要说文明与不文明。虽然蒙古族、汉族都

▲ 文天祥

是中华民族大家庭的成员，但并不能说在历史上不存在民族矛盾，不存在先进与落后、野蛮与文明之间你死我活的殊死决斗。

我们岢岚，在历史上一直处于捍卫中原文明的最前线。从秦汉一直到宋明，岢岚一直是东亚甚至整个世界至关重要的一个点。岢岚有事，就意味着中国有事。中国一旦发生变化，周边的朝鲜、越南、尼泊尔、缅甸，包括阿拉伯，以至全世界，都会相应地发生变化。从这个意义上来说，历史上岢岚发生的每一次战斗，所保卫的不仅仅是岢岚，甚至不仅仅是中华，而是整个当时的文明世界。我们岢岚，是践行和捍卫《春秋》精神的一个伟大的地方。

四、《春秋》三传

《春秋》这本书，孔夫子写了二百四十二年的历史，完成之后，他自己没做任何注释。

后来，有三个人给这本书做了注释，而且都做得非常用心，非常优秀，但每一家的角度又不同。孔夫子是带着思想写历史，这三家也是带着思想注历史。"一千个读者，就有一千个哈姆雷特"。三个注者，就有三本《春秋》，这就是《春秋》三传。

《春秋》三传指的是《春秋公羊传》《春秋谷梁传》《春秋左氏传》。都产生于春秋战国时期，最早的是春秋战国的交替时期，最晚的是可能在战国的初期。

《春秋》三传也成为儒家的经典，是十三经中的三部，其中，《左传》尤其著名。

我们先从《左传》说起。《春秋左传》是非常著名的一本书，有一副对联："坐南朝北吃西瓜，皮往东甩；思前想后读《左传》，书向右翻。"南北东西、前后左右都有，很有意思。

《左传》是中国古代最早一部叙事详尽的编年体史书，一共三十五卷。

此书全称《春秋左氏传》，原名《左氏春秋》，汉朝时又名《春秋左氏》《左氏》等等，无论哪个名称都有一个字"左"，因为传说它的作者姓左，名讳是左丘明。据说是左丘明失明之后写的《左传》。眼睛失明之后怎么写呢？估计是他口述，他的门人或朋友帮他记录的，就像奥斯特洛夫斯基写《钢铁是怎样炼成的》一样。

《论语》中，有一处涉及左丘明与孔子的关系，孔子说："巧言，令色，足恭。"花言巧语，装作很恭敬的样子，"左丘明耻之"，左丘明以此为耻。"匿怨而友其人，左丘明耻之。"明明心里边很恨这个人，却把这种怨恨藏起来，装作关系很好，左丘明以这为耻，我孔丘也以这为耻。从这句话可以看出，孔子与左丘明大有知己之感，两人应该是志同道合的朋友。以前有人说左丘明是孔子的学生，我认为不是，应该是朋友。左丘明著了《左传》，被认为最能体现孔子的意思。这是好朋友之间能高度理解的结果。

《左传》是注释《春秋》的，怎么注释呢？

我们举个例子，在《春秋》中，有一件事情是叙述齐鲁长勺之战：

"十年春，王正月，公败齐师于长勺。"在鲁庄公十年的春天，这一年是周天子历法的正月，鲁庄公打败齐国的士兵于长勺这个地方，一共是13个字。但这句话到了《左传》中就成了一篇洋洋洒洒的文章，就是著名的《曹刿论战》。

《曹刿论战》反映了很多东西，既高度赞扬了曹刿这个有勇有谋的鲁国平民，同时也用曹刿来衬托出鲁庄公虚怀若谷、胆识过人、为国负责、为民负责、礼贤下士的仁德之风。我认为《曹刿论战》中，首先赞誉的不是曹刿，是鲁庄公。而且，这篇文章，还让我们看到当时新兴的底层知识分子勇敢地担起国家兴亡的责任，主动地参与国家大事的一种现象，这与后来的诸子百家是一脉相承。所以，这些文章既是很珍贵的历史资料，也是很珍贵的思想资料。

《左传》又在《春秋》的基础上往前走了一步，而且走得很有必要，很正确，《曹刿论战》就是里面的一幅精美的插图。

《左传》中还有一篇著名的文章《郑伯克段于鄢》。一个时间长、人物多，很复杂的历史事件，在《春秋》中只有短短的一句，九个字："夏五月，郑伯克段于鄢。"但是到了《左传》中，就说得非常详细。

　　我们细细讲讲这个故事，来进一步领略《左传》的风神。

　　"初，郑武公娶于申。"从郑庄公的父亲郑武公说起。当年，郑庄公的父亲郑武公娶了个妻子，叫武姜。武姜生了两个孩子，郑庄公、共叔段。由于生郑庄公时难产，姜氏——也就是武姜——被惊着了，便给他起了个名字叫寤生，很讨厌他，喜欢那个顺产的叫共叔段的孩子。姜氏想让老二共叔段继承君位，多次请求郑武公把老二立为太子，郑武公没允许。自古都是长子继承，怎么能让次子继承呢？

　　但是祸根已经埋下，原来家庭的偏爱，酿成了后来国家的分裂。

　　后来，郑庄公作为长子按常规即位。"为之请制。"姜氏说，把"制"这个地方给你弟弟吧。郑庄公说："制，岩邑也，虢叔死焉。"我不想让弟弟到那个造反的地方去，多不吉利，别的地方都可以。这句话表明，郑庄公也在暗暗担心弟弟造反。结果姜氏说，那就换成"京"那个地方，"使居之。"好吧，去吧。"谓之京城大叔。"大者，老大也。共叔段是老二，却称"大"，可见不正常，这个弟弟不服小。

　　过了一段时间，郑国有个臣子叫祭仲，给郑庄公提意见说，一个城池超过了一定的尺寸，就会对国家形成一种抵抗和分裂，不会有什么好处。按照先王留下来的制度，大城池不能超过国都的三分之一，中等城池不超过五分之一，小的不超过九分之一。现在您弟弟的城池已远远超过规定尺寸，希望您能够制裁他。"公曰：'姜氏欲之，焉辟害？'"是姜氏要这样，我也躲避不了他的害处。这句话很有意思，他不是说我妈，而是说姜氏，他已经恨上他这个妈妈了。

　　"对曰：'姜氏何厌之有？不如早为之所，无所滋蔓，蔓难图也，蔓草犹不可除，况君之宠弟乎？'"结果祭仲说，姜氏这个人是贪得无厌的，您不如早点把他除掉。不要让他的势力再坐大了，一旦大了恐怕就难以消灭，不要说人，就是一棵草，一旦蔓延开来都不好剪除，何况你这么厉害的弟弟呢?

哪有当着儿子的面这么说他妈妈和他弟弟的?除非这个儿子已经对他妈妈恨之入骨，这个臣子是投其所好!祭仲的话，已经是挑拨了。这就是"君不君，臣不臣，父不父，子不子"的人。

但没想到，郑庄公说："多行不义必自毙，子姑待之。"她和他，我妈妈和我弟弟，做的错事多了，必然自取灭亡，你等着看吧。

郑庄公这句话，阴险得让人不寒而栗!明明自己的弟弟在犯错误，而且错误还在可控制范围内，你批评几句就行了嘛，哪怕把他降几级呢，也许能保全他，保全你的母亲。结果他说，你等着吧，我就怕他不犯错误。——这是个冷酷的阴谋家!

"既而大叔命西鄙北鄙贰于己。"果然，他的弟弟不出他所料，在背叛的道路上越走越远，命西鄙北鄙两个地方归顺自己。贵族公子吕对郑庄公说，国家不能这么分裂下去，你要真的将这个国家给了你弟弟，那好，我趁早去侍奉你弟弟吧;如果你不计划给你弟弟，请你除掉他。

公子吕亦非正人君子，他表面上在用激将法，实际上是在向郑庄公表忠心。

果然，郑庄公也说了实话，别担心，他自己会走到绝路上的。

"大叔又收贰，以为己邑，至于廪延。子封曰:'可矣，厚将得众。'公曰:'不义不昵，厚将崩。'"共叔段继续收买人心，继续修建各种粮仓和兵器库。此时又有人提议，快收拾你弟弟吧，他越来越受到众人拥戴了。结果郑庄公说，他做得不正确，很快就完了，越不正确就完得越快!这是一个负责任的国君?这是一个负责任的哥哥吗?这是一种真正的奸兄。

"大叔完聚，缮甲兵，具卒乘。"他弟弟准备好了进攻的人和设备，"将袭郑。"将要袭击郑国的首都，"夫人将启之。"他的母亲将要做内应，从郑国首都内把城门打开。"公闻其期，曰'可矣!'"郑庄公说，可以动手了!

"将袭郑。""将启之。"注意这两个"将"字!兵马没动，计划动了;

他母亲还没开门，计划开门。但是已经"公闻其期。"可见，郑庄公早就派人把他弟弟和他妈监视起来了，这是让人不寒而栗的哥哥和儿子。

然后，郑庄公马上出兵，像对待敌人一样讨伐他的亲弟弟。"京叛"，果然共叔段背叛了，共叔段不堪一击，马上就跑了，郑庄公乘胜追击。

"五月辛丑，大叔出奔共。"共叔段接着流亡，后来在"共"这个地方又被追杀。"《书》曰"，这件事情在《春秋》上记载的是，"郑伯克段于鄢。""段不弟"，共叔段，做弟弟的不像弟弟，所以就叫"郑伯克段"，不叫"郑伯克弟"。"故不言弟，如二君"，两个人就好像两个国家的两个平等的君王一样，"故曰克"。用了一个国家和国家之间的语言叫"克"，称郑伯，专门称他为"郑伯"。一个特别正式的称呼，是讽刺他失去了对于弟弟教育的责任。

"谓之郑志，不言出，奔，难之也。"这是给郑国留下的记录，不说他弟弟之后果如何。"难之也"，比较难说，因为在别的国家发生别的事情之后，他弟弟才死亡的。而他的弟弟在别的国家死亡，与郑庄公有直接的关系。

关键这篇文章还没完，共叔段跑了，死了，但是，他妈妈没跑没死，郑庄公把他妈妈给关了起来，并发誓："不及黄泉，无相见也。"我不到黄泉之下，就不见她。后来，他后悔了，估计是迫于舆论。

有个聪明人叫颍考叔，是郑国的臣子，专门带着东西来献给郑庄公，郑庄公留他吃饭。吃饭的时候，颍考叔把一些肉挑出来，放在一边。郑庄公问，你这是干什么呢？颍考叔回答，我家有老母，我做的一切饭她都吃过，就是没吃过宫廷里的饭，我给她带点儿回去。郑庄公一听，很惆怅："尔有母遗，我独无！"你有妈妈能给带饭，而我没有。

听起来多像演戏！为什么颍考叔去见郑庄公，郑庄公留饭呢？除非他提前知道颍考叔有解决他与他母亲之间矛盾的办法，所以聊着聊着，话题就到这边了。

"颍考叔曰：'敢问何谓也？'"您说的是什么意思？"公语之故，且告之悔。"郑庄公说了事情的来龙去脉,自己的毒誓,以及如今的后悔。颍考叔马上说,这有什么好愁的?很好解决,"若阙地及泉,隧尔相见,其谁曰不然?"如果挖个地道,有泉水出来,从地道里边去见你妈妈,也不算违背"不及黄泉,无相见也"的誓言。郑庄公说,对呀,就采取这个办法。

于是挖好了隧道。郑庄公进入隧道之后,见到了他的母亲,赋诗一首:"大隧之中,其乐也融融!"地道里边黑洞洞,我和母亲乐融融。出了隧道之后,他的母亲也赋诗一首:"大隧之外,其乐也泄泄。"隧道外面真光明,我和我儿子真高兴。一般母子相见都应该哭一场的,但这两个人见面赋诗,而且提都不提共叔段那个儿子、那个弟弟,可见这母子俩也是装出来的。"遂为母子如初。"他和他的妈妈又像当初一样,是多么温情的一句话。

——注意这个"初"字,不要忘了,一开始姜氏就是厌恶郑庄公的,难道又回到厌恶他的那种状态了吗?不是又回到厌恶,只是不说出来,维持表面的和平而已。"自古纷争乱如麻,无情最是王侯家。"就是这样的。这篇文章非常温文尔雅地刻画了这一家奇葩的人物,哥哥不像哥哥,妈妈不像妈妈,弟弟不像弟弟,这就是在叙述中已经有了立场。

《左传》后边还是评论了几句:

> 君子曰:"颍考叔纯情孝也,爱其母,施及庄公,《诗》曰:'孝子不匮,永锡尔类',其是之谓乎?"

说这件事中有一个人值得表扬,就是帮郑庄公解决了问题的颍考叔,这个人是把孝心推而广之,自己能孝,也让别人能孝。写了一篇国君的事情,结果表扬了一个臣子,很滑稽。就好像我们买了很多珍珠,送给他人,结果他人把珍珠全倒进垃圾堆,说喜欢那个盒子。原来,真正有价值的是那些附属品。这是历史的说笑,也是历史的一种悲剧。

这是我自己对这篇文章的一些体会。我想,在古代,一定还有更多的高手,对这篇文章领会更多,而这篇文章对他们的行为也必然产生更大的影响。

古代天子的经筵,叫"讲筵"。请当时的大学士、翰林,给他们讲课,

▲《春秋左传》

那些人都是天下奇才，他们肯定会把这篇文章讲得更精彩，肯定会对皇帝处理许多事情产生直接的影响，这就是历史的力量！

《左传》记载历史事件既准确，又完整，不仅惟妙惟肖，而且入骨三分，不仅写形，而且写神。"百家文字之宗，万世古文之祖。"很多历史人物，很多大作家都喜欢《左传》，有的从中学政治，有的从中学军事，有的纯粹从中学文学。我有一个好朋友，叫阎文水，笔名阎扶，是个作家，他自己写新诗，写散文，写小说，写得非常美，我把他的文字比喻成丝绸一样的语言，光滑美丽，无懈可击，全是白话文。但是，他用功最深的就是《左传》，他说他的文字结构从《左传》中学出来不少。

说完《左传》，再看《谷梁传》。《谷梁传》又叫《谷梁春秋》或《春秋谷梁传》，也是十三经之一。当年子夏听孔子讲过《春秋》，子夏传授给谷梁赤。谷梁赤的记录就叫《谷梁传》。

这本书的特点是强调礼乐教化，力主仁德之治，把价值观放在第一，同时强调宗法情谊，总希望不要分裂，要团结，不要冷漠，要亲情。

还是以"郑伯克段于鄢"为例。《谷梁传》里有这么几句问答式的评论："克者何？能也。"什么叫克？就是能够打胜，"能杀也"，能够杀人。不是能够治国，而是能够杀人；"何以不言杀？"为什么不言杀呢？"见段之有徒众也。"因为杀的话是杀个体，而克的话是克军队，本来是哥哥与弟弟的事，现在变成两支军队的事情，是多么的悲凉啊！

"段，郑伯弟也。何以知其为弟也？杀世子，母弟目君，以其目君，知其为弟。"共叔段是郑庄公的弟弟呀，那怎么样证明他是个弟弟呢？他计划杀掉他的亲哥哥，自己来做国君，而且杀的是和自己同父同母的哥哥。所以，他这个弟弟真是个好弟弟呀！这句话，充满了讽刺！"段失子、弟之道矣。"共叔段从本质上来说，既没有做好儿子，也没有做好弟弟。"贱段而甚郑伯也。"是在批评共叔段，然而批评郑国君更厉害。"何甚于郑伯？甚郑伯之处心积虑成于杀也。"为什么批评郑庄公更厉害呢？批评他作为哥哥，却处心积虑地把自己的弟弟一步一步地往被杀的路上撺。

"然则为郑伯者宜奈何？"那么，郑伯该怎么办呢？"缓追逸贼，亲亲之道也。"你不要那么赶尽杀绝嘛，把他打败就算了，这才是给他留一条生路的方法。

说实在的，这个观点有些迂腐。但是，迂腐中有忠厚，出于一片善心。后人说"《春秋》成人之美，不成人之恶。"以忠厚善良之心，希望促成别人的好事，而不希望促成别人的坏事。"贵义而不贵惠，信道而不信邪。"《谷梁传》最注重的是道义，而不是实惠，最崇信的是道德，而不是邪路。这是一本旗帜鲜明、态度非常坚定的书。"信以传信，疑以传疑。"他要对《春秋》作出准确的解释，如果《春秋》中也没说清楚的，也不敢随便解释，很忠实地保留《春秋》的旨意。

我们再说《公羊传》。仍然以"郑伯克段于鄢"为例。《公羊传》中对《春秋》原文也进行了问答式的剖析，好像老师和学生问答一样。"克之者何？杀之也，杀之，则曷为谓之克？大郑伯之恶也。"什么叫克呢？克就是杀，为什么不直接说杀，要说克呢？因为克比杀死的人多，克比杀更血腥，这

▲《春秋谷梁传》

▲《春秋公羊传》

是专门彰显郑庄公的恶行恶德，哥哥不像哥哥。"大郑伯之恶"，为什么要彰显、批评、夸大郑庄公的恶行呢？因为"母欲立之，己杀之，如勿与而已矣"，你妈妈想立你的弟弟为君主，你顶多是不要给他就行了么，为什么要杀他呢？这太过分了，所以要受到严厉地批评。

郑庄公既不善治国，也不善治家，表面上看来，他打了一个漂亮的胜仗，但实际上他是打了一场牢牢地把自己钉在历史耻辱柱上的，一场不应该有的战争。

五、《春秋》的意义

孔子所开创的伟大的历史传统，得到了一个大天才的反复赞叹，这个人就是《史记》的作者，太史公司马迁。

《史记·太史公自序》中，司马迁引用了他过世的父亲司马谈的一句话："自周公卒五百岁而有孔子，孔子卒后至于今五百岁。"孔子到现在已经有五百多年了，现在就应该对历史进行新一轮的总结了，应该对历史进行新一轮的接力了。

"有能绍明世，正《易传》，继《春秋》，本《诗》《书》《礼》

《乐》之际？意在斯乎！意在斯乎！小子何取让焉！"有没有一本书，能够继承伟大的文明传统，继承《周易》《春秋》《诗经》《尚书》的精神呢？难道我父亲说的，就是要让我完成这么一件事情吗？我怎么敢推辞！

这是司马迁的家庭使命，也是他的历史使命。从家族来说，他面对的是父亲司马谈；从历史来说，他面对的是周公和孔子。从家族来说，他要完成父亲的草稿《史记》；从历史来说，他是要继承《春秋》。

在《史记·太史公自序》中，有太史公司马迁与上大夫壶遂的一番对话。壶遂问司马迁："昔孔子何为而作《春秋》哉？"司马迁说："余闻董生曰：'周道衰废，孔子为鲁司寇，诸侯害之，大夫雍之。孔子知言之不用，道之不行也，是非二百四十二年之中，以为天下仪表，贬天子，退诸侯，讨大夫，以达王事而已矣。'"

这几句话简直是气壮山河！我听董仲舒讲过，从周公那个伟大的时代传承到孔子的时候，王道纲纪已经坍塌崩溃。孔夫子做了鲁司寇之后，本来有一线希望使之复兴，但是"诸侯害之，大夫雍之"，齐国对他进行和平演变，鲁三家排挤他。孔子知道，他的思想是得不到重用的，他的主张是得不到推行的，于是他写下这本书。他对这礼崩乐坏的二百四十二年历史进行评点、褒贬，来作为评价历史的标准。

孔子虽然是个普通的老人，却在这本书中"贬天子，退诸侯，讨大夫"。斥责天子,贬抑诸侯,声讨大夫,已经具有凌驾于一切人之上的权威！他通过《春秋》，来达到王道大事，来符合尧、舜、禹、文、武、周公的那种是非标准。孔子说过："我欲载之空言，不如见之于行事之深切著明也。"孔子想讲一个道理，但是他觉得不如把这个道理寄托在具体的事情中，让人接受起来印象更加深刻，更有现实的指导意义和启发意义。这就是孔子写《春秋》的原因。

然后司马迁说："夫《春秋》，上明三王之道，下辨人事之纪，别嫌疑，明是非，定犹豫，善善恶恶，贤贤贱不肖。存亡国，继绝世，补弊起废，王道之大者也。"这已经把历史，——或者说把《春秋》所代表的有标准的历史，上升到一个文明的高度，一个可以治国平天下的高度，一个关系到文明社会生死存亡的高度。往上说，《春秋》这本书能够让我们明晓夏、商、周三代的王道；往下说，能够分清楚普通人事中的纲纪；能够让我们知道哪些事情不要犹豫，哪些事情有嫌疑不要做；知道什么是对，什么是错；表扬善良的，厌恶凶恶的；推崇有才能的，批评无才的；让那些灭亡的国家的宗祀能够保留下来，让那些已经断绝的世家能被后人所知；补救历史中一些空白，把断绝的文明传统接续上，这是"王道之大者也"。

汉代以后，儒家为什么能在诸子百家中一枝独秀？原因很多，我相信它的历史观是至关重要的一个原因。这种历史观，司马迁说得很清楚。

司马迁说："《春秋》辨是非，故长于治人。"这个"治"不是暴力，是引导，是正确地处理人与人之间的关系。我们人类的历史，无论我们说生产关系史，说经济斗争史，说社会史，说人类历史，都是人与人关系的历史，《春秋》就讲这个。所以中国有句古话："欲明大义，必先为史。"要想清楚做事的大是大非，要想懂得做事情的大智慧、大原则，首先必须懂历史。

人一旦对历史有份情感，就知道做事的分寸，就会有一种敬畏。所以司马迁又说："万物之散聚，皆在《春秋》。"万事万物的一切关系，什么是

▲ 司马迁

非成败、兴衰荣辱，都可以在《春秋》中找见。"《春秋》之中，弑君三十六，亡国五十二，诸侯奔走不得保其社稷者不可胜数，察其所以，皆失其本已。"《春秋》之中记载了很多很不好的事情，臣子杀君王的三十六件，国家被消灭的五十二件，诸侯被迫出走而失掉江山的数都数不过来，为什么周朝的天下会落到这种地步呢？"皆失其本已。"都是他们丢掉了自己的根本。根本，就是我们的价值观。

　　"故《易》曰：'失之毫厘，差之千里'。故曰'臣弑君，子弑父，非一旦一夕之故也，其渐久矣。'"一切都是历史的产物，一切也必将产生自己的历史。好事坏事，都会产生自己的影响。比如我们岢岚能有今天蓝天碧水、焕然一新的样子，有我们在座的每一位领导、每一位热爱岢岚的人的心血和付出，这就是历史。以后岢岚会越来越好，因为我们已经为今后的历史写下了一个很好的开头。

　　司马迁语重心长，谆谆教诲："故有国者，不可以不知《春秋》。"手握大权的国君不能不懂历史，不可不知《春秋》。如果不懂历史的话，"前有谗而弗见，后有贼而不知。"分不清眼前的坏人、坏话、坏事，因为没有历史这面镜子。"为人臣者不可以知《春秋》，守经者而不知其宜，遭变事而不知其权"，做臣子的不能不懂历史，不懂历史的话，要么太死板，只知道原则不知道灵活性。"遭变事而不知其权"，遇到变化时，而不知道根据历史的经验来随时应对。

　　"为人君父，而不能于《春秋》之义者，必蒙首恶之名"，当领导，做父母，却不懂历史原则，一定会蒙上带着自己的部下或子女做坏事的恶名。"为人臣子而不通于《春秋》之义者，必陷篡弑之诛，死罪之名"，臣子、子女不懂得历史的原则，不懂得放之四海皆准的底线的话，也一定会犯上作乱。

　　后边还是这个意思："夫不通礼义之旨，至于君不君，臣不臣，父不父，子不子。"如果不懂得历史观念，不懂得是非标准的话，那么"君不君则犯"，君王不像君王，就会有人犯上作乱；"臣不臣则诛。"臣子不像臣子，就会引来杀身之祸。

　　举个例子，咱们山西有一位生为大将，死为门神的历史人物，尉迟恭。此人有大功于唐朝，还是个文身爱好者，浑身上下，除了眼球之外，都刺满了"赤心报国"四个字，是李世民的铁杆老部下。然而，有一次，唐太宗严肃地警告他说："我看过历史上有很多功臣被杀的事情，希望你不要逼我也做出这种事情，希望你我君臣能够善始善终。"为什么唐太宗这么说？因为尉迟恭觉得自己功勋盖世，赤胆忠心，所以有恃无恐，非常狂傲。一次，唐太宗请百官吃饭，唐太宗的叔叔李道宗坐了首席。尉迟恭过去一把将其拉开，说："这是我的座！"李道宗争了两句，尉迟恭便当着百官的面，把李道宗一顿好打。类似的情况发生了很多次。所以唐太宗对他提出了警告，而且明确表示：历史上是有教训的！之后，尉迟恭收敛了，否则，就会"臣不臣则诛"。

"父不父则无道，子不子则不孝，此四行者，天下之大过也，以天下之大过予之，则受而弗敢辞。"《春秋》相当于法庭的判词一样，把你说到哑口无言，你就是犯了这个错。

"故《春秋》者，礼义之大宗也。"《春秋》是礼仪的一个伟大的发源。"夫礼禁未然之前，法施已然之后；法之所为用者易见，而礼之所为禁者难知。""法"的作用是针对已经犯了罪的人；而"礼"的作用是，让人不产生犯罪的念头。《春秋》就具有这种作用，这种作用就是将"礼"的观念根植在人们心中。

于右任有副对联，挂在泰国的一处关庙："《春秋》一书团结了中华儿女，忠义两字代表着民族精神"，便是对这种观念和传统的高度概括。

"《春秋》大义"的"义"，就是用正确的方法做正确的事。

韩愈说："行而宜之之谓义。"学历史并不是简单的知识积累，而是一种价值观的形成与培养，是历史的一种观念的放射。

马克思在运用历史方面有一段话，他说："叙述方法必须与研究方法不同。研究必须充分地占有材料，分析它的各种发展形势，探寻这些形式的内在联系，只有在这项工作完成以后，现实的运动才能适当地叙述出来，这点一旦做到，材料的生命一旦观念地反映出来，呈现在我们面前的就好像是一个先验的结构了。"马克思真是个天才，"先验的结构"！历史上，一切事情都发生过。我们从历史给我们的材料中进行了研究，进行了探索，进行了提炼，历史是材料，把材料写出了生命力。

岢岚自古以来，发生过什么？发生过文明保卫战。从对匈奴与羌等各个

▲ 岢岚

民族，从对西夏，一直到三井战役对日寇，都是一些材料，我把这些材料收集起来一分析，马上就能明白：岢岚是一片充满了爱国主义传统的土地，是一片充满了浩然正气的神圣的土地！这就是"先验的结构"。那么我们在岢岚应该做什么？我们就应该做正确的事情，做浩然正气的事情。

有《春秋》及《春秋》三传的力量，我们的历史才不会完全地、永远地、彻底地被野蛮、黑暗、不文明所吞噬。中华民族的文明史是可以影响整个人类的文明史的，因为她是沿着光明、温暖一直在前进的。《春秋》的方向，就是文明的方向、光明和温暖的方向。

第六篇

老子，中国思想史上的神龙

今天我们说的，是中国历史无法绕过的一个人——老子。

老子这个人在中国历史上也许不是影响最大的，但他绝对是影响最深的。在全世界也许不是知名度最高的，但他是认可程度最高的。为什么这么说呢？我们一起来看看。

林语堂先生曾经说过，对于中国人来说，有两本书是必须读的：一本书是《论语》，是做人做事最基本的道理；还有一本书是《老子》，是做人做事最根本的道理。著名的历史学家范文澜先生的一句名言："在马克思主义传入中国之前，老子实在是中国杰出的、无与伦比的伟大哲学家！"

外国有一个著名的人物叫作李约瑟，李约瑟对于中国来说是很有影响的。这个外国人怎么姓李呢？答：因为他特别崇拜、特别尊重、特别佩服中国历史上一个伟大的思想家——老子。

老子不姓老，李约瑟姓李，所以在给自己起汉名字的时候，就以李为姓。

在全世界范围内，凡是和中国文化发生交集的很多汉学家也好，神父也好，都要给自己起一个中国名字，其中姓李的人最多，一般都是受到老子的影响。在西方历史上，一些成就非常巨大的、影响非常深远的思想家、哲学家，比如黑格尔，比如康德，比如大科学家波尔这些人，对于老子的认可程度都非常非常高。

所以老子不管在中国，还是在全世界，对于一般人来说，未必了解得深，但对于那些有志于追求很高的道理和规律的人来说，老子绝对是一个无法逾越的高峰，也许这个高峰就是顶峰，是珠穆朗玛峰。

今天我们起的这个题目叫《老子，中国思想史上的神龙》，而神龙这个称号也是中国历史上一位登峰造极的人物，也是伟大的哲学家、政治家、思想家——孔子，对他做出的评价。

可以说，古往今来所有高层次的人物都认可老子的地位。

我们今天从比较浅的角度，和大家谈一谈、交流一下老子的思想。一共分两部分，第一部分，我们把老子这个人大致介绍一下，第二部分，我们把老子的思想提炼了几个字，就是能管中窥豹地，较略地谈一谈老子思想。

一、老子其人

一般我们要了解一本书，首先要了解这本书的作者。了解一种思想，首先要了解这种思想的代表人物，或者是创始人物。老子我们可以把它打上书名号，打上书名号的时候，它就是一本书。之所以这本书叫作《老子》，就是因为他的作者叫老子。根据《史记》记载，老子有两种年龄，一种年龄是200多岁，一种年龄是160多岁。这有点悬，但即使我们把200多岁、160多岁各除以2，减去一半，那也是很长寿的人，是个老人。

▲《老子》

我们知道，在中国的语言中，子是先生的意思，比如孔子就是孔先生、孔老师，老子就是老先生。因为他的年龄非常非常之大，最后就成为老先生。《史记》记载，老子姓李，据说叫李耳，字老聃，是春秋时期楚国的一位人物。

他的职业是当时周王室的守藏史，相当于国家图书馆的馆长兼国家档案馆的馆长。做图书馆管理员有个好处，可以博览群书，而周王室中央图书馆肯定是天下藏书最多的地方，同时老子这个官又是世代相传的，祖传父，父传子，子传孙，一代代传下来的。所以说他们家等于是世世代代都在读书，再加上老子惊人的长寿，他对这些书已经读遍了，并且读透了，然后再加上他对于当时的自然界的观察，对于当时社会、政治的观察，包括经济的观察，还有对于自己的观察。然后再把这些观察、这些阅读，结合上自己的思考，就成为一本非常了不起的伟大著作，这就是《老子》。

而这部伟大著作的诞生，实在是非常偶然的。老子在晚年的时候，离开洛阳，在路过函谷关的时候，函谷关的负责人很有见识，知道老子的名声，知道老子这个人是当时最智慧的一个人，就不让他走，说："你想走，可以，但得答应我一个条件，就是给我写一本书。"老子没有办法，只得写下了很简短的五千多字，后人把这五千多字分成81个部分，最短的一部分只有六七个字，最长的就是百十个字而已，一共是五千来个字。

《老子》这本书问世以后，产生了许许多多的版本，我看过的版本大概是200多种，这200多种版本，有的字数稍微多点，有的字数稍微少点，但最多的也超不过5400个字，最少的是五千多一点。短短的五千来个字，对于我们来说是什么概念呢，非常宽松的，顶多就是二十来分钟就可以读完。

一部《论语》是12800多个字，一般把它读完是40来分钟，慢的话一个小时。《老子》读得快的话，20多分钟就可以读一遍。但是就是这本薄薄的书，却成为中国历史上著名的"三玄"之一。玄者，玄奥也，就是玄之又玄。"三玄"就是《周易》《黄帝内经》《老子》，是最深奥的三本书。

迄今为止，没有一个人敢说他懂了这三本书中的任何一本。既然读不懂，为什么还要读呢？答，它就像一座蕴含丰富，充满宝藏的大山一样，进得去，你会采到宝藏；进得深，你会采到更多的宝藏；在里边待的时间长，会采到无穷无尽的宝藏。所以只要是读了它的人，都会得到益处。因此虽然没人读

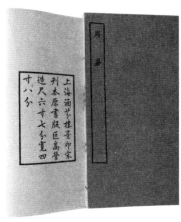

▲ 《周易》　　　　　　　　　　　　　　　　　▲ 《黄帝内经》

得懂，但是这本书还一直在流传，因为只要读懂一点，便受益无穷。

我自己在成长的过程中，不止一次从老子的书中得到关键性的启示。中国历史也不止一次从老子的智慧中得到，可以说是在生死存亡关头得到一种拯救，一种智慧。

在老子的那个时代，出现很多伟人，不只是老子一个人，当时在地球上出现了一个轴心时代，轴心时代在东方的代表人物是印度的释迦牟尼，中国的老子、孔子、孟子、庄子这些人物；然后在西方有毕达哥拉斯、柏拉图、亚里士多德、德谟克利特等。这些人基本上对人类这2000多年的文化进行了一个格式化，最基本的也是最深远的一种原始"设计"，很了不起，他们是整个人类文化的"设计师"。在西方，毕达哥拉斯、柏拉图走得比较近，甚至就是师徒，在印度就孤独的有个释迦牟尼，在伊斯兰也是一个穆罕默德，在中国却是"群星灿烂"，同时出现了很多很多人，比如在孟子的同时就出现了庄子，出现了《孙子兵法》的作者孙子，出现了商鞅这些人物。而在孔子这个时候就出现了老子。

闻一多先生曾经说，老子和孔子的见面，绝对是人类历史上非常壮观的一个场面，有多壮观呢？好像宇宙中两个恒星走到了一起。恒星本身就是光芒万丈，非常灿烂，两个恒星走到一起，那个光芒是如何的灿烂啊，非常了不起！

那么这两颗恒星——老子和孔子，对我们中国影响最深远的这两位智者走到一起，到底发生了一些什么呢？历史上记录了他们见面时候的一次交流。

老子对孔子说，把你那些多余的想法去掉，把你那些没用的东西放下，把你那些执着的念头撤销，你就算是一个很了不起的人了。这几句话我原来以为是伪造的，后来随着年龄的越来越大，包括自己阅读得越来越多，思考得越来越深、越来越细，发现即使它是伪造的，它也伪造得有道理。

我自己是一个不折不扣的儒家的信徒，一个追随者，但是仅仅懂儒家是不够的。儒家有很多东西是非常繁琐的，比如假如按照儒家的要求，我今天见客就不能穿半袖，必须穿长袖；比如再按照儒家的要求，我们今天上课之前，必须要举行儒家的一个礼仪等等，这就是一些比较多余的东西。所以后来汉武帝的时候，"罢黜百家，独尊儒术"，其实是对儒家进行了改造，让它被政权被政治所接受来利用。应该说，老子这几句话说得非常深刻。

离开老子以后，孔子曾经感慨地说，鸟儿我知道它们能飞，虽然我不能飞，但是没关系，我可以做一个网子，可以把它们罩住，我能掌控它们，降服它们；鱼儿我知道它能游，即使在水里，我不会游泳也没关系，我可以做一个渔网子，把它捞起来，掌握它，主宰它，降服它。野兽跑得很快，虽然我不能追上它们，但是我可以用一支箭把它射中，把它降服。言下之意，我孔某人生平行万里路，读万卷书，同时也是阅人无数，没人可以说我把他降服不了，生平没有遇到对手，但是遇到老子以后，我发现他不是像鱼儿、像鸟儿、像野兽一样，用一种技巧、用一种方法可以把他给控制，把他给降服，他是一条龙啊！龙会乘着风、乘着云一直飞向天。

《三国演义》中说，龙能大能小，能显能隐，大则飞跃于宇宙，小则潜藏于芥子。这是神龙，变化无端，既能在天上飞，也能在水里潜伏。孔子见到了老子，老子"其犹龙也"，他真的就像一条神龙。

孔夫子这个感慨，在中国历史上非常非常著名，所以后来有许多姓李的人家，在他们家祠堂里面，或者在他们家的那个匾上，或者在过年的时候在对联的那个横批上，写四个字，哪四个字呢？"犹龙泽世"。"犹龙"就是"其犹龙也"那个犹龙，"泽"沼泽的那个泽，"世"是世界的世。犹龙泽世，好像一条龙一样恩泽这个世界。

有意思的是，据庄子的记载，老子对孔子还做了个评价。孔子去见他的时候，带了几个徒弟，像颜回、子路、高柴这些人物，老子一看，说就不说孔子本人了，就他周围的这些年轻人，人人气象不凡，个个一表人才，看起来都是彬彬有礼，充满智慧，就像百鸟朝凤一样，这是像凤凰一样啊。老子赞美孔子像凤凰，孔子赞叹老子像神龙，一龙一凤，很有意思。

所以说，中国的传统文化就是以儒、道两家为主体的"龙凤呈祥"的文化。

这个说法不是我最早提出来的，而是闻一多先生提出来的，当时我看到以后，真的忍不住欢喜赞叹。闻一多先生虽然英年早逝，但是这个人是一个天才，他对于先秦许多问题的研究，迄今为止没有人能够超越。那么老子为什么能够让孔子赞他为"神龙"呢？我想他们见面以后肯定说了不少的话，肯定交流了不少的问题，老子就像一汪泉水，一口深井一样，让孔子觉得取之不尽，用之不竭；老子就像一位点穴高手一样，让孔子觉得他的每一次语言都直击要害，抓住要点。所以，林语堂先生说老子是中国人为人处事最深刻的道理，最根本的道理。

我们应该掌握一些比较深层次的东西，比较根本的东西，这个东西用我们现在的语言来说就是哲学，就是规律，必须用规律来办事情。老子比孔子要大十五岁左右，所以说道家思想的出现要比儒家思想早一些，而且，在《论语》中孔子五十岁以后的思想有明显变化，就很可能是受到老子的影响。

"老子"这个词，在咱们中国的语言中有爹的意思。所以说老子是智慧的老人，是整个中国文化的父亲，也可以说老子代表的道家文化是中国文化的父亲。

我们现在提倡家风的传承和弘扬。祖先世世代代传下来的宝贝，就算我们不会用，也不能让它们在家里生虫子，更不能让外人轻而易举地拿走，成为人家的宝贝。

二、老子与道教

有一幅后人根据记载为老子画的像，旁边有题词："混元之祖，太清之宗；五千玄言，包括乾坤。"

混元之祖，让我想起《西游记》里边的人物，什么什么老祖、祖师等等，是一种宗教的称号，而太清更是典型的宗教称号。《封神演义》里边说，老子一气化三清，所说的"三清"就是指太清、上清、玉清。这个说法透露出了老子的另一重身份，什么身份呢？老子还有一个名字：太上老君。

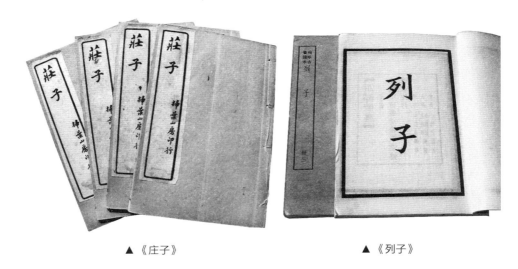

▲《庄子》　　　　　　　　　　▲《列子》

在东汉的时候，出现了一个土生土长的本地宗教，这个宗教的创始人姓张，叫张道陵。他编出了宗教教义，还需要一位来头很大的人物作为教主，他觉得老子这个人物很了不起，所以就找来了老子，让他成为道教的祖师爷，就是教主，又给这位祖师爷起了个封号"太上老君"。"太"，比大还大，"上"，比高还高，是最大最高的意思，有至高无上的含义。"老"即指老子，"君"是指君王。所以是至高无上的老子君王，至高无上的老子先生。

记得小时候看过一个电视剧，叫《八仙过海》，里面第一集就提到了老子，那些神仙称他为老君，就是老子老先生。自从汉代以后把老子叫作老君，把一个哲学家变成教育家后，老子的这本书也有了另一个名字，《道德经》。

有三本书都被道教奉为经典：《老子》《庄子》《列子》。

《老子》被叫作《道德经》或《道德真经》；《庄子》被叫作《南华经》或《南华真经》；《列子》被叫作《冲虚经》或《冲虚真经》。它们都是宗教称呼。各位都是党政干部，一定要在称呼上谨慎一点，因为我们不是宗教徒，只有宗教徒才称为《道德经》，我们叫它《老子》。

在中国历史上，既是哲学家又是教主的人，严格来说只有老子。与老子齐名的孔子也没有让儒家学派形成严格意义的"儒教"。有道家，有儒家，有道教，但是不存在儒教。尽管现在有很多人，例如当代一些知名度很高的人提出"儒教"这个称呼，但是孔子本身就反对怪力论神，过度偶像化这些东西，所以老子是唯一把哲学家和宗教教主合为一体的人。

更何况，老子不仅仅有这两个身份，他还有第三个身份：皇帝。我们都知道开创贞观之治的唐太宗李世民，李世民的胡子长得很好玩儿，它往上翘，还不是很黑。阎立本画过历代帝王像，把唐代和隋代的帝王画得非常逼真，因为他亲眼见过，或者说离他不远。在唐代之前的帝王胡子，要么是很长垂下来的，像咱们的绒山羊一样，要么像孔夫子那样的一大把，要么就是汉武帝那样的八字胡，很少像这样翘起来的。为什么唐太宗的胡子往上翘呢？因为他不是汉族人。

咱们岢岚是一个民族融合的地方，但在历史上民族融合最激烈、最频繁的地方在中国的西北部，就是李世民家起家的地方。李世民的爷爷叫李昞，爸爸叫李渊，他们这个李氏家族俗称陇西李氏，陇西在甘肃。甘肃在隋朝之前的南北朝时期由少数民族控制，所以李世民有少数民族血统。他娶的妻子长孙皇后，长孙是个少数民族姓氏。还有他的母亲独孤皇后，独孤也是一个少数民族姓氏。李世民的妈妈有姐妹三个，这姐妹三个分别嫁给了北周天子，隋朝天子和唐朝天子，三个姐妹嫁了三个天子，非常了不起！李世民凭借少数民族那种特有的干劲，那种勇猛，和他的父亲李渊一起从太原起兵，把亲戚家（其父的姨表兄弟）的天下夺了下来，可谓是"秦王扫六合，虎视何雄哉！"。

他考虑到：我如果要把这个国家治理好，不仅要靠马上的功夫，还要靠马下的智慧，这要靠政治，但是还有个东西更重要，就是文化。我要让中国人认可我，感觉我和他们是一家人，怎么办？找祖宗。于是就出现了一个炮制出来的传说：有一天，一个非常低级的官员，专门跑去长安见皇帝李渊——李世民的爸爸，说："我在某某山底下见到一个骑着青牛的老人，老人让我来长安找他的后人，并说是您的祖先，自称老子。"这是一个编排的传说，当时就需要这样一个传说。李渊大喜："对对，老子姓李，我也姓李，他是我们的祖先。"李渊在位时间不长，到了李世民，就把这个传说大肆宣扬，表明他李家就是老子的后人，不是胡人，是纯粹的中国历史上伟大人物的后裔。

到了清代的努尔哈赤，皇太极，他们本应该是标准的满族人，但《清史稿》记载他们是黄帝子孙。因为要达到民族融合中的文化融合，所以这些帝王纷纷将自己编到汉族人的后裔中，将自己融入谱系，获得更多的人的认可。这种找祖宗的方法，和李约瑟让自己姓李，在某种意义上是相似的。找一个所有人都很尊敬的人来作为自己的招牌，作为进入文化的通行证。

李世民还追封老子为"太上玄远皇帝"。老子成了帝王，享受帝王级的祭祀。这个老先生做梦也没想到自己去世后，不断地被后人抬出来，一会儿当教主，一会儿当皇帝，但无论是什么，他都是王中王，很了不起。

所以，无论从哪个方面说，老子都对中国文化产生了深刻的影响。要了解中国文化，必须了解老子，包括唐代在内的很多时期都从老子的思想中汲取过智慧。

三、《老子》的智慧

老子一开始就提出"道可道，非常道。"愿意分享真理，但真理一说出来就不是真理了。

鲁迅先生说过："当我沉默的时候，我觉得充实，我将开口，然而我觉得空虚。"语言往往有一定的迷惑性，语言不能将心中所想完完全全表达出来。所以老子告诉后人把读自己的书当作一种启发，不要产生教条主义，他用哲理诗和点到为止的方式给我们传道。

现在，我们从《老子》中提炼几个字，来说一下老子的思想。

有和无

我们生活中所有的一切都依赖于"有"，而"有"又是从"无"中产生的，但是我们所凭借的首先是这个"有"，所以这是所有人首先要面临的问题。"有"就是实际。我们面对工作、生活、学习，不能表现出无所谓的态度，应该具体问题具体分析，遇到什么矛盾，解决什么问题。这才是面对"有"的态度。若要找到解决问题和矛盾最根本的途径，又要从"无"中，即最深处找。"无"，没有。比如两个人发生矛盾，两个集团出现纠纷，要解决矛盾与纠纷，我们首先要问事情的起因。

世界上没有无缘无故的爱，也没有无缘无故的恨，矛盾和纠纷都是起源于没有矛盾和纠纷，这是个非常深刻的道理。"无"在《老子》中经常视作"虚"的意思。"虚"，空虚，虚无。老子为了让我们认识这道理，他打了几个比方："三十辐，一毂，当其无，有车之用；埏埴以为器，当其无，有器之用；凿户牖以为室，当其无，有室之用。故有之以为利，无之以为用。"意思是，三十根辐条汇集到一根毂中的孔洞当中，有了车毂中空的地方，才有车的作用。糅和陶土做成器皿，有了器具中空的地方，才有器皿的作用；开凿门窗建造房屋，有了门窗四壁内的空虚部分，才有房屋的作用。

所以，"有"给人便利，"无"发挥了它的作用。下面举一个我的例子。我的故乡是一个山清水秀的好地方，但是由于20世纪70年代以来，过度开发重工业和盲目开采资源，使得环境遭到了空前污染。因为有了那些重工业，把原有的利用空间占用了，如果没有那些工业，可能现在发展得会更好一点。

我们岢岚的"有"在于蓝天碧水、历史文化积淀、丰富的物产、富饶的沃土；但我们的"无"则是说大的工业、制造业、旅游业。正是因为"无"才"有"了下一步的工业发展和旅游开发。有些东西我们目前可能把握不准，不妨留给后人来开发，一个人不可能把所有东西都占满了，都占满了就死掉了，再没有生命力了。

莫高窟最初被道士王圆箓发现的时候，他觉得这些画像、雕塑样子稀奇古怪，就用白灰这些覆盖了起来，并改造成了一些佛教的雕塑。这就相当于他把空间占满了，后人再无法看到这些艺术效果，那这些画像和雕塑也就不复存在了。"有"和"无"是《老子》中最基本的两个词，"文武之道，一张一弛。"对于我们的工作来说，我们要知道哪些是我们该填的空，哪些是我们该留的白，哪些是我们必须天天抓的，哪些是我们必须天天想的。

在"有"和"无"之间应该把握怎样的关系呢？老子说了，"道冲而用之，或不盈。""道"，指规律，"冲"，就像冲鸡蛋一样。在具体的日常工作，在比较抽象的精神领域，应该经常发生一种碰撞，发生一种作用，这样的过程所产生的妙处是无穷无尽的。"冲"，本身是迅速的意思，但即使再迅速，也能应对自如。换句话说，只要掌握了理论和实践之间的关系，无论什么时候都能"逢山开路，遇水架桥"。在中国历史上有两个重要人物，张良和刘伯温，但无论是谁，都有一个共同的思想背景：道家。包括魏征在内，他们都是道家出身。

这些人有个共同特点，平常都非常安静，一旦遇到什么疑难的事情，决断非常快。我们举一个刘邦的例子。当时韩信灭齐之后，刘邦想调回韩信。但是韩信写信与刘邦说，齐国这个地方习惯了有君王在，要不让我做这个假齐王。刘邦看了以后火大了，心想：你小子在要挟我啊！当年要不是我，怎么能有你的今天！当即把信扔到地上，当着韩信的传信官就发火了。这时张良踩了他一脚，还有一种记载说张良和陈平同时踩了刘邦的脚，一个踩右，一个踩左。刘邦是个聪明人，立刻就明白了，马上说："大丈夫要做王，很正常，但要做就做真王。我不封他假齐王，要封他为真齐王。"在这个非常微妙而重要的关头，团结了韩信，最终有了垓下之战的决定性胜利，灭了楚霸王。

刘邦所遇到的这个问题，应该是在此之前张良没有料到的，但他能及时提醒刘邦，说明自身有丰厚的理论知识，能在面对突发事件时及时做出有利判断，这就是有和无之间的作用。

再举一个张良的故事。刘邦晚年，曾一度想把自己最喜欢的妃子戚夫人的儿子立为太子，把原来的太子刘盈废掉。刘邦的妻子吕后多次哭哭啼啼地劝刘邦，刘邦不听，眼看着即将成为定局，吕后想到了张良，就向他求救。刘邦连自己妻子吕后那么强悍的人的话都不听，何况是一个臣子？但张良就是有办法。他给吕后写了一封信，让吕后带着信去一个地方，找到四个老人，带他们住到太子府，没事儿就陪太子喝喝茶，下下棋，聊聊天，对这四个老人十分尊敬。

吕后有点怀疑，张良叫她放心。吕后便派人把信送了出去。四个老人看到张良亲笔信，决定出山一趟，这四个老人都是著名的隐士，被称为"商山四皓"。刘邦多次想请这四位老人出山辅佐他，均被拒绝，但他们被张良的一封信打动。某次刘邦去太子府，看到了四位老人，很是惊讶，就问："我一直仰慕四位老先生才学，想请你们出山，你们都没来，如今怎么会在太子府？"其中一位老人说："因为太子有仁德。"刘邦听了，转身就走，回到宫内对戚夫人说，废太子之事想都不要想了，刘盈现在羽翼已成，已经有了强大的实力，别说是你，连我这个老子都在他之下了。在这次的危机公关中，张良成功地用了第三方的力量。在这次的对立中，吕后和张良是一方，刘邦和戚夫人是一方，但是他们都在局中，只有张良跳出局外，他想到了局外的第三种力量，所以请来了"商山四皓"，把问题一次性解决，这也是一种无中生有的办法。

在不可能的情况下想办法，为什么张良能解决这些问题呢？因为他掌握了人世间的种种人情世故，洞悉了做事情或搞政治的种种规律性的东西。而且张良认识的不止这四皓，他只是懂得什么时候该认识，什么时候假装不认识，永远在"有"和"无"，在"做"与"不做"，在"静"与"动"之间把握最合适的分寸。

以一幅画来举例，画一株梅花，还写了很多字。但无论是画画也好，写字也好，盖章也好，都会留下许多空白。如果用一般人的眼光来看，挺浪费的，但是如果画满了，那就不是艺术了。中国的国画就是"有"和"无"之间的一种对比，可为什么要留白呢？答：因为老子的思想深深影响了中国古代艺术，就是在"有"和"无"之间掌握一个最好的分寸。不仅仅是这个梅花占了不到二分之一的地方，而且有的开了有的未开，有的地方有花，有的地方没花。关键不是有，而是只有该有的，一点儿也不多，这就是分寸。

老子说过："功成身退，天之道也。"当一个人有所作为之后，最难的不是知道自己要继续有所作为，而是知道自己要适当地无所作为。在《周易》里边有一句非常吉利的话："群龙无首，吉。"一群龙在飞的时候，没有首领，是飞得最灿烂、最吉祥的时候，龙的首领功成身退，让龙自由飞翔。自己形象的有无，也是一种辩证，尤其是在中国的艺术里体现得非常美。不仅是画，也包括中国的舞蹈、围棋，都是这样。

有一句话说，"虚则受物，虚则生物。"只有在空白的地方才能接受外物，只有在空白的地方才能长出新的东西，一个地方在空白的时候才能接纳新的东西，才能生长新的东西。那么一个空白的心灵之内呢？空白的心灵，绝不是指无知的、幼稚的、苍白的心灵，而是指虚心的，不自满的，永远能够保持积极向上态度的心灵。当我们的心是空灵的、心态是谦卑的时候，我们才能进步。

徐特立五十岁时候才入的党，他说，"人生五十始。"而一般人说："人过三十不学艺。"徐老先生那么大年纪还在不断追求进步。冯友兰在八十多岁时还在编写自己的《中国哲学史》，最后推出了《中国哲学史新编》，这就说明了他们内心永远有"虚"的这个反面，这个"虚"不是说"心虚"，而是"虚心"。

有一种人是很难沟通的，"真理的代言人"。这种人无论是在十岁还是二十岁，都敢面对一个长辈老者滔滔不绝，好像自己掌握着人世间所有真理。这种人的内心已经被塞得满满的了，就像倒满水的杯子，不可能再添加一滴水了，这是不好的。所以中国历史上不管是提拔干部还是选用其他方面人才的时候，都会考虑这个人的语言，看他是否懂得安静，会不会倾听别人，知不知道适可而止、点到为止。话由心生，当一个人的语言中留有空白，对话中留有余地的时候，说明这个人的内心对他人对世界也是留有空白、留有余地的。这就是"虚则受物，虚则生物。"

如果我们调查一个事物，解决一个问题的时候，一开始就有很强烈的主观主义，那我们就犯了大错了。有一句著名的话："耳听为虚，眼见为实。"有时我们亲眼看见的，也不一定是实情。

有一个故事说，孔子周游列国的时候，有一次，学生们被困在一个地方，几天几夜没饭吃。一个学生好不容易找来了一点儿炒面，孔子命颜回去做饭，其他学生各忙各的。在颜回做饭的时候，孔子无意中看了他一眼，正好看到颜回正从锅里抓起一把炒面放进了嘴里。老师和同学们还没吃，自己就先吃了，这就是错了呀，这就是不尊敬呀！孔夫子这次眼见为实了，但他还担心眼见不为实。在颜回做好饭端上来之后，孔子说："我们这么多天没吃东西了，先来做一个祭祀吧！"根据古代的礼仪，祭祀的食品必须是人还没有吃过的，如果拿已经吃过的东西去祭祀，就是对神灵的不敬。孔夫子说这句话就是等着看颜回的反应，如果颜回什么都没有说，就是装自己没吃过。但是颜回说了："老师，这个不能祭祀，我吃过了。"孔夫子说："颜回，怎么能提前吃呢？你难道不知道'有酒食，先生馔'，有了好东西吃，应该先给长辈的，'君子喻于义，小人喻于利'，就是要和大家分享，而不是自己先吃。"颜回解释："刚才做饭的时候，房梁上掉下一些灰尘，正好掉到饭里面。我觉得扔掉了可惜，如果不扔掉继续炒吧，又是让老师和同学们吃不干净的东西就抓起来吃了。"孔夫子感慨："人常说，耳听为虚，眼见为实，看来眼见也不一定为实。"

　　这个故事中有两个人值得表扬，一个是颜回，他做得很对。另一个是孔子，他没有被自己所看见的蒙蔽，没有对此妄下定论，而是在自己的内心为这件事留下了另一只可能性，留下了余地。后来真相大白，这就是"虚则受物，虚则生物"。

　　我们在工作中常常遇到类似的问题，所以内心要留有空白地，为他人、为上级、为下级、为同事、为群众多留一些时间和耐心，或许我们的工作就会非常圆满。举一个例子，我姓卫，"wei"姓还有魏，另外现在很多人把尉迟恭的尉读成"wei"。之前去找一个医生看病，交流中得知他姓位，我很惊讶，从未听过这个姓。后来医生解释，本来应该是姓"卫"，父亲小时候上户口被派出所的民警将姓氏写错，自己跟着父亲就姓了"位"。他还说因为这个姓氏产生了有很多麻烦，考试和填表格的时候，被老师反复审核。我们工作中的一次疏忽，往往会给他人产生很多麻烦。这样产生的姓氏还有很多，比如我认识的一个人姓"是"，其实他本来姓"石"，也是因为当时的民警搞错了。还有一个姓氏，现在有很多人姓"付"，其实本来是师傅的"傅"，因为当时盛行简体字。在第三次汉字讨论会上，否定了很多当时的简体字，但唯独这个简体"傅"的"付"，不易被察觉，因而出现在很多姓傅的人的户口本上。这些情况本来是可以避免的，但是由于一些基层工作者，尤其是户籍登记工作者在工作中的疏忽和没有耐心，产生了这些原本可以避免的问题。

在太原有过一起医疗事故，有个中医本来要开一剂药，名为"红花"，可是由于字潦草的厉害，"红花"被认作了"二花"，二花指金银花，结果形成了一起医疗事故。如果抓药的人和开方子的医生多沟通一下，延长抓药的时间，也就没有这样的遗憾了。所以虚也好，空也好，都适合给他人留，更多的是给自己内心留。

损

我自己有一个号，叫"损庐"。这个"损"字，出自《老子》，"为学日益，为道日损。"在学习知识方面，我们要一天比一天多，要用加法；而在追求真理，追求规律方面，我们要一天比一天需求少，用减法。这就是"损"，是减少。加法非常必要，但是如果没有减法，只有加法，是十分可怕的。

如果有一辆车，只能前进不能后退，那我们谁也不敢开；如果有一种病，只能吃喝，不能大小便，只能进不能出，不是很可怕吗？为什么现在许多商店里的吉祥物都是貔貅，因为它只吃不拉，这就是人们贪婪的表现。貔貅这个东西在中国历史上已经存在两三千年了，但从来没有像今天这样应用广泛。原因就是我们如今对财对利的追求比任何时候都要过分。我们现在的状态是中国历史上最富有的时代，但我们的心态有可能是最贫穷的。因为在历史上没有一个时代是如此崇拜貔貅。中国古代也会崇拜一些吉祥物，比如狮子。家家户户门前都有这个石狮子，咱们岢岚也有很漂亮的石狮。

再比如凤凰、龙、锦鸡、蝙蝠等，都是古代中国人非常喜欢的吉祥物，还有麒麟。这些都是给人带来吉祥而不仅仅是财富，都是很讲究吃穿的。凤凰只吃玉食和竹花，吃得很高级，而不是要吃金银财宝；还有麒麟它只吃干净的草，而不是要吃大补的草，这都是很高级的动物。而貔貅在中国古代瑞兽中不在低等之内，是一

▲ 貔貅

种只懂加法不懂减法的东西。我们现代社会可能很多的矛盾都是因为只懂加法不懂减法。

有的人小时候家里穷吃不饱饭，后来条件变好，可狼吞虎咽的习惯改不了，不管吃什么，总要吃到撑，终于吃出了问题。我们经常会看到这样的人，在饭桌上只顾自己一直吃，填的满嘴都是，还要和别人说话，这种人是贪婪的，或者说是没有风度的，吃完嘴里的东西再和别人说话是对人起码的尊重，如果这也说明这人不晓得办事的规矩。

无论是内心贪婪还是不懂做事规矩，都是从一顿饭看出来的，都是从教育支柱看出来一个人日后为人处世的大原则，吃饭时这样，做一些事情也是这样，应该用一些减法。

对于这个"损"，老子还说过："天之道，损有余而补不足；人之道，则不然，损不足以补有余。"大自然的规律，是把多余的东西去掉，把不足的东西补出来。在咱们岢岚，有非常广阔的高山草甸和良好的原始次森林，无论是草还是树，他们的高度都是差不多的，那些长得高的，大自然会让它长得慢一些，而长得低的，大自然会让它们长快一些，这样所有的植物才能繁茂。但

是愚蠢的人类非要把自己本来就少的东西用减法减得更少，而把那些多余的东西再加一点，最终加出了问题，由不健康走向了有病，由有病走向了死亡。

在《红楼梦》里面，有一首《好了歌》："世人都晓神仙好，唯有金银忘不了。终朝只恨聚无多，聚到多时眼闭了。"还有一副对联："身后有余忘缩手；眼前无路想回头。"对于物质上的一些东西，我们早已够了，但还是不断累加，我们的精神世界早就出现了问题，我们内心早就出现了干涸、分裂、焦虑。但我们总是用活得累、社会复杂来作为借口蒙骗自己、蒙骗家人。

决定自己活得有质量的最关键不是社会，而是自己；不是外界，而是内心，看你能不能用好这个加减法。

再举一个例子，北宋开国宰相赵普的故事。当他做了宰相之后，意识到自己再也不是赵匡胤的大哥了，而是皇帝的手下，是臣子。所以办事都要有规矩，得讲究君臣名分，所以总是以礼对待帝王，甚至每次他退朝回家之后，还穿着朝服，以便皇帝随时召见。有一天下了大雪，他还是穿着朝服等着皇帝，他的妻子对她说，下这么大雪，皇帝肯定不会来了。他听了妻子的话，就换了自己的便装。

突然有人敲门，开门一看，是赵匡胤带着赵光义。赵普大惊，直呼"死罪，死罪"。赵匡胤连忙扶起赵普说："今天来我们只谈交情，不谈国事，大哥，带我们去见嫂夫人。"两兄弟见到赵普妻子，忙行礼，并再次强调只是来叙叙旧，谈谈交情。让赵普妻子拿些肉来，要在雪天烧烤。三人在走廊之下，对着雪景，聊起了当年种种往事，兴致非常高。赵匡胤就说了："大哥啊！还得求你帮个忙，兄弟我虽然到了现在的位置，但毕竟是你弟弟。有件事弄得我很难像现在一样大口吃肉，不能安心睡觉。南边有南唐、后蜀、吴越等，北边有北汉等割据势力，大大小小十几个小国，我们就占中间一小块儿，被他们包围着，怎么办呢？"赵普想了想，说："这个话不好说，我可负不起这个责任。"赵匡胤示意他随便说，赵普说："先把太原留着，不要打。"这句话要在平时说，一定犯了死罪。

太原是山西的重镇，而山西的北边是河北，河北是赵普和赵匡胤的老家，姓赵的又起源于山西。所以许多大臣说，赵氏兄弟要统一全国的话，首先要夺回自己的出生地，龙兴之地，山西河北一带。

赵普却说，先不要夺太原，也就是包括整个山西。建议赵匡胤先把南边的比如吴越、南唐、后蜀等地收拾了。一是因为南边比北边富庶，鱼米之乡，把这些地方收入囊中对咱们有利，可以增加财富；二是南边的领导者个个都是昏君，没有一个能干的；最关键的是三，在太原政权北汉的北边，还有一个政权叫契丹。一旦把北汉拿下，大宋就要独立面对契丹，甚至还要面对西北部的西夏。先让他们帮咱们看着门，等把南方拿下之后，再来攻克北方。宋太祖说，这是个好主意，就照你说的办。

这天晚上的聚会，决定了宋朝开国几十年的基本国策。而这个国策的出现关键是用了减法。赵氏兄弟放低了身份，得到了更有用的实话，这是第一个减法；赵普认为应该先舍弃太原，这是第二个减法。后来，宋太祖和宋太宗两代君王用了这个办法取得了天下。

损，是为了大局，是为了发展。宋太祖赵匡胤深得其中精髓。比如他他吸取唐末五代以来的军阀割据，天下混乱，为宋朝制定了"偃武修文"的长久政策，"杯酒释兵权"成为千古佳话。这种对军阀势力的"损"，当真是顺天应人！不仅有效地维持了赵家天下的长久稳定，而且极大地促进了文化的全面繁荣，经济的发展富强。宋朝成为中国古代最文明的一个朝代，令人向往不已！

作为开国皇帝，赵匡胤为后代立下了规矩，刻在一道石碑上，藏于太庙之中，叫做"誓碑"。这块碑平时用销金黄幔遮蔽，封闭甚严。赵匡胤命令有关部门，只有太庙四季祭祀和新天子即位时方可启封，天子谒庙礼毕，必须恭读誓词。每一次，只有一名不识字的小黄门跟随，其余皆远立庭中，不敢仰视。天子行至碑前再拜，跪瞻默诵，然后再拜而出，群臣及近侍皆不知所誓何事。北宋的各代皇帝"皆踵故事，岁时伏谒，恭读如仪，不敢泄漏"。直到靖康之变，金人将祭祀礼器席卷而去，太庙之门洞开，人们方得看到此碑。誓碑上刻誓词三行：一为"柴氏子孙有罪不得加刑，纵犯谋逆，止于狱中赐尽，不得市曹行戮，亦不得连坐支属"；一为"不得杀士大夫，及上书言事人"；一为"子孙有渝此誓者，天必殛之"。

这道碑，其最重大的意义就是对皇权的一种自我限制，一种有益于天下的"损"。后世评价说，太祖誓碑可以说是中国历史上最应不朽的名言。这是在人治独裁制度下所能达到的最好的、最开明的、也是最有效的制度安排。难能可贵的是，宋代历朝皇帝都还算听话，让太祖的这几条中国历史上迄今最为开明的政策，得到了切实的执行，达三百年之久，可以说这是有宋一朝三百多年的大宪章，也是同时代世界各国中最开明的大宪章，它从根本的制度上确保了宋朝所以成为中国文明的最高峰。

啬

吝啬一点也不好，但是在清朝的时候，傅山先生留下十六个字，作为后世子孙的传家宝，其中就有这个"啬"字。一个东西，能花五块钱买，绝不花六块，能少则少，它跟减法又不一样了，是最大限度地不要多做、不要多想。有一句话说，管得最好的政府，就是管得最少的政府。其实就是这个意思。老子说，不管对待人还是自然，能不做的尽量不做，要做就做到点子上，做到最好，没有再比这个"啬"更好的观点了。

比如，当年郭沫若一直主张发掘乾陵，就是西安武则天和唐高宗合葬的地方。据说《兰亭序》就在乾陵中陪葬着。郭沫若说，成功发掘乾陵是他一生中的一大成果，不发掘乾陵将是他的遗憾。

郭沫若是中国近代史上杰出的诗人、文学家、史学家。但他这句话说得有点问题，将发掘乾陵和个人感受放在一起是不对的。如果说成发掘乾陵对我们国家是有益的，不发掘乾陵对当前文化建设是有害的，这就比较得当了。乾陵直到现在还没有被发掘，因为我们的保护手段不高。现在，博物馆里有许多文物都是从盗墓者手里缴获。为什么不主动挖那些墓？首先是因为我们的科技还不够发达，达不到很好的保护效果。有很多珍贵的文物刚出土不久就会风化、腐烂，褪去原本的颜色，这就是国家一直没有对乾陵进行发掘的原因。

知道现在不能做这件事，就不要去做；知道自己教育不了孩子，就把他送到学校。再比如解决事情，知道解决不了这个问题，就要多读书，读正确的理论书籍，读科学书籍，读传统的文化书籍，这都是自己做不了，就找别人做，或者自己找方法做，也不仅仅是自己，现在要上升到整个集体。

《老子》中有这么句话，大意是，天地是不存在偏爱的，将世间所有的一切都看成一条用草编的狗（用草编制的狗在古代是求雨时用来祭祀的，要把它摆到桌上，进行很神圣的仪式，祭祀完成后，狗就没用了，会被所有人践踏，成了一堆烂草）。天地就是这样，一旦时候到了，就会像秋风扫落叶一样无情，在万物肃杀的冬天，让一切都不再有生命力。最高级别的人也一样，知道什么时候该对别人好，知道什么时候要像春天一样温暖，但绝对不是没有原则的和事佬，绝对不是永远只求一团和气的无原则者。他知道在生活中或工作中的什么地方，什么时候对自己的家人、同事、上下级、对群众、对自己好，什么时候该怀一颗感恩的心，什么时候决不能手软，要把握一个分寸。

在《三国演义》里有一个让读者很纠结的人物，关羽。这个人物，该有脾气的时候有，不该有脾气的时候还有，该讲人情的时候讲，不该讲人情的时候还讲。比如面对颜良、文丑、华雄这些当时的大将的时候，关羽毫不逊色，温酒斩华雄、杀颜良斩文丑等等。但是面对孙权、周瑜、鲁肃、诸葛亮、黄忠时脾气就不该有那么大了。听说黄忠和媳妇在路上歇脚，关羽什么也不干了，让儿子帮他看着荆州，要与黄忠比试比试，十分瞧不起黄忠。幸亏有诸葛亮的一封信说，黄忠顶多跟你弟弟翼德比比，怎么能和你比呢！关羽这下高兴了，放弃了去找黄忠的想法。如果不是他拒绝并羞辱了孙权求婚的要求，孙权怎么会下决心要把荆州夺回来？

此前，孙权给关羽写信说，让我的儿子做你的女婿，我二人结为亲家如何？关羽火大了，我这老虎一样的女儿怎么能嫁给你那狗一样的儿子呢（吾虎女焉能配犬子）？把孙权比作狗，那肯定是孙权不能忍的。关羽就是这样，不该有脾气的时候有，不懂得节制。他该讲人情的时候讲，比如千里走单骑。不该讲人情的时候还讲，比如华容道放走了曹操，也是不对的。所以关羽就是不懂"啬"的典型，不懂把每种感情放在合适的范围内。最终酿成了整个蜀国再不能重振山河，走上下坡路的悲剧。

韧

这个"韧"在小篆中一边是韦，一边是刃。韦有熟牛皮的意思，而刃则是指用刀割熟牛皮。牛皮很软，但就是用刀子也不容易割断。《老子》里讲究的"柔"，不是柔软，而是柔韧。老子说，不管做什么都应该讲一种绵绵不绝的力量，别人不一定能感觉到，但是却时时刻刻像春雨一样，铺满了整个天地，润物细无声，而且"用之不勤"。"勤"是尽的意思，它的作用永远是无穷无尽的。就像吃饭，吃咱们岢岚的炖羊肉，固然好吃，但比吃重要的是柔软的呼吸。在工作中，我们必须在一定的时间内疾风骤雨、雷霆万钧般地进行，而在绝大部分时间内要用一种温和的态度、长久的眼光来对待我们的工作。

老子说，刚出生的孩子十分柔软，可以轻易啃到自己的脚趾头，而人死后却变得坚硬。因为柔软是生命的一种弹性，而没有弹性的坚强就意味着死亡。好像草木一样，比如咱们的庄稼，晋南一带广泛种植的玉米，晋北一带的麻，这些植物刚生长出来不久，需要施肥。用拖拉机拉着满车的化肥压过庄稼地，很多玉米或者麻都被压倒在地。但是，一场春雨过后，被压倒的小苗又挺起来了。等到立夏之后，庄稼成熟，变得越来越硬，或许被风一吹就折了，再也立不起来。人也是这样。所以人应该给自己的生命、自己的精神及自己的工作留够足够的柔韧性。柔，不是柔软，是柔韧，是倒了还能起来，是能够用一种持续的方法来延续自己生命的存在。

老子说，飓风刮不了一个早晨，暴雨下不了一个下午，天地间最猛烈的力量尚且不能坚持长久，何况我们人呢！我们不可能每天对待下属不断咆哮、拍桌子，尽管有时候很有用，但时间久了反而事倍功半。就像吃药一样，药是一种非常有效的东西，但我们只能在适当的时间服用才有效果，而不能天天依靠药物，更长的时间内还是要用柔韧的方式。

天下最软的东西，莫过于水，但用天下最硬的东西也无法将水斩断，抽刀断水水更流。水虽然软，却可以穿过任何最坚硬的岩石，因为它不但柔而且韧。水靠着不断的冲击，将石穿破，著名的三峡就是被水冲出来的。这就是我们做任何事应该采取的态度，柔韧、锲而不舍，踏踏实实，坚持不懈，一直走下去，就会成功。

和

老子认为的"和"，有人与自然的和，有人与人之间的和，还有人自身的和。外物都有阴和阳两个方面，比如树叶有叶子和叶柄，一棵树有地面之上的树冠和树干以及地面之下的树根，在叶子和叶柄之间，树干和树根之间，相互作用，彼此通气，达到一种很好的生命状态，就是"和"。所以我们人也应该有两种状态互相调整。比如工作与生活，忙碌与休息，理论与实践，追求奋进与谦虚退让等等。"和"还有一种意思就是"人和"，老子提醒一切优秀的人物，一切杰出的人物在与人相处的过程中不要太锋芒毕露，像一把刀子一样锋利地伤人不好，不要把简单的问题复杂化，要尽量用简单的方式解决，不要让自己在人群中过分地耀眼，而应该和大部分人一样出彩，要平等，不要标新立异，要能够从群众中来到群众中去，和其光同其尘。

毒

"长之育之，亭之毒之"，老子说了，天地对万物有一个作用，让万物长出来，让万物发育，让万物成熟，最后对万物进行一个"毒"的作用。"毒"是什么意思呢？《淮南子》里说："圣人毒天下。"这里的"毒"是指禁而不发。任何一种植物高到一定高度再也高不上去了，长到一定年龄自然会死亡，这是万物的规律，人是不是应该意识到在做任何事情的时候都要有一个分寸，或者说在做这个社会管理的时候要有一个极限和底线，无论是谁都不能冲破这个极限，挑战这个底线，把思想和行为放置在一个范围内，在这个范围内使自己显示相对自由而不是绝对自由。这就是"毒"，毒者，静而不发也。大哲学家罗素说了这样一句话，是对毒字从另外一个角度上理解得很深刻："人之天性，有两种冲动，一，创造的冲动，二，占据的冲动。一切行为事实，不外此两种冲动所造成。凡善皆出于创造的冲动，凡恶皆出于占据的冲动，占据冲动，发现于行为，结果必致战争。创造的冲动，则其利益非但自己可以享受，并人人皆得而享受之，而于己又无损。使事事皆为创造的冲动，则战争可消弭矣，使予言为然者，则世界之改造，固不外鼓吹创造的冲动，减少占据的冲动也。"

第七篇 庄子的『动物世界』

《庄子》其书

> 北冥有鱼，其名为鲲。鲲之大，不知其几千里也。化而为鸟，其名为鹏。鹏之背，不知其几千里也，怒而飞，其翼若垂天之云。……

提起《庄子》，可谓人尽皆知。一篇《逍遥游》不知征服了多少文人墨客。

《庄子》一书共八万余字。厚厚的一本，非常深奥，有无数的学者文人虽从小就开始读，但也仅能得其皮毛而已。

今天，我们只从爱好的角度来读。不是要做学问，也不是要成为专家，我们只是从一个有趣的角度来看待《庄子》，当成看故事，看看《庄子》里面的动物。

这是我读书常用的一种方法：找专题。

比如，读《庄子》这本书可以找植物、动物、人物、饮食、服装等等专题。当把这些侧面的东西作为主体研究的时候，就如沈复在《浮生六记》所言："时有物外之趣。"

庄子其人

形成于汉朝的道教，把《庄子》这本书称为《南华经》。

于是，庄子也同老子一样，从一个哲学家摇身一变，成了一个宗教人物。不过老子是"太上老君"，是教主；庄子是真人，被称为"南华真人"或"南华老仙"。《三国演义》中，黄巾起义的领导人张角，声称在一个山洞里见到了南华真人，真人送了他兵书几卷，这位真人就是庄子。

神仙呵！"朝游北海暮苍梧"。闲暇时采药渡人，繁忙处调和龙虎，这才是他们的生活。然而庄子并非如此——他和我们一样，是一个每天在大地上走来走去的普通人、凡人，不是神仙，只不过这个凡人和我们活得有点不一样。

怎么不一样呢?

首先，他比我们活得更痛苦，一点也不逍遥。凡有大成就之人，都必须经历痛苦，包括身体和精神两方面，尤其是在思想领域和哲学领域，没有经过一番死去就不会有活来。

▲《南华经》

庄子是很杰出的一位思想家，一辈子没有干过其他大事，只专注于思考。当然，他也有具体的工作，在漆园里做园丁，是一个很基层的管理员。在并不繁忙的工作之中，庄子写下了很多有意思的故事，通过这些故事来讲述一些道理，同时缓解自己的痛苦。

可他为什么痛苦呢？

这就要上升到时代的大环境了。庄子是战国时期的人，比孟子要早一些。战国，顾名思义是国家之间打仗非常多的意思，那时候也确实是一个战乱不息的年代。

每一个人都是饱受摧残的，就像被扔进火炉里的小虫，跳不出来。每一个人都很痛苦，只不过每个人的表达方式不同罢了。

我听过一个有关老人的故事。有人问一位老先生："老先生，吃饭了吗？"他忙回答："吃了吃了！我儿子对我可孝顺了，今天特意让我喝了一碗稠稠的开水。"开水怎么能是稠稠的呢？表面上是开玩笑，但是大家都知道了真相：老先生的儿子并不孝顺。老先生的辛酸全体现在了话语里，一个聪明乐观的人，即使讲述痛苦也不忘那种幽默，庄子就是这样的人。

在那样一个乱世，商鞅变法、围魏救赵、孙膑庞涓；齐威王在位时齐国的大变革、张仪连横促成秦国的崛起；楚怀王被骗、屈原跳江等等，这之间都是有联系的。

秦灭蜀国、燕王禅让、齐国攻燕；赵武灵王胡服骑射、楚灭越国、白起为将、伊阙之战、秦苏合纵、宋国灭亡、乐毅破齐，这中间的每件事情都存在共同的两个字——杀人。

商鞅变法，为了让人们听话，用了很多办法。比如在地方审案子的时候，让犯人平均分站左右两边，左边的全杀了，右边的全放了，就是这样一种畸形变法。

法家是个专制的学派，围魏救赵，是一场战争，白起为将。白起这位将军一生杀人一百多万，仅仅在山西晋城就活埋了四十万人（坑杀赵国降卒四十万）。现在在高平那边还有一道菜叫白起豆腐，意思是喝白起的脑子，是对他的诅咒。

每一个故事，都体现了血淋淋的残酷。任何一个人在这个时代都是没有能力主宰自己命运的，都会感到一种不可知的恐惧，都会有一种不知道何时天会塌下来的危机。

庄子就像前文说的老先生一样，采用幽默的态度来对待：我无力改变这个时代，但可以改变我的态度——同样是痛苦，危难在我身上发生的时候，我要用另外一种态度去面对。

汉代的贾谊写过《鹏鸟赋》，里边说，天地就是一个大炉子，天地之间的互相作用就是火，气候变化就是炭，万物（包括人）就是在炉子中被冶炼的金属，每个人都在被煎熬、被焚烧。这说明了一种无法排斥的、无法自拔的痛苦。

庄子又比贾谊高明，他从这个痛苦中解脱了出来，他超脱了，他看透了，比如他讲了一系列动物的故事。

《庄子》里拍摄的"动物世界"

当然，一切动物的原型都是人物。

今天捕捉几个《庄子》里"动物世界"的镜头，看看《庄子》这本书里面有何等精彩的动物表演。

鲲：不逍遥的强大者

庄子的动物中第一个出场的是鲲。就是本文开篇所覆压而来的那条大鱼。

这条鱼体型巨大，生长在北海之中，到了一定的季节就会变成鸟——鹏，一飞九万里，可以飞到南海去，伸开一只翅膀就好像天边垂下的一片大云一样。鲲鹏后来成为中国传统文化中非常强大的比喻，比喻那些很有志向的人物。

当鲲变成了鹏，他的脊背也有几千里长，飞翔时没有什么动物能比得上，是无所不能的。但是《庄子》中又提到，鹏飞起来的时候需要风，鲲生

▲ 庄子

长的时候需要水，若让它生活在池塘中，便不能随心所欲地生长，它必须在北海之中，到了变成鹏的时候必须到南海才能生存。换句话说，它必须依靠一定的条件才能够生存和发展。

即使再强大的人，也离不开生存条件，离不开环境。

如果没有水，鲲不能遨游于大海；如果没有风，鹏不能翱翔于天空。同样的，如果没有合适的时代氛围，再伟大的人，再了不起的高手，也是一个被人所讥笑的不合时宜者而已。如同项羽的悲鸣："时不利兮骓不逝！"如李白的长嗟："大鹏飞兮振八裔，中天摧兮力不济。"

一个人如果能生活在自己所喜欢的时代，这是多么幸运的事啊！然而这毕竟是"如果"而已，便是圣人亦有"厄于陈蔡"之时。这些都是在当时飞不起来的鲲和游不动的鹏，所以每一个强大之人其实都是不逍遥的。

庄子的第一篇叫《逍遥游》，其实"逍遥"是一种理想罢了。

几年前，我的一位朋友被妻子埋怨："你太傻了，有些人就是在利用你，你还傻傻地跑来跑去，帮人家这个忙那个忙。"她说："我知道他们是在利用我。但是，人活着就是活在一个人被别人利用的过程中。如果一个人连被人利用的价值都没有了，那还怎么活？他们是在利用我没错，但并没有破了我的底线。反过来说，我在帮他们做事的过程中，不也是利用他们来锻炼自己的能力吗？而且提高了我的人气，组织了我的人脉。很多年来我都是这样，我父亲也是这样，被人看来很傻，经常出力不讨好。我出力就一定是为了别人的一句赞美吗？为他人出力实际是为了我自己，而不是为了讨好别人。人在做天在看，我相信除了当事人之外，还有很多的围观者，还有更长远的知道这个事情的人。"

所以，很多人都会通过自己的行为，为自己营造出名声和氛围，关键看这样的名声和氛围是怎样的一种性质。

我相信，会生活的人往往能给自己营造出一片很大的海，把自己当作一条大鱼在海中中游来游去；给自己积蓄出很大的风，挥动自己的翅膀飞向蓝天。

南宋的宰相侯蒙曾写过一首《临江仙》，其中有一句："当风轻借力，一举入高空。"好多人认为这是势利，这是功利。不可否认，它确实有些势利和功利。如果我们把势力和功力的想法剔除掉，仔细想想这人世间做什么事情是不需要条件的呢？我们常说有条件要做，没有条件创造条件做。

条件是什么？就是基础，就是氛围。

鱼和鸟没办法为自己创造条件，但人是可以的。所以，人要比鲲和鹏更加强大，鹏不过是从北海飞到南海，而我们人只要充分地营造自身环境，努力钻研，可以从地球飞到月球！如果鲲和鹏知道了，岂不傻眼？当然，在这个过程中我们还是会受到一些束缚，甚至是各种条件的限制。逍遥其实就像限制一样，永远都是相对的概念，不是绝对的。

马：被侮辱和损害的

庄子的动物世界里还有一位常见的骄子——马。

马的象征意义是都是好的，但是大画家徐悲鸿的马，却大部分都是不戴笼头，不披鞍子，是自由的。

因为徐悲鸿也受庄子的影响，认为马应该自由自在地活着，它的四蹄走过洁白的霜雪；它的毛发天然生长抵御风寒；它随处而去，吃着青草，喝着甘泉；它肆意豪放，在草地上"任意东西"！

这是马向往自由的一种本性，即使有华美的亭台楼榭也不为所动。

后来，有一个人对马有深入的研究，这个人众所周知，就是蜚声中外、享誉古今的伯乐先生。伯乐擅相马，天下闻名。良马遇到伯乐，那可真是五百

▲ 徐悲鸿 《奔马图》

年修来的福分啊，岂不闻"振鬣长鸣谢伯乐"乎？

然而伯乐相马，对马的要求甚为严格。一群马之中，训练过后，竟有大部分是因受累而死，其间多有悲剧发生。

类比于人，难道不是同样的道理吗？所谓"一将功成万骨枯"，一个成功的人背后往往有更多的炮灰，有更多为他垫底的人。

现在发愁的是，国学，这是我的饭碗，能有许多人来跟我学习本应是一件好事，但是如今铺天盖地出现国学的时候，让人很担心，这会不会让国学陷入盲目的"假大空"之中呢？

有很多父母让自己还没上小学的孩子跟随我学习国学，我都告诉他们："让孩子晚几年学吧，至少也要等到上了小学，不要让孩子从小就感觉到学习是一种折磨。"

"人生三件苦，读书打铁卖豆腐。"让孩子在孩提时代只要知道太阳是圆的，苹果是圆的就够了，没必要让他知道那个是零，是氧。过早的国学教育，势必会像伯乐训马一样，对孩子造成很大的伤害。

我的一位朋友的女儿，各方面都特别优秀，但就是个子矮，原因是压力太大。这个孩子每天要背两首唐诗，背不下来父母会用鞋底抽，所以导致女儿跟父母关系僵硬、冷漠。更重要的是影响了孩子身体和心理的健康发展，这难道不是身心的摧残吗？

任何一种东西，当它成为形式和压力的时候，都是需要认真地反思，这是伯乐相马带给我们的一种启示。

庄子希望世间的人能够随心所欲，最好每个人都能发挥对他人无害对自己有利的本性，这个世界就是和谐的世界。

凤凰：被误解的高洁

再说一个动物，凤凰，是一种神鸟。

庄子有个好朋友叫惠子，在梁国做宰相。有一次，庄子去梁国看望自己的好朋友，有些小人听说庄子要去梁国了，就对惠子"善意"地提醒说："庄子要来代替您做宰相，要小心他！"惠子一听觉得在理，想着要把庄子抓起来，不能让他去见自己的君主。

庄子知道以后，十分恼火，直奔惠子家去找他，对惠子说：

> 南方有鸟，其名为鹓雏，子知之乎？夫鹓雏发于南海，而飞于北海，非梧桐不止，非练实不食，非醴泉不饮。于是鸱得腐鼠，鹓雏过之，仰而视之曰："吓！"今子欲以子之梁国而吓我邪？

在这个故事中，庄子带着怨气和怒气。人与人相处的过程中，往往会被猜疑和误解，即使自身再高尚，也在所难免。所以被人理解是幸事，被人误解是常事，习惯了被误解，内心也就平和了。

庄子被他的朋友误解，还亲自跑去给他讲了一个故事，要是我的话，故事也省了，转身走就可以了。

当我们走得越远的时候，我们的朋友也越少；当我们爬得越高的时候，和我们达到同样高度的人也越少。人生本来就是一次向高纬度地区的旅行，当我们走到更高纬度的时候，我们的身体就会越冷，所以我们必须走得更快，而与此相应的是高处不胜寒，能和我们并肩走的人越来越少。每一个杰出者，每一个高尚者，都是孤独者。既然是孤独者，就经常不被人理解，就应该习惯于被人误解。

庄子在这里发脾气，是因为他和惠子是好朋友。然而，我们所面对的绝大多数人，都不是我们的好朋友，如果我们生气，误解不仅没有解开，反而会更深。

有一次，我在家长会上和一些家长交流说："大家放心，孩子的成绩有目共睹，我以后会更加尽心尽力地教孩子。"有一位家长就说："卫老师，您这么说是不是以前没有尽心尽力啊？"我非常感谢这位家长，她是当场说出来的，要是她背后说，效果可想而知。我马上把话接过来："以前也是尽心尽力，以后会一如既往的。"

日常生活中，在我们认为不可能有问题的地方，也可能被人曲解歪解，这很正常。也许之所以被误解得多，是因为我们太在乎了，走得太远了。

乌龟：散漫的隐者

庄子的动物世界中，还有我们熟悉的乌龟。

庄子钓于濮水，楚王使大夫二人往先焉，曰："愿以境内累矣！"庄子持竿不顾，曰："吾闻楚有神龟，死已三千岁矣，王以巾笥而藏之庙堂之上。此龟者，宁其死为留骨而贵乎？宁其生而曳尾于涂中乎？"

二大夫曰："宁生而曳尾涂中。"

庄子曰："往矣！吾将曳尾于涂中。"

庄子在这个故事中，表明了自己的意愿：我愿意自由，不愿意做官。果然这个故事是假的，因为楚国是不可能跑到宋国去找一个园丁做宰相。

　　但这个故事有一个真道理：每个人都有自己的选择，有的人愿意飞黄腾达；有的人就愿意平平淡淡；有的人愿意踩在别人肩膀上发展一切仕途；有的人就愿意随遇而安。

　　即使我们身在仕途也应该："宠辱不惊，闲看庭前花开花落；去留无意，漫随天外云卷云舒。"内心存留一种闲适，就像诸葛亮一样，虽然当了丞相，还是"非宁静无以致远，非淡泊无以明志"，要有宁静淡泊的心态。如果一个人太汲汲于名利富贵，最终也必然要折损自己的生命。

　　庄子的这个故事，我儿子特别喜欢。从去年开始，我让他每天早上读一会儿《先秦寓言》。有一次我妻子让他做作业，他非常愤怒地说："你愿意把我打包起来放在庙堂上，还是愿意让我拖着尾巴在泥里爬来爬去？"他妈妈说："你这小子倒挺会用，但你用得不恰当，正常的努力并不意味着对名利的追求。"他在作文中也用过这个成语，但是他把"曳尾涂中"写成了"拽尾途中"。虽然写了错别字，但是我很高兴，孩子幼小的心灵里已经埋下了那颗种子，愿他长大后对很多不重要的事都不那么在乎。

　　乌龟代表一种隐者的精神。隐者有自己独立的世界，独立的一方天地。这个世间可以是物质的，也可以是精神的。古人说"大隐隐于朝，中隐隐于市，小隐隐于野。"即使身为国家干部，即使地位很高，我们也完全可以有一种隐者的情怀，不在意外界的种种名利，能够很轻松地对待一切。

▲《先秦寓言》

鲋鱼：愤怒的无奈者

接下来我们说说鱼。《庄子》里面写到过一条愤怒的小鱼。

> 庄周家贫，故往贷粟于监河侯。监河侯曰："诺。我将得邑金，将贷子三百金，可乎？"庄周忿然作色曰："周昨来，有中道而呼者。周顾视，车辙中有鲋鱼焉。周问之曰：'鲋鱼来，子何为者耶？'对曰：'我，东海之波臣也。君岂有斗升之水而活我哉？'周曰：'诺！我且南游吴越之王，激西江之水而迎子，可乎？'鲋鱼忿然作色曰：'吾失我常与，我无所处。吾得斗升之水然活耳。君乃言此，曾不如早索我于枯鱼之肆！'"

这个故事叫"涸辙之鲋"。很明显，庄子是说给监河侯听的："我现在已经到了最苦难的时候，来向你借粮食，不是要让你救穷，而是要救急。"这里的鲋鱼代表的是一种愤怒的无奈者。像文中监河侯这样的不能对别人提供及时帮助的人应该受到批判，非常不好。

很多时候，人民群众的困难和焦虑需要我们马上去解决，政府官员却一拖再拖，所以为政者不可以像监河侯一样，"涸辙之鲋，急谋升斗之水"。人民群众经常需要的就是救急，能够马上解决问题，作为官员不能站着说话不腰疼，不知百姓疾苦。

公鸡：难以自处的奴隶

我们再接着讲一只鸡。

> 庄子行于山中，见大木，枝叶盛茂，伐木者止其旁而不取也。问其故，曰："无所可用。"庄子曰："此木以不材得终其天年。"
>
> 夫子（即庄子）出于山，舍于故人之家。故人喜，命竖子杀雁而烹之。竖子请曰："其一能鸣，其一不能鸣，请奚杀？"主人曰："杀不能鸣者。"
>
> 明日，弟子问于庄子曰，"昨日山中之木，以不材得终其天年；今

主人之雁，以不材死。先生将何处？"庄子笑曰："周将处乎材与不材之间。"

这个故事用现在的话来说就是：需要展示自己才华的时候，就要显现于外；需要隐藏自己才华的时候，就要敛气凝声。这既是生存之道，也是处世之道，同时也是工作之道。

我曾在灵石听到一个民间故事，这个故事让我很纠结，也很意外，是关于成材与不成材的：

有一户人家养了两只鸡，黑鸡会下蛋，主人给它吃香喷喷的白米饭；而白鸡不下蛋，饥一顿饱一顿。白鸡心想，我得吃啊，不然早晚饿死。一天，黑鸡吃饭去了，白鸡就跑到黑鸡下蛋的地方，卧在黑鸡的蛋上，咯咯哒地叫了起来。主人一看，甚是开心，给白鸡吃了米饭。自此之后，每当黑鸡下蛋走开后，白鸡就跑到黑鸡窝里假装下蛋。时间一长，不会下蛋的白鸡吃得胖乎乎，黑鸡由于没饭吃越来越瘦，最后不下蛋了，白鸡因此也不能再作假了。主人看到两只鸡都不下蛋了，就把它们都杀了。

这是个比较悲剧的故事，却又合乎逻辑。很多时候我们的才华会成就自己，也会伤害自己，那到底什么时候要显露才华，什么时候要隐藏，这是一个智慧问题。就像那个黑鸡，明明会下蛋，却遭到了灭顶之灾。如果我是黑鸡，我会想个办法，也许会把自己的蛋藏起来，白鸡就不会乘虚而入。总而言之，要善于运用自己的本领、才华，让自己得到很好的生存和发展。

海鸟：富贵是危机

庄子里面还说了一只鸟的故事，这只鸟我们不知道具体是哪一位尊驾。

昔者海鸟止于鲁郊，鲁侯御而觞之于庙，奏九韶以为乐，具太牢以为膳。鸟乃眩视忧悲，不敢食一脔，不敢饮一杯，三日而死。

这告诉我们，很多时候我们自己认为好的对的，对别人未必有利。我们在对待朋友、孩子、人民群众的时候，一定要去掉主观主义，我们所给的未必是他们所想的，尽管我们做出了巨大的努力，但也许这些努力会起到反作用。

前段时间，我看过一篇文章：《叔叔阿姨，求你们别来我这里了》。以一个贫困山区孩子的角度写的，别再有城市里的叔叔阿姨来贫困山区支教了。

你们来了，带来了新的知识，可总是要走的。我们却不再相信自己的老师，甚至不会去尊敬那些陪我们一路走来的老师们；你们将外边新兴东西带进来，扰乱了我们原本的生活；将城市气息带进来，化妆染发，让我们过早渴望那些不切实际的东西；你们带来了相机，带走了合照，在自己的博客朋友圈，用我们的可怜来衬托你们的高尚。

我看了这篇文章之后，感触很深。每年过年下乡赈灾的时候，都会有这样那样的形式主义，把自己不需要的硬塞给贫困区，并不考虑实际问题，所以有时候给别人东西是在害别人。

螳螂捕蝉：谁都在机关中

庄子还有个故事，大家都比较熟悉：

庄子游于雕陵之樊，睹一异鹊自南方来者，翼广七尺，目大运寸，感周之颡，而集于栗林。庄周曰："此何鸟哉！翼殷不逝，目大不睹。"蹇裳躩步，执弹而留之。睹一蝉方得美荫而忘其身，螳螂执翳而搏之，见得而忘其形。异鹊从而利之，见利而忘其真。庄周怵然曰："噫！物固相累，二类相召也！"捐弹而反走，虞人逐而谇之。

这就是著名的"螳螂捕蝉，黄雀在后"。庄子比喻自身："捐弹而反走"，这其中有多少无奈！是，既然无奈，那就认了吧！

诸如生老病死，一代一代，父母儿女，人的本质属性是社会性，人都在社会的网络之间，谁都无法解开。解开就不是人了，因为这离开了人的本质，只不过希望这个网络是善的网络，这个循环是正能量的循环。我们人类所能做的最伟大的一点，就是能将残忍变为善良。

赫胥黎说，"物竞天择，适者生存"，后人把这句话引用到社会学中，如果按照这句话思考的话，那么非洲早就不复存在了，那些妇女儿童、那些流浪汉、那些老人，早都饿死了。所以"物竞天择，适者生存"是不对的，至少在人类社会是不对的。这是丛林法则，是野兽之间的恶循环。

人类最伟大的就是，能把恶循环变成善循环，能用爱和组织把人与人之间的恶循环变成善循环。

蝴蝶：我是谁？

梁山伯与祝英台化蝶的故事，就受到"庄周梦蝶"的影响。

　　昔者庄周梦为蝴蝶，栩栩然蝴蝶也，自喻适志与，不知周也。俄然觉，则蘧蘧然周也。不知周之梦为蝴蝶与，蝴蝶之梦为周与？周与蝴蝶，则必有分矣。此之谓物化。

庄周和蝴蝶之间的区别是非常大的，一个笨重，一个轻盈。可问题来了，自己到底是庄周还是蝴蝶？这个问题看似非常无聊，实际意义却无比深刻。

哲学最核心的问题就是：我是谁？我从哪里来？我要到哪里去？我该怎样存在？我为什么活着？这都是些终极性的问题。

当庄子用开玩笑的语态提出"我是谁"的时候，庄子就登上了哲学的最高峰。这些问题必须搞清楚，不然我们就会像做了一场不会醒来的梦一样，稀里糊涂地过完了这一生。

庄子并没有给出答案。

哲学家的工作往往是提出问题，但我们可以自己寻求这个答案。

《庄子》带给我们的思考

最近几年，有一本书很流行，叫《遇见未知的自己》。书中讲的是台湾的一个女子在深夜开着车，遇上了瓢泼大雨，车不能走了。正好看见公路旁有

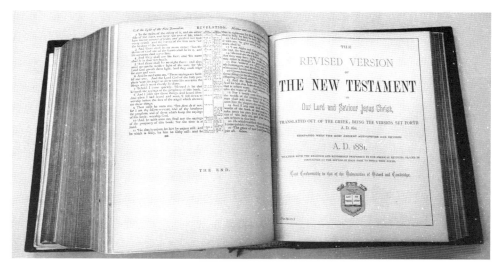

▲ 《圣经》

一户人家,她就去借宿。她边敲门边问:"屋里有人吗?"屋里传来了一个老婆婆的声音:"你是谁?有什么事吗?"女子回答:"我是XXX。"老人很疑惑,说:"我不认识你,你要说一个我知道的名字。"女子又说:"我是XXX的妻子。""我是某公司的职员。""我是XXX的妈妈。"……老人还是说不知道。

这是一个深刻的问题:如何给自己一个准确的定位?我们每个人的定位都不一样,当我们各自找到自己的定位后,这个社会就变得好了,"不在其位,不谋其政",也就不会有非分之想。

我在三十五岁之后给自己定了位,一是教学,二是写书。发财做官什么的,和我一点关系也没有,我也不擅长。如果我做了官,有一句话叫"书生误国",我只会用教条主义耽误工作;如果我发了财,只会被一些物质连累的。我只希望自己好好读书讲课,自给自足;孝顺父母,教好孩子,对得住老婆,过自己的小日子,这一辈子就知足了。我去掉了其他的非分之想,这几年过得很简单。

庄子的世界,就像一场哲学狂欢。庄子就如同《圣经》里的上帝一样,让谁说话谁就说话,万物都是他心中的影子,所有的动物都在为万物发言,为庄子代言。当我们有了庄子的那种情怀，眼中的万物也会更好理解，万物中的我们也会更加自在。

我们这个时代，比庄子那时不知好了多少倍。庄子可以化解他的痛苦，我们自然也可以提升自己的幸福。庄子是一个孤独痛苦的人，但他却是选择了自己活法的人。

我们应该正确认识孤独和痛苦。从古到今，之所以有许多人孤独和痛苦，一方面是时代的问题，比如许多人的怀才不遇；另一方面，就像登山一样，越往高处走就越寂寞和寒冷，但风景也会越雄奇开阔。每一个杰出的人，肯定要煎受孤独和痛苦的历练。但是他的内心风光无限，他的高度超尘拔俗！

大略雄才说管子

第八篇

一、关于管仲

现在，我们发展国民经济，努力脱贫致富，正处于一个关键的阶段。

关于国民经济，在两千多年前，有一位伟大的思想家、政治家——管子，就有过精彩的论述。

管子是后人对他的尊称，他的本名叫管仲。这个人，绝大多数中国人都不陌生，但绝大多数中国人又都不熟悉，一般人对他了解的只是一鳞半爪，几个故事，几个成语。

今天，我们就比较深入地了解一下管仲这个人，看他对于我们岢岚这样一个好地方有怎样的启发意义或借鉴意义。

读其书，首先要知其人。管仲此人，一生颇多坎坷。他从事过好多职业。当过兵，经过商，从过政，最后成了一国宰相。管仲出生于一个贫民之家，年轻时迫于生计不得已而经商，后来当了兵，期间得失成败，在所多有。退伍之后，他到了齐国公子纠帐下做门客、谋士。

当时与公子纠水平相当的，还有纠的亲兄弟，公子小白。公子小白就是后来著名的齐桓公。

齐国国君去世后，本应该新君即位，但并没有留下遗嘱，指定谁是继承者。当时两位公子都在国外，听到这个消息后都往回赶，却狭路相逢于同一路上，兄弟二人不约而同地都拿起了弓箭，射向了对方。

"宫廷纷争乱如麻，无情最是帝王家。"自古以来，宫廷斗争中不知道发生过多少兄弟相残的悲剧，公子纠和公子小白只是其中之一。但这次的纷争有些戏剧性，不只是两位公子张弓搭箭，他们的下属谋士也纷纷拿箭射向对方的一号人物。管仲当过兵，箭法高超，一箭射中了公子小白的肚子。

无巧不成书，这一箭只是射到了带钩上。带钩就是腰间裤钩，古代的带钩有纯金属的，黄金、黄铜、青铜铸就，也有混合金属铸就的，只有少量的带钩是玉做的，但即使是玉器，也是非常坚硬的。管仲这一箭并没有射进小白的身体。但是，小白非常聪明，他一把抓住了箭，惨叫一声，倒在了马车上。所有人都以为这一箭射中了要害，小白死了。

公子纠心想这下好了，不用着急了，于是率领管仲等人慢慢往回赶，既要体现继承君位的风度，也要给迎接新君的文武百官以时间。

没想到，公子小白让车夫抄近道，快马加鞭往都城赶，回去之后先入为主，立刻即位，成了齐桓公。即位之后，齐桓公第一件事就是追杀自己的哥哥公子纠。公子纠的下属合起伙来反抗，结果反抗没有成功，公子纠被杀。公子纠手底下两大谋士之一的召忽认为"主辱臣死"，公子纠已经死了，做臣子的也应该自杀陪葬。管仲不想死，他跑到了与齐国接壤的鲁国。齐桓公迅速发兵攻打鲁国，要报一箭之仇。

▲ 鲍叔牙

无奈之下，鲁国只得交出管仲。鲁国国君对管仲说，到了这个地步，没办法了，你去了那边肯定没有好果子吃，我赐你一把刀，你自杀吧！管仲说不行，好死不如赖活着。于是，在鲁国国君鄙视的眼光中，管仲被押走了。到了齐国，马上被打入死牢。

——到现在为止，管仲都是一个没有气节、没有原则的一个人，

也就是这个时候，一个关键的人物出现了，他就是齐桓公重要的谋士鲍叔牙。

鲍叔牙是管仲从小一起长大的好朋友。他对齐桓公说，大王，您是一个好君主，要治理国家，取决于您用什么样的人才。如果您只是想做一个太平无忧的君王的话，有我就够了；但如果你想做一个称霸诸侯、名留青史的有道明君的话，光有我是远远不够的，但我可以向您推荐一个人。齐桓公听了很高兴，说我就想做那样一个君主，无论你向我推荐谁，我都同意。

鲍叔牙说，他就是我的好朋友，你要报一箭之仇的管仲，管仲的才华是我的十倍，而且他现在是阶下囚，肯定会忠心于您。

齐桓公绝非等闲之辈，大肚能容，决定放管仲出来，让他做一个小官。鲍叔牙说，不行，您必须让他坐到我的位子——宰相。

在鲍叔牙的举荐之下，管仲最终成为齐国的第二号人物。根据司马迁的记载，管仲在上任宰相后，齐桓公让他"任意为政"，想怎么做就怎么做。管仲不负众望，辅佐齐桓公成为春秋霸主。当时开过多次"联合国会议"，史书上说"九合诸侯"，"九"为数之极，亦即很多的意思，实际上是十一次。

这些会议，对当时的天下做出了很大贡献，很多野蛮的少数民族，如犬戎、北狄等，把古老的华夏诸侯国已经灭掉了三十多个，很不像话。相当于

游牧民族灭掉了农耕民族,落后部落灭掉了先进国家。管仲率领齐国的军队把这些少数民族赶了出去,把那些已经被灭亡的国家一个个恢复起来,这不仅仅是对齐国的重大贡献,也是对整个中华民族传统文化和整个人类先进文明的捍卫,非常了不起。

当时春秋诸国之间,经常打打杀杀,没有人听周天子的话,这之中出过两次丑。一次是召开诸侯会议的时候,有两个诸侯国君因为一些事吵了起来,顺手拿起地上的鞋子扔来扔去。还有一次是周天子和自己的一个下属国郑国打了起来,被郑国国君射了两箭在肩膀,可以说当时周天子作为天子已经无力再维护天下和平了。这时管仲站了出来说,天子就是我们的共同领袖,我们必须维护天子,谁违背这条原则我就打谁。天子说不能打仗,谁主动打别国我就打谁!

于是,在管仲辅佐的齐国的倡导之下,天下又迎来了几十年相对和平的繁荣发展时期,这是在整个历史上不可多得的罕见的稳定时期,这都靠管仲一人所为。

鲍叔牙去世之后,管仲哭着说,我们两人曾经合伙做过生意,分利的时候,我总要多拿一些;别人都为鲍叔牙鸣不平,鲍叔牙却说,管仲不是贪财,而是他家里穷呀。我几次帮鲍叔牙办事都没办好,而且三次做官都被撤职,别人都说管仲没有才干,这时,鲍叔牙又出来替我说话,这不是管仲没有才干,只是他没有碰上施展才能的机会而已。更有甚者,我曾三次被拉去当兵参加战争,而且三次逃跑。人们讥笑地说我贪生怕死。鲍叔牙再次直言,管仲不是贪生怕死之辈,他家里有老母亲需要奉养啊!

管仲非常感动:"生我者,父母;知我者,鲍子也。"中国有一个成语"管鲍之交",指的就是像管仲鲍叔牙那样,对对方无条件的信任和支持的友谊,这应该是古往今来友谊史上的一段佳话吧。

一直到管仲去世,齐国都是最强大的。但他去世的时候,齐桓公还没有去世,齐国很快开始走下坡路。事实证明,离开了管仲,齐桓公一个人是不行的。由此可见,齐桓公背后的管仲才是真正的霸主,是他让齐国强大了起来。

二、管仲给齐国带来了什么？

我们现在说说齐国。

齐国在山东。现在，山东是比较发达的一个省，但在春秋时期不是这样。一个国家是内陆型的，就可以充分地向四周扩张，如果这个国家气候条件较湿润，那么就可以大力发展农业和畜牧业；一个国家处于中原，可以利用交通优势发展经济，比如邯郸、大连。而齐国临海，当时没有发达的航海业，所以经济萧条，什么也没有。

齐国的邻国鲁国，第一任国君是对周朝有巨大贡献的周公，而齐国的第一任国君是姜子牙，姜子牙的后代怎么可以攻打周公的后代呢？因而不去霸占鲁国的土地。齐国以北是偏僻的山区，以南则是强大的楚国，对于一个诸侯国来说，有一个强大的邻居不是一件好事，所以齐国早期顶多算一个中等发达的国家。但是，自从管仲出现之后，齐国就以一日千里的速度发展，很快就成为当时整个天下的鱼盐中心。管仲充分利用当地资源，煮海盐、搞渔业，逐渐垄断手工业，让齐国一个国家的财富就超过了整个天下财富的总和。

管仲自己写的文章，以及后人根据他生平思想及其行事写成的一些文章，编辑而成了《管子》这本书。随便翻开一页，都是博大精深。我觉得，在不久的将来，管仲以及《管子》这本书一定会非常热。它应该被现代的金融界充分尊敬与学习，为国内的许多大学院校尤其是金融、贸易、物流专业所重视，而且研究管仲的专家一定会层出不穷。

我对管仲，只能说是略知皮毛，接下来就与大家说说我所知道的皮毛，我们分几个方面来说：

第一，治国。国家到底怎么治理？首先要有一个最根本的出发点，最根本的指导思想，这个根本在管仲看来是以民为本。民本思想是管仲一切思想的基本出发点，他的军事、经济、外交、文化一切都存在于民本思想中。他曾说过，国家好比一棵大树，这个大树的根也就是本，就是人。

不管是当官的人、种田的人，都是这个国家的一员。只要把人的问题解决了，国家的问题也就随之解决了，如果人的问题乱了，这个国家就很危险了。实际上，一部历史，不就是人的历史吗？所有的问题，不都是人的问题吗？所以，一切从人事入手，一切从关心人物开始。

管仲做了哪些工作呢？例如禁止消耗内斗。我们要团结，只有团结起来我们才能前进，只有团结起来才能进行有效的社会分工和合作。

有人提出一种文化，叫作"和合文化"，和合两个字最早提出来的也是管仲，第一个"和"是和平，以和为贵，非暴力沟通；第二个"合"，合作，意思是我们的和平不仅是消极的和平，更是积极的和平，彼此之间能够进行分工合作、共同进步，实现和平共存发展，这就是和合。只有这样，整个国家才能够谱写一首盛世的交响曲，充满和谐之声。

他提出"礼义廉耻"思想，这是治国的四大概念，"四维不张，国乃灭亡。"后来这就话被改编成"礼义廉耻，国之四维，四维不张，国乃灭亡。"这四句话在古代是挂在任何一个读书人口头上的，包括现在翻一些明清时候的古籍还能看到这些话，在非常明显的地方被印着。礼，是规则，是制度，是针对一切人的约束；义，做事的分寸、原则；廉，是有所作为，要廉洁；耻，是底线。凡是齐国人民，上到齐桓公，下到庶民，都必须永远把这四个字记住。"礼义廉耻，国之四维"，它首先从精神层面、文化层面入手，来加强对以人为本的指导工作。

第二，富民。在做思想文化工作的时候，他没有一味地只做精神层面，而是结合物质层面，说："仓廪实而知礼节，衣食足而知荣辱。"说得通俗一点就是经济基础决定上层建筑，不能片面地看精神文化建设，不能只抓住"礼义廉耻"，要重视物质文明建设。

一位伟人曾这样说过，一个国家的政治怎样能够清明，一个国家怎样能够强大，关键在于顺民心，而一个国家为何衰落，为何政治行不通，是因为违背了民心。那民心又是什么呢？就是富裕，让口袋鼓起来，让家里的粮食多起来。治理国家最根本的政策是让人民活着，有生存和发展，然后让人民富裕起来，从而容易治理。一个国家贫穷，那么随之而来的事就多，所以那些政治清明的国家总是比较富裕的，那些政治混乱的国家总是贫穷的。我们现在的世界不正是这样吗？战乱不断、暴力冲突的地方总是很贫穷。所以，要想做一个真正的大政治家，首先要让人民口袋鼓起来，再进行其他的引导。

顺民心，就是利益的引导，在《论语》里有一句，"君子喻于义，小人喻于利。"这句话有两种理解，其中一个是，作为上层贵族考虑的是政治与制度，作为老百姓考虑的是自己的收入，这是一种合理的社会分工。上层建筑必须考虑到下层所需。在这件事上，管仲考虑得很全面。他认为，要想让人民富裕起来，首先要搞分工，要有明确的社会分工，不同的人要有不同的分工。比如在管仲的时候，专门负责熬海盐的，专门负责制作铁器的国家部门，就是后世所说的盐铁专利。把食盐的加工、运输、买卖，都牢牢地控制在国家手中。

另外在春秋时期的铸铁技术，就像现在的核技术一样，是最先进的，也在国家手中。这等于是出现了国家垄断或者是国家专制，有些事情可以放手交给农民干，有些坚决不能，该国家管的国家不能不管。

同时管仲在县、乡、村里任命了类似于现在的民兵连长之类的职务，负责对老百姓进行军事化管理，兵民合一。在齐国的每一处沼泽、每一处树林，都有专门负责的官员，大力发展农、林、牧、副、渔，这是国家对经济的宏观调控，直接干预。

另外，国家要尽量不发动战争。只有在相对和平的地方，经济才能得到发展。管仲辅佐齐桓公拥戴周天子，把很多少数民族赶了出去，把一些不听话的诸侯国教训多次，多次召开联合国会议。但齐国不是好战分子，所有战争都是在打下雄厚的物质基础之后进行的，而且很多次战争是这样的，兵不血刃，强大的齐国一到，那些小国家就吓跑了，少数民族望风而逃。

在治国思想方面，管仲认为人是分层次的。不久前，看到一篇文章，说在写材料的人中，流传着这样一句话："一级有一级的水平。"我看了以后，觉得特别亲切，这句话我也经常听到，因为我也是写材料的人，对此深有体会。上级的文笔可能不如你，但是人家对于政治吃得透，上级有宏观的观念，有时候我们苦思冥想，写稿子还是写不出来，但经过领导点拨，马上恍然大悟。

写材料如此，治国也是如此。管仲说，按照治理一个家族的方法来治理一个小地方，这个小地方是治理不好的；按照治理一个小地方的方法来治理一个大地方，这个大地方也是治理不好的；按照治理国家的方法治理天下，天下也是容易搞乱的。那应该怎么样呢？分工合作，以家为家，以乡为乡，以国为国，以天下为天下，各级按照各级的方法治理，一级要有一级的水平，所以许多基层干部到了更高一级行政会力不从心，这一点就打破了中国自古以来的很多用人观念。

汉朝曾经乱过，一个关键的原因就是汉朝的"举孝廉"制度，只要一个人孝顺父母、清廉正直就可以做大官。用好人治天下是不可行的，我们应该用贤人治天下。什么是贤人？既是好人，又是能人，这样的人才能治得了天下。管仲很冷静地认识到这一点。他重视以民为本，以人为本，在治国方面突出对人的能力和道德的双重要求、双重考查。

在各级干部到位后，将治国思想层层贯彻下去，上级要得到下级的信任，官员要得到民众的信任，如何得到？还是老办法，得人心之道，莫过于对人有利。

利来源则在于教授，齐国请来大量的工匠，在临淄进行专门打造金属工艺品的培训，搞基层培训。只要让那些曾经饱受摧残的民众吃饱穿暖，富裕起来，他们必然会感谢上级，感谢国家，一旦国家处于危亡之际，肯定愿意与国家同甘苦。让一个人富裕起来其实不难，但要让一个富裕起来的人拿钱出来，就没那么容易了。但对于管仲，这个难度就变小了，管仲在每个地方派了一名军事干部，那个时候不存在民法，不存在刑法，就只有一个军法，人民是不敢逾越这样的法律的，税收相对容易一点。他认为要充分发掘人民的民力，治国以民为本的意思不仅仅是要让民众活得舒服，还要让民众生产，让每个人都成为一个聚宝盆，让每个人都成为一棵摇钱树。如果土地不开垦，那这块地存在于这个国家就是没有任何意义的；如果人民不组织、不管理、不生产，那就不是我们的人民。每一块土地必须地尽其力，每一个人必须人尽其才。

春秋战国时期的春秋五霸，每一个国家的崛起都经历这样的一个过程。比如秦国的秦穆公之所以使秦国变得强大，一方面是有百里奚的辅佐，另一方面是在全国大力发展男耕女织，"务耕织之意"。到现在民间还流传一副对联："勤是摇钱树，俭是聚宝盆。"

勤奋是一种基本的国民素质，勤劳是无论哪个阶层都应该有的一种美德，也是一种本分。作为干部、作为政府，必须让人民勤劳起来，不然这些人民就不属于我们的人民。

传说，华山自古不纳粮，因为宋太祖赵匡胤和陈抟老祖下棋，输了，但是身边没带钱。陈抟老祖说："那你把华山给我吧，咱们写个契约，以后我华山永远不交税。"宋太祖同意了。我认为，宋太祖这样做存在很大问题，华山不是你赵匡胤独有的，它是属于天下所有人的。

包龙图陈州放粮，所放的粮食肯定也是从别的地方收上来的。而本应该华山缴的那一部分，在陈州放粮时就没有。如果一个地方没有对其他地方的发展做出任何贡献，没有对国家的富强承担任何责任，就等于没这个地方。应该从全天下收取税，来管理天下官吏，供养天下那些需要粮食的地方。

管仲说，在地尽其用、人尽其才的时候，有三种现象时必须时刻警惕、坚决打击。

一是有独王者，即独自称王称霸者，或者是欺行霸市、民间垄断者，这是对国家宏观经济的一种破坏，是不健康的经济形势。原来的墨西哥非常贫困，美国人就跑到那儿说，美国特别喜欢玉米，让墨西哥大量种植玉米，种多少会买多少。后来墨西哥大量种植玉米，而且卖价非常高，很快富裕了起来。有一天，美国突然说不再收购墨西哥生产的玉米了，一夜之间，墨西哥的经济一落千丈，多年的美梦破灭了。这就是独王，被一些别有用心的人操控了市场。

二是有贫贱者，发展经济必须消灭贫穷，消灭贫穷永远是治国者所关心的一个问题。如何消灭贫穷，就是仁者见仁，智者见智。

三是有日不足者，日不足就是贫困到连饭都吃不饱的人，也就是那些挣扎在死亡线上的人。以前我听说过一种说法，世界不应该仅仅分成第一世界、第二世界、第三世界。第一世界是超级国家，第二世界是发达国家，第三世界是发展中国家，那还有一些不发展的国家，甚至倒退的国家也该组成另一个世界，必须把挣扎在死亡线上极度贫困和人均收入很低的相对贫苦消灭掉。

应该说，管仲这个问题提得非常对。如果齐国的大臣们都是大商人，各自操控市场，那这个国家的财富会在统治阶级手里，会在上层，而不会在下层。只有国家的财富均匀地分配到各个阶层中，尤其是向下流的时候，才会把贫贱、日不足消除。

我们现在有个词——金融，金是黄金、货币的意思，融是数条河流融会贯通，由小流汇成大河，由大海汇入江海，而金融就代表资金的融合，这是在民国期间大量出现的一个词。其实在晚清时期个别著作中就已经提到了，梁启超等人提出来的，但开始流行是在民国。

现在有一种说法，有两个地方是最缺钱的，一是最发达的地方，比如沿海城市，二是最贫穷的地方，比如偏远山区。为什么最发达的地方最缺钱呢？因为这些地区要不停地搞建设，不停地搞投资、贷款。而哪一种缺钱的地方最应该受到国家的关注呢？不是富得流油，而是穷得流泪的地方。金融应该像水一样，向下流，流向广大民众。管仲已经一再告诫我们，治国要富民。治国富民，不是财货上流，而是财货下流。"藏富于民"才是真正富国强兵的大道理。

在让老百姓富裕起来的过程中，不能总用老办法解决新问题，不能老是用老眼光来看待新形势。哪怕曾经极度贫困的一个地区，哪怕曾经被拯救过的一方人民，总会在未来出现新的问题，他们在不停地变化，管理者也必须不停地变化。如果老百姓变了，管理者却跟不上变化，就无法适应形势，就不会得到百姓永远的信任。

管子说，"举财长工，以止民用"。要拿出充分的财富来，办手工业，来满足人民的需要。要大力发展制造业，大力发展国内生产，要崇尚勤奋，崇尚才德兼备的人来鼓励、教化人民，还要有必要的法律建设。但法律决不能成为苛政，在做任何事情的时候都不要有私心，尽可能多的包容和团结群众，在说任何话的时候都要做到"言必行，行必果"，得到群众的信任，才能上下一心，集中精力，团结起来，大力发展经济建设。

下面我们看一下管仲关于经济更专业、更纯粹的论述。

管仲提出，要治理一个国家必须要知道两个字"轻重"。《管子》这本书中专门有一篇叫"轻重"篇，这篇文章在世界历史上都是一篇奇文，它是人类历史上最早论述货币金融的一篇学术论文。什么是轻？什么是重？粮食比较轻，金银比较重，一定要搞清楚粮食和货币之间的关系，才能调解好上下级，尤其是人民群众的关系。如果不能正确理解粮食和货币之间的关系，就不能治理好国家。

关于这方面，管子的论述相当精彩。管仲提到，过当粮食特别贵的时候，全国之内会出现饥荒，当粮食特别便宜的时候，全国的谷物总会有多余腐烂，这都是不好的事情。但同时，在粮食特别贵的时候也说明钱也贬值了，在粮食特别便宜的时候钱也增值了，粮食和货币是一种反比的关系。所以，他提倡在粮食比较便宜的时候，由国家大量地买进粮食，在国库保存起来。在粮食涨价的时候，国家再将原来收的粮食低价卖出去，可以比收入价高一点，只要做到这样，这个国家就永远不会出现浪费粮食现象，不会有饥荒，不会缺乏军粮，不会缺少公款。

这种思想，我们现在看来比较简单，但在两千七百多年前，绝对是一个伟大的飞跃。

而且，管仲对于轻重分得很清楚，一个国家怎样才算真正的富裕呢？是有多少黄金吗？不是，有大量黄金，却没有一颗粮食，不叫富裕，所以在管仲的相关论述中，虽然没有原词原句地指出，但他认为粮食事关金融安全。

国家首先要有足够的粮食储备，才有足够的货币储备。货币只是生存的一种手段，粮食却是必须。这些对于国民经济都有非常大的意义。

中国自古以来，经济学都没有作为一门独立的学科出现。两千多年来，像管子这样的言论很少，在世界历史上，也是屈指可数的。

管子说，一定要充分地调查、熟悉和利用国内的一切资源。"为君人不能谨守其山林菹泽草莱，不可以立为天下王。"他提出一个观点，现在老百姓都喜欢青铜钱，喜欢货币，那国家能不能给老百姓大量地发放钱呢？不能，那样只会带来通货膨胀，造成货币贬值。如何印出数量恰好合适的货币呢？管仲想了一个看似特别笨的办法，但这个办法却十分有效。这个办法就是根据国内的资源、生产力、消费能力来进行统计，就知道全国一年消费多少、资金流通多少，这个办法在现在看来是不大可行的，因为现在的世界是和平的，已经进入了纯粹的市场。但在春秋时期自然经济的情况下，这种方法完全可行。

即使到了市场经济的时代，我们也应该清楚自己手里到底有几张牌，地方上到底有多少资源，有多大锅，做多少饭，有多少人，发多少钱，对任何事都有一个数字上的把握，这就是统计学。如果搞不清楚自己吃几碗饭，不清楚家里有多少人，不清楚能带多少兵，这样的人是成不了大事的，所以我们每个人心里都必须有一个算盘。

可以说，管仲是一个非常精明的理财家。他除了在政治、经济、军事方面才能过人，在具体操作方面也十分厉害，堪称会计大师。中国历史上有一些杰出的人物都是这样的会计大师，比如最早提出会计两个字的是大禹，大禹把天下诸侯都团结起来共同治水，向众人许诺，不会让他们白干活。后来治水成功，大禹把众人召集到绍兴茅山上，说要算一下总账。谁出了多少土，谁出了多少石头，谁出了多少人，谁出了多少钱，现在按照不同的贡献给不同的回报。给你一块土地，你就是主人，给你一些人，你就是他们的国君。"零星算之为计，总和算之为会。"后来茅山被改名为会稽山。

孔子也曾做过委吏，就是会计。唐代著名的理财家刘晏，就是会计，历代有许多著名的政治家都是会计出身。一个人如果不懂经济，做文化人可以，做很多职业都可以，唯独不可以做独挡一方的干部，哪怕是搞军事也得懂经济。

管仲说，粮食是大家的命根子，要靠它活着；黄金、钱币是流通货，我们要通过流通货来换取命根子，不能拿命根子去换流通货，要通过流通货来增加粮食产量，让百姓吃饱、吃好。所以，经济有一个最基本的前提是生产。在生产的基础上，才会产生其他的概念，比如分配、交换、流通等等。而一切的人类活动也有一个最根本的前提就是生存，管仲牢牢地抓住了这四个字："生存、生产！"。

他说，善于执政的人会通过这些不能吃的流通货来让自己的国家越来越强大。就像我曾经提到过的，发展经济只是一种手段，并不是幸福本身。发展经济还要防止地区经济水平极端不平衡，国都特别富裕，但乡村特别穷，"国富而彼穷，彼则边界也"。那如何把地方之间的差距缩小呢？管仲提出要发展市场，只要能够把市场的手段运用好了，用市场用利益来引导大家，相信那些有钱人愿意去落后的地方消费，同时那些穷人也会去发达的地方打工、挣钱，我们现在正用这种手段。

管仲还有一个绝招是要善于利用奢侈品，激发富人对奢侈品的购买欲，从而让那些穷人有饭吃。这虽然听起来不符合实际，但确实是有道理的。适当的奢侈品刺激是有效的，但是照目前的国情来看，一定要把握好分寸，一旦对奢侈品把握不好，可能对社会风气、政治风气的影响都不好。

管仲说，不能完全按照思想来引导人民，也不能完全按照责任来要求大家，一定要用利益来引导人们，任何人都知利益。白居易的一首诗《琵琶行》："商人重利轻别离，前月浮梁买茶去。"商人重视利益，这是必要的职业道德，之所以不远万里，日夜兼程，就是为了利益。所以，善于用利来引导，会让人民勤劳，会让国家富强。在管仲执政的时候，齐国从一个相对落后的国家变成了一个超级大国，当时天下的财富有一大半在齐国，就用了这个金融杠杆。

没有管仲的法制建设，齐国同样不能搞好它的经济。

管仲说，法制是天下的风气，它用来判断一切疑难问题，分清一切黑白，这是老百姓最大的依靠。老百姓最大的依靠，不是一个人，而应该是一种制度。所以，一个经济较强的国家必须有一套完整有效的法律制度，要让老百姓无论走到哪里都有一套可以保护自己、发展自己的法律体系。如果朝廷百官离开了法律办事，这不会是好事，人治永远充满不可测性。不排除会有包公、狄仁杰那样的贤人君子，但是如果遇上贪婪、残忍、懒惰、昏庸之人，就非常可怕。

《三国演义》中，有个和诸葛亮齐名的人，庞统。此人刚到刘备手下时，刘备并不器重他，让他去县里当一个小官。有一天张飞去庞统的衙门视察，发现案件积累如山，一件未批，张飞大怒。庞统说，你看着，我马上全解决。庞统让人把所有的原告、被告都叫来，现场办公，下笔如飞。所有案子批完后，老百姓都特别满意，没有一个不服的。张飞大惊，先生如此才华！

——我觉得这只能是虚构的。要知道，案情急如虎，一件纠纷案、谋杀案，隔夜之后，罪犯有可能逃逸。至少，受害人的痛苦就会加深，损失会更大，怎么可能拖好几个月，等上级来视察的时候再处理？如果当真如此，那么庞统此人是万万不能用，因为他存在太强烈的个人英雄主义。

国家要用法律来打击那些投机分子。钻国家空子、钻市场空子的这些人，趁着老百姓青黄不接的时候，把很多东西以很便宜的价格收购进来，再以很昂贵的价格卖出去，垄断是必须打击的。之所以法律有时候推行不下去，之所以百姓不能治理好，在很大程度上是因为财富不能得到很好地分配，财富不平均，导致贫富悬殊太大，这种投机分子一定要严厉打击。垄断武力。只有国家可以垄断，国家是百姓的，国家垄断相当于是国家替百姓垄断，但是不能让个人垄断，这也是一种货币和实物的关系。

太富的人，如果没有足够的道德觉悟，国家的话就不一定听了；太穷的人也难以让他执行命令。太富太穷都不行，所以要搞相对的财富平均，不能搞绝对的平均。"甚富不可使，甚贫不知耻。水平而不流，政平而无威则不行。"水如果平了就不流了，财富如果平了，人民就没有竞争的动力了，同样国家的政策也只是相对的公平，可以在相对的时候出现一定的倾斜。金融政策不能有绝对的公平，只是因时制宜、因地制宜，这种思想已经不仅是一种政策，也是一种谋略。

我们再看看管仲军事外交的策略。

一个国家不是独立地存在，一个地方也不是孤立地存在，那个时期虽然是自然经济阶段，但是有了很多很多国家。要想在外交上取得成功，就得在内政上不发生问题。

"内政不修，则外事不决。"要想在打斗的过程中把对方放倒，首先自己要身体素质非常好，解决内部问题是处理外部问题的前提。迪斯雷利说过："国家利益和国家力量决定外交政策。"这个话客观地来说是有道理的，只有齐国的君民上下一心，才能在对外九合诸侯。如果在人民的支持下获得成功，却没有对人民兑现当初的诺言，这是很危险的，如果我们和其他的国家结盟却没有实现诺言，这是更可怕的，"功成而不信者，殆；兵强而无义者，残。"什么叫残呢？"贼仁为贼，贼义为残"，对于道义的、对于所有人的一种残也是很危险的。

齐国在管仲的带领下，在外交上一直没什么大问题，举两个例子。

公元前664年，北方戎狄部落攻打燕国，燕国向齐国求救。齐桓公亲自赴援，齐军旗开得胜，一鼓作气，击溃山戎部落，灭了孤竹国。燕国得救了，齐桓公凯旋。燕庄公对齐国大义相救之举感激涕零，欢送归国的齐桓公，不知不觉走出了燕国地盘，进入齐国境内。事后，齐桓公跟管仲说："按照礼制，除过周天子，诸侯之间的迎送都不能越出国境，否则就是违背礼制。我们齐国不能这样无礼于燕国。"管仲说："您刚刚取得诸侯盟主之位，如果此举在诸侯间传开，势必会影响齐国的声威，必须得想个法子解决才行。"齐桓公想了想，说："寡人想把燕侯所到的齐地划给燕国，不知仲父意下如何？"管仲起身说："齐侯深明大义，不惜牺牲齐国利益恪守礼制，天下诸侯莫不服齐。"齐桓公见管仲也同意了自己的做法，随即将那片土地割让给了燕国，并让燕国自此修复德政，按时向周王室缴纳赋税，燕庄公受宠若惊，其他诸侯听到消息，都对齐桓公心服口服，认为齐桓公很讲仁义，并纷纷与齐国交好，齐国的声威为之大振。

还有一次，齐桓公和他的小老婆蔡姬在一个湖里划船，划着划着，她就玩起水来，而玩着玩着，她又朝齐桓公泼起水来。上了年纪，又一直保持威严的齐桓公有点不太习惯这种玩法，但也没生气，只是笑笑。蔡姬却越玩越疯，突然晃起船来，这下吓着齐桓公了。他不高兴起来："别晃了，别晃了。"可能是觉得齐桓公受惊的样子很好玩，蔡姬并没有要停下来的意思，还接着晃悠。结果，齐桓公震怒，第二天就把蔡姬送回了蔡国。蔡姬被遣回蔡国后，蔡穆侯非常生气，觉得齐桓公真是太不给蔡国面子了。于是他又做主将蔡姬嫁给了楚国的楚成王。原本也算是坏事变好事，尘埃落定，但这事却让齐桓公知道了。

齐桓公听说被自己遣返的蔡姬另嫁他人，自觉颜面尽失，异常恼火，决定讨伐蔡国，以讨回自己的面子。可是想到因为一个女人而发动战争不合适。管仲说，这样，我们起兵攻打楚国。楚国是蔡国的联盟国，是蔡国的靠山，同时在蔡国的南边，楚国已经犯了好几次错误，没有向周天子按时进贡，没有给诸侯国尽义务，有一年周昭王去楚国还出过安全事故，现在我们就打着为周天子伸张正义、维护公平的旗号去打楚国，蔡国作为楚国的附庸一定会站出了的。

齐桓公一听，马上派兵，打着很正义的旗号，为了周天子而攻打楚国。果然，在去楚国的途中顺手就打了蔡国，然后继续打楚国，也没有打起来，最后谈判了结。但是目的达到了，他在搞国际关系方面非常成功。两个国家之间争来争去不是争谁的刀子快，也不是争谁的人多，而是要争谁的治国思想好，智谋，还有生产，国家与国家争的就是两个方面，思想和经济。

对待别的国家，甚至是自己的盟国，都要保持着一定的隐瞒，事有所隐，在平时治理国家的时候要居安思危，"事有所隐而政有所寓，作内政而寓军令。"要把军事化不动声色地转移到日常治理国家的工作中。一旦国家出现问题，每个百姓都可以拿起刀枪上战场，不会出现叛徒，这几千年来一直沿用。原本同样的诸侯国，慢慢就出现了差别，由于治国谋略上的差别导致了其他一切差别，治国思想、经济制度、国家实力。如果一个国家的实力小于别国的实力，那么总会遭到别国侵略，但如果国家实力远事实远超过别国，那这样的威胁就不存在了，反而那些小国会来讨好你。尽管这样的事实很残酷，但也是历史上的一种现实，就好像两个人之间的嫉妒一样，怎样消除嫉妒呢？就要把两个人的差距拉得更远一些，这样就不是嫉妒而是羡慕。国与国之间也是这样，一个国家的到底有多强，体现在对手对自己的尊敬程度。

管仲在有些方面可以说是开全世界历史之先河，比如他说要搞出亲民的政府和亲民的政策，他最早提出"重民、顺民"、"富民强国"的政治主张。后来在孔子时期才含蓄地提出"民重君轻"的思想，在孟子时期才明确了这样的政策，所以在整个人类的进步上是有他的贡献的。另外，他领导的齐国也是历史上最早设立宏观经济调控的政府机构。

司马迁说："管仲设'轻重九府'贵轻重，慎权衡，则桓公以霸。"最终决定了齐国的经济军事地位很快发生了变化。他最早划定了国家行政区，设置了"三国五鄙"，国内有三大城市五大行政区，后来秦统一中国后，也是按照这个思想来对中国进行划分的，一直到现在。这样的划分不是按照南北划分，而是按照经济发达程度划分。而最早提出要掌握国民经济命脉的这个主张就是国家垄断，国家垄断的就是事关国民经济命脉的，一旦被个人所掌握，命脉就会出问题的，实施盐、铁专营的"官山海"，政府来管理商贩，商贩管理海盐。

管仲还提出主张"利出一孔（渠道）"，规定物价要由国家来主导，不能纯粹地让市场来操控，我们现在也是这样说的，计划经济和市场经济都是手段，市场经济会出现经济危机，物价必须由国家来主导。而且管仲提出最早实施原始的社会保障，齐国实施"九惠之教"，"九惠之教"的具体内容是："老老；慈幼；恤孤；养疾；合独；问病；通穷；赈困；接绝。"

　　管仲最早提出大国秩序所需要的社会意识形态，鲜明地指出："礼、义、廉、耻，乃国之四维，四维不张，国乃灭亡。"这一点我们上面讲述过，这里不再赘言。

　　那管仲到底属于哪一家呢？很多人把管仲归为法家。其实我觉得管仲很难说是哪一家，诸子百家，每一家的思想都各有不用，管仲所代表的就是自己。他提出社会分工，社会分工主要分四种"士、农、工、商"，农民主要负责谷物的生产，工人主要负责谷物的加工，商人负责货币的流通，读书人负责百姓的教化和社会的管理。"四民分居"，四种人要享受四种不同的教育，在那个时代这是最先进的管理思想，在现在也不失借鉴和启发意义。那时还懂得人除了需要吃饱以外还要有精神需求，建立了"女闾三百"，发展文化娱乐、休闲服务产业。

　　大国主张"慎战""先修内政而后外举"，认为穷国要走过和平崛起的历史阶段，并且提出有限的军事透明度，要"事有所隐"，"寄军令寓内政"，实行兵民结合。管仲在齐国的外交和对外军事斗争方面有着独特的建树，所以，齐国的后人，孙武和孙膑，才会深受先贤包括管仲的军事外交交思想和实践的影响，写出伟大的兵书《孙子兵法》和《孙膑兵法》。这不是偶然的，是管仲留下的政治氛围和文化传统而形成的。

三、管仲的历史地位

　　管仲的历史地位是不容小觑的，在历史上好几位名人对他做过评价。子路有一次和孔子讨论，管仲在公子纠死了以后却没有自杀，苟且活命，是不是这个人水平不够高、人品有问题呢？孔子说，管仲"九合诸侯"，召开联合国大会，团结天下，而且不全是靠着武力，而是靠着诸多的力量，比如说智谋、经济的力量。天下在管仲治理的时候实现了长期的稳定，这才是真正的仁人。孔子对管仲的评价非常高。孔子另外一个学生子贡也提出同样的问题。孔子说，管仲辅佐齐桓公做了那么大的贡献，虽然他人不在了，但我们却受到了他思想带来的进步。如果没有他，可能我还是披头散发、衣领向左，是少数民族。如果不是管仲的话，现在中原文明、农业文明、华夏文明，可能早就被野蛮的游牧民族消灭了，"微管仲，吾其被发左衽矣。"他当时没有选择死，是因为要有所为，这种人是对整个人类历史做出重大贡献，有使命感的人。

我非常敬佩的一位民国的大师，梁启超先生说："管子者，中国之最大政治家，而亦学术思想界一巨子也。"

管仲不仅是一位伟大的政治家，同时对中国古代思想和学术也做出了重大贡献，无论在理论还是实践上，管仲都是伟大的人。

梁启超先生认为，中国历史上伟大的政治家有两个，一个是管子，另一个是王安石。不过两人对照，梁启超这样写道："而政治学者之管子，其博大非荆公所能及；政治家之管子，其成功亦非荆公所能及。故管子调乎远矣！"在作为政治家方面，梁启超认为王安石是远远比不上管仲的。这个问题我真的想过，难道中国历史上伟大的政治家就真的只有这两个人吗？康熙、诸葛亮、唐太宗、汉武帝、董仲舒等等这些都是历史上著名的政治家。梁启超先生这样说，有他自己的一种感情色彩。我们知道，梁启超先生除了是一位大学者外，他最早被人所知是因为戊戌变法，作为一个改良派，他喜欢改革，所以对于中国历史上一切主张改革的人物总是充满了热情，而且管仲和王安石又是中国历史上改革派有代表性的人物，王安石是失败的代表，管仲是胜利的代表，所以他对管仲评价非常高。

著名的历史学者柏杨有这样一句话："在中国历史中，真正堪称政治家的，不过六、七人，管仲是第一人。"现在我们往往把政治理解得狭隘了，认为政治是干部的事情，政治是官场上的事情，甚至在民国期间有一位军阀说，政治就是把我们的人搞上去，把别人的人搞下来，这都是对政治的一种误解。

真正的政治家应该像管子一样，首先关注全体人民，整个国家。让它进行综合的、宏观的、全面的、长远的一种行政措施、教育措施、经济措施，这才是大政治家。所以柏杨先生的评价要比梁启超先生更客观一些。有一个叫作彼得·圣吉的人，写过一本在中国影响很大的书，一度很畅销，叫作《第五项修炼》，对整个文明史有一个基本整理，让人意外的是他注意到了管仲："追溯到两千五百年前，中国与希腊正处在形成大国（萌芽）的时期。随着大型组织拥有的制度性权力增加，人们必须面对组织权力带来的危机，需要有领导管理哲学，中国的管子与稍后的孔子为中国领导哲学方面打下了基础，两者相距百年，我认为这不是偶然。"

彼得·圣吉没有把这个话说透，不是偶然的，那便是必然的，为什么是必然的？有两层意思，一是历史已经到这个阶段了，就需要这样的大人物出现，就像恩格斯说的，"当社会需要某一个领域的巨人的时候，社会本身就会培养出比一百所大学还多的巨人。"另外一方面，孔子是鲁国人，管仲是齐国人，齐鲁两国接壤，所以管仲影响到他临近的鲁国，孔子在成长过程中肯定受到了管仲的影响。

虽然管仲没有传授弟子，但管仲的一部分思想被儒家继承了，继承管仲思想最多的人物还不是孔子，而是到战国末期的大思想家荀子。荀子被称为儒家的大师，但他不仅仅是儒家的集大成者，也是诸子百家的集大成者。

中国早在南宋的时候，就出现了资本主义萌芽，但一直没有严格地进入资本主义。我个人认为，自管仲以后，或者说自齐国被秦国吞并以后，中国的文化中就缺乏商业文化，对商业的轻视甚至仇视是儒法道释的共性，也是中国没有进入资本主义的重要原因。

第九篇 走近荀子

今天我们来学习先秦诸子中的一位集大成者：荀子。

近代有一位著名的政治家，也是一位学术大师——梁启超先生，对于荀子是这样评价的：

"读《荀子》最能唤起吾辈之自治力，常检束自己，不至松弛堕落。又资质稍驽下之人，读之得'人定胜天'的信仰，能增加其勇气。"

如果我们读书是为了提高修养和实践能力，读《荀子》最能唤起对于自我的自制力、约束力，常反思自己不至于堕落，在每件事中都能够有效地约束自己，做得有规矩。

对于能力稍次之人，读之能得到"人定胜天"的信念。所谓"人定胜天"，不是说人一定能够战胜大自然，是说人只要安定下来，他就能在大自然中独立而快乐地生存下去。此"胜"非彼"胜"，但与"不胜酒力"的"胜"意思相近，可解释为承担。只要我们安定下来，就能承担大自然给予的一切幸福，以及一切灾难，增加人类的勇气。

荀子的理论文章剖析地比较深刻，读了之后会让我们的思维更加清晰，遇事能够更准确地判断。梁启超先生说，读《孟子》的好处在于发扬志气，能够让人充满自信，让人胸怀宽广；读《荀子》的好处在于锻炼心能，二者不可偏废。

一、集大成者

　　孟子和荀子，都是深受孔子影响的两位大师，我个人认为，孟子偏重理论，有些情绪化；而荀子偏重实践，有可操作性。可以说，孟荀是孔子门下的右左派，对孔子学说的发展影响深远，对中国历史的影响很大。

　　梁启超先生说，自秦汉以后，政治学术皆出于荀子。这个评价非常之高。众所周知，秦朝是中国历史上第一个实现统一的国家，但时间比较短暂，紧接着汉朝称霸。也就是说，自从中国统一以来，中国的政治还有学术都是发扬于荀子。

　　这听起来似乎有些奇怪，对中国最具影响力的是孔子，怎么成了荀子？实际上，只要稍加了解历史，读一读《荀子》，我们就会知道所学到的孔子，实际上是已经被荀子改造过的孔子。因此，中国两千年的学术和政治与荀子息息相关。

　　荀子不只是儒家的集大成者，更是诸子百家的集大成者，对后世影响深远。他对战国之前的所有学派的思想，都进行了仔细地研究分析，形成了一种更精深的思想哲学。荀子是汇通古今的中枢，是吐故纳新的思想继承者。

　　既然他如此重要，为什么两千多年来很少听说荀子呢？

　　古往今来，很多人读四书五经。四书五经、十三经、十九经等等为何没有《荀子》？因为荀子的思想太实用了。

　　国君认为荀子非常厉害，不希

▲ 荀子

望除了自己以外还有别人学习他的思想，因此就会隐蔽他的存在。所以，两千多年来，荀子一直是幕后英雄，而不是奋战在前线的勇士。

二、荀子与儒家

孟子曾说自己："予岂好辩哉？予不得已也！"他把攻击辩难其他学派说成是迫不得已。荀子则不然，他声称："君子必辩！"这对诸子百家具有强烈的批判意识。其时，诸子差不多都受到过他的指责和批判。但同时，荀子对百家之学也有所继承和融汇发扬。

在先秦各个学派中，荀子唯一肯定的是儒学。在儒学中，他推崇的思想家是孔子、子弓，称孔子、子弓是"天不能死，地不能埋，桀跖之世不能汗"的大儒。他常以孔子正统传人自居。司马迁谓："孟子、荀卿之列，咸遵夫子之业而润色之，以学显于当世。"孟子主要继承和发展了孔子的仁学，由重视主体自觉而走上了内圣之路；荀子主要继承发展了孔子的礼学，由重视客观约束而走上了外王之道。

由于理论旨趣不同，荀子对孟子多有微词。他批评子思、孟轲：

略法先王而不知其统，犹然而材剧志大，闻见杂博。案往旧造说，谓之五行，甚僻违而无类，幽隐而无说，闭约而无解，案饰其辞而祗敬之曰：此真先君子之言也。

杨倞注曰："五行、五常，仁、义、礼、智、信是也。""先君子"指仲尼、子弓。荀子认为，子思、孟轲一派，效法先王，却不知先王之道的纲纪，依仗自己的一点聪明，造出五常之说，冒充孔子的真言，蒙骗无知的俗儒。在《性恶》篇中，荀子对孟子的性善还提出了批评，这是孟荀两派思想观点的正面冲突。

对其他儒学派别，荀子也进行过攻击：

弟佗其冠，神襌其辞，禹行而舜趋，是子张氏之贱儒也。正其衣冠，齐其颜色，嗛然而终日不言，是子夏氏之贱儒也。偷儒惮事，无廉耻而耆饮食，必曰君子固不用力，是子游氏之贱儒也。

这些批判，针对的都是被批判者的举止修养、品行操守，与其思想学说关系不大。可以看出，荀子无论是对思孟的批判，还是对子张等"贱儒"的攻击，不是否定他们信奉的理论学说，而是批评他们不懂和不能体现儒学的真精神，尤其不能容忍他们对儒学真精神的歪曲和背离。显然，这种批判的目的是为了和其他学派争夺儒学中的正统地位。

荀子在批判其他儒者的同时，也对自己所认为的儒者的标准进行了阐述：

其为人上也，广大矣！志意定乎内，礼节修乎朝，法则度量正乎官，忠信爱利形乎下。行一不义，杀一无罪，而得天下，不为也。此若义信乎人矣，通于四海，则天下应之如讙。是何也？则贵名白而天下治也。故近者歌讴而乐之，远者竭蹶而趋之，四海之内若一家，通达之属莫不从服。夫是之谓人师。诗曰："自西自东，自南自北，无思不服。"此之谓也。夫其为人下也如彼，其为人上也如此，何谓其无益于人之国也！

荀子说，真儒一旦身居高位，便可发挥非常巨大的正能量！他们对待自己十分严格，对待工作、对待老百姓十分尽心尽力。"饮鸩止渴"这样的事情，他们绝对不会做，相反他们会以德服人，使四海之内的人都能感觉到他们的仁心，然后纷纷归心，天下大治。

荀子在这里全面地论述了"大儒"的为政目标、择贤方略、德行要求和社会作用。"大儒"是荀子思想中思想家和政治家相结合的全能型人才，这里荀子对其表示充分肯定，并在其话语背后隐藏着"儒者形象"这一层含义。

作为儒家文化中最主要的正面形象，不可否认有的人是为了"功名利禄"而努力，正所谓"人过留名，雁过留声"。可以看出来，其更多的是关注自身在社会中的形象和存在价值，以及后世的评价等等。因此，营建一个完善、美好的自我形象，并能成为人之楷模，是其最在意的事。

形象的确立，对于当时的诸侯争霸来说，可以说是很主要的一件事。从"春秋五霸"一直到后来的"战国七雄"，无不是极力地靠近"正道"，使自己能成为先王之道的代言人，从而能君临天下。

> 我欲贱而贵，愚而智，贫而富，可乎？曰：其唯学乎。彼学者，行之，曰士也；敦慕焉，君子也；知之，圣人也。……
>
> 故曰：贵名不可以比周争也，不可以夸诞有也，不可以埶重胁也，必将诚此然后就也。争之则失，让之则至；遵道则积，夸诞则虚。故君子务修其内，而让之于外；务积德于身，而处之以遵道。如是，则贵名起如日月，天下应之如雷霆。故曰：君子隐而显，微而明，辞让而胜。

荀子这段话，说出了儒家堂堂正正的"大儒"精神：自强不息，弱能胜强！纵观中国历史，"自强不息"作为民族的主体精神，一直激励着中华民族的优秀儿女，文天祥的"臣心一片磁针石，不指南方誓不休"，鲁迅的"横眉冷对千夫指，俯首甘为孺子牛"等诗句，都是对这一精神的传承延续。并且，我一直坚信，随着历史的发展，这一精神必将永远地支撑着民族长盛不衰！

三、求学问政

荀子是山西临汾安泽人，属赵国。史书记载其年龄在96岁到106岁之间。山西是文化积淀非常深厚的地方，曾有过尧、舜等伟大的人物。那时治理天下也需要制度与方法并存。后来，山西出现了第一位法官皋陶，也就成为整个法家思想的根据地，并且还是源源不断地培育人才的基地。李悝、吴起、韩非子等等，他们都出自于山西。

孔子的弟子子夏，在孔子去世后，一路西来。到达山西之后，一直从事

▲ 稷下学宫

▲ 希腊雅典

教育事业三十多年，在这里留下了很深远的儒家思想的影响。子夏有很多杰出的弟子，而且培育出了很多其他学派的弟子，如段干木、李悝等，他也可以说是一位集大成者。

一代代传承，直到后来培育出荀子。荀子天生聪慧，从小就名闻三晋。他到处学习各派的思想，但始终觉得不能满足自己。

当时世界有两大学术中心，其一是希腊雅典，有柏拉图等享誉西方的著名学者；其二在中国山东齐国的稷下学宫，聚集了道、儒、法、名、兵、农、阴阳等等诸家，在其兴盛时期，汇集了天下贤士多达千人左右，其中著名的学者如孟子、邹衍、慎到、荀子等。特别是荀子，曾三次担任学宫的"祭酒"。

荀子初至齐国，跟从很多一流的学者学习。随着老一辈学者的逝世，少年的他逐渐为人所重。但他还是觉得有些缺憾，希望自己眼界更加开阔，想要出去学习。齐王希望他能留下来为自己所用，但他无心于此，只是决定一直在稷下学宫里学习，可以适当旁听一些政治方面的事，给出自己的建议，但不负责决策，齐王答应了。

其后，他便离开齐国，开始了他的四处游学之行。

荀子游历到了燕国之后，与燕国国君谈论天下形势，并给出了自己的建议，燕王想要留住他为自己所用，但荀子婉言拒绝，又回到了赵国。其后久经周折，遍游天下，终至于秦。

荀子看出秦国有着纯朴的民风，团结一致，被良好的风气所包围，他认为最终能够统一天下的是秦国，美中不足的就是文化相对落后。他决心要帮助秦国一统天下，于是就面见秦王，与秦王进行讨论，提出治国思想，希望秦王能够采取自己的建议，但秦王并不想重用他。

离开秦国后，他来到了楚国后，见到了楚王的弟弟春申君。春申君是楚国政权的实际操纵者，当时的"战国四君子"之一，有很多门客和谋士，都冠绝一时。但在学术的辩论上，他们都一一败在荀子的手下。春申君很欣赏荀子，不想他只做门客而浪费这么好的人才，想让他到兰陵做县令，但荀子无心于此。春申君于是给他安排了得力的助手，希望他能将兰陵作为一块试验田，用他自己的思想将兰陵治理好。

后来因为一些误会，荀子不再参与政事，致力于教育，成为著名的教育大师。

四、教育思想

荀子门下贤者云集，其佼佼者有李斯、韩非子等。

李斯本是楚国一个仓库管理员。有一次，他打开仓库后，发现有好多老鼠，但奇怪的是这些老鼠不怕人。当他去厕所的时候，发现也有老鼠，但这里的老鼠却怕人。李斯心有所悟：老鼠和人一样，只不过因为所处环境的不同而有各种命运。李斯决心改变自己，他便投入荀子门下。其时，韩非子已经是荀子门下之人了。

李斯和韩非子后来俱事于秦，并且都对秦始皇的大一统起到了重要作用。李斯是在实践上帮助秦始皇做出决策，韩非子是在理论上指导秦国的主线发展。由此看来，荀子的思想影响是多么深远。

在汉朝，有一位很重要的教育家，他就是张苍。张苍亦是荀子高徒，秦朝时做过御史，掌管法律。进入汉朝后，汉高祖重用了晚年的张苍。他制定了汉朝律法，修订了《九章算术》，还为汉朝培养了一大批人才，对汉朝的发展起到了很大的作用。

▲ 《九章算术》

荀子还有一位著名的弟子，这就是浮丘伯。汉高祖路过鲁地时，召见儒生，浮丘伯携弟子申公等人在南宫拜见汉高祖。吕后时期，浮丘伯游历长安，楚元王听说后，遣让自己的儿子刘郢客与同学申公、白生、穆生等西至长安，向浮丘伯请教学问。

浮丘伯又被称为浮丘公。高启的《孤鹤篇》说：

翩翩浮丘伯，朝从东海来。相呼与之归，谓是仙骥才。

据《汉书·儒林传》载：

申公与楚元王交，俱事齐人浮邱伯受《诗》……则浮邱伯实儒者也。（清人避孔子讳，改"丘"为"邱"。）

赵翼《陔馀丛考·安期生浮邱伯》又载："世以安期生浮邱伯皆为列仙之徒。

浮丘伯是秦汉时期从旧儒学到新儒学发展历史中承前启后的重要人物。据《景宁县志》记载及历代县志序文阐述，浮丘伯曾携双鹤隐居于鹤溪，应为鹤溪文明有历史记载之始。然志文过于简略，柳景元《浮丘考》，仅确证有其人，而其人其事不得详知。

荀子如何教授出如此多的弟子呢？这得从其教育思想中略窥一貌。

荀子对于后天学习的重要性认识非常深刻：

君子曰："学不可以已。青，取之于蓝，而青于蓝；冰，水为之，而寒于水。木直中绳，輮以为轮，其曲中规，虽有槁暴，不复挺者，輮使之然也。故木受绳则直，金就砺则利，君子博学而日参省乎己，则知明而行无过矣。"

荀子的这段话只有一个主题：学习很重要！荀子认为后天学到的可以使人脱胎换骨，就比如在天然的蓼草中提取靛青一样，一定要经过精细地加工，才能有实际的作用。

荀子主张人性本恶，如果不加以培养约束，必然会使得恶性大发。只有通过广泛地学习才能变得明白事理，免于过失。鲁迅先生在《未有天才之前》说："即使天才，在生下来的时候的第一声哭啼，也和平常的儿童一样，决不会就是一首好诗。"人必须亲自攀登上高山、涉临过深涧，才能认识到天地的神奇广博。同样，如果根本就未曾接触过前人流传下来的充满智慧的言论思想，当然就无从体会人生的价值、方向、成就，是多么的不可限量。每个人在一生下来都是同样的哭声，都不会一下子就能走能跳、会说会闹，都是经过后天的教育，才有千差万别的个性。

荀子在强调学习的主要以后，又指出：

君子生非异也，善假于物也。

即使是古时候那些圣贤之人，也未必比正常人聪明多少，只不过他们善于借鉴外物和学习各种知识，以此来提高自我。"善假于物也"，即注重运用各种工具来为自己的进步服务。在《孙子兵法》和《三十六计》以及其他的兵书中，都对于天文、地理、敌我等等有非常详细的论述，其中绝大部分计策都是在假借他物以达目的。人的力量在自然界面前非常弱小，面对各种自然灾害，可以说是束手无策，但是人每每可以战胜洪水火山，就是因为人会假借轮船、飞机、汽车等等的外物来为自己增强力量，从而更好地生活。

荀子认为，在学习时要厚积薄发、锐意进取：

积土成山，风雨兴焉；积水成渊，蛟龙生焉；积善成德，而神明自得，圣心备焉。故不积跬步，无以至千里；不积小流，无以成江海。骐骥一跃，不能十步；驽马十驾，功在不舍。锲而舍之，朽木不折；锲而不舍，金石可镂。

《三国志》有《先主遗诏》一文，其中有一句："勿以善小而不为，勿以恶小而为之。"刘备在这里说的是对刘禅的遗言，小的善事做多了那是大善，小的恶事做多了那是大恶。我们的学习同样如此，学习不可能一蹴而就，不劳而获，必须是循序渐进、积少成多的过程。如果不积土成山，又怎么会兴起风雨呢？如果没有小溪流的汇聚，有哪里会有深潭，从而有蛟龙蛰伏呢？

作为一个条件有限的人，我们有没有可能活得更好呢？荀子说，当然可以！

学习是为了培养良好的个人素养，最终成为栋梁之材，只要坚持，一切都可以改变。荀子说，学习应该从读书学起，读最基本的书，读书是为了做人，知书是为了达理。

《荀子》从头到尾都在讲学习，讲对自我的改造。最杰出的人身上最杰出的一点，就是对主观世界的把握。曾子说："吾日三省吾身。""苟日新，日日新，又日新。"荀子说："锲而不舍，金石可镂。"只要我们每天都能够坚持对自己主观世界的改造，改变自己一点点，相信不久的一天，我们就为被自己的改变所惊叹。

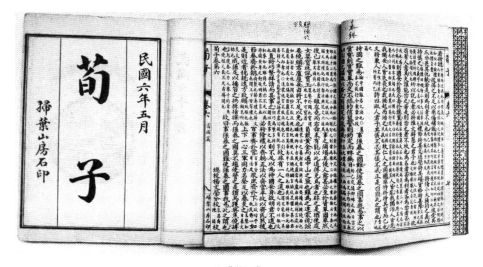

▲《荀子》

荀子认为，即使是一个普通人，只要认真地学习、思考、考察，假以时日，不断实践，就会达到一种极高的境界，可以在大自然中主宰自己的命运。

"积水成渊"、"积土成山"，人生贵在坚持，贵在勤奋。"锲而舍之，朽木不折；锲而不舍，金石可镂。"一把刀对一样东西随便划两下，即使是腐朽的木头，也不会折断；如果不断地雕刻，即使是石头，也会雕刻出花样。所有的人，特别是年轻人，不要怕基础不好，贵在坚持。

鲁迅说，他是把别人喝咖啡的时间都用在工作上，"浪费自己的时间等于慢性自杀，浪费别人的时间等于谋财害命"。一个人在树立远大目标的时候，必须要从小事情做起。古人云："一屋不扫，何以扫天下"，此之谓也！

荀子认为，"礼仪"也是从学习中来的，首先要从重视教育做起。

一个强大的国家，其教育肯定是很成功的。这段时间，我们岢岚也不断地在搞学习活动、教育活动、读书活动等，这是国家兴盛的一大表现。

马丁·路德·金曾说过："人不可能被打倒，除非自己躺下。"荀子特别注重发挥人的主观能动性，他的学生不管是偏激的还是中和的，都是卓绝过人、注重实践的人。这点是他对我们最重要的启发。

荀子说教育的重要性，同时也提出对人民的教育。

在传统教育中，很多地方官员都是教育工作者，各地都有学堂，由民间兴办，政府捐助。在学校里，学生要学做人的规矩，学做事的技巧，每个平凡的人都向着圣贤靠近。

荀子说，路边随便一个人，只要他好好学习，就能通往神明。我们岢岚的人不比别人差，岢岚拥有独特的纬度，应该比别人更聪明。岢岚是一个充满智慧的县，在岢岚成才，比在其他地方更容易。

五、问道荀子

荀子的道在哪里？

我们可以问荀子几个问题："荀先生，您家里几亩地？用什么耕地？用什么拉车？您和牛的力气谁大？和马谁跑得更快？为什么您没牛那么强壮，没有马跑得快，它们却愿意听您差遣，这是为什么呢？"

试观荀子如何回答：

> 人能群，彼不能群也。

这就是人和动物的区别，即人能够合作，动物之间只是单纯的合群，这就是最早的社会学思想，解释人类为什么从弱小的种群变得强大的原因。

那么，人活着是为什么？人合作起来要干什么呢？怎样才能活出最大的价值？荀子说：

> 人之所以为人者，非特以二足而无毛也，以其有辩也。

意思是说，人之所以是人，不只是因为两条腿没羽毛，更是因为人会思考辩论。穿越时空，荀子直接批判了比他早一些时候的教育家柏拉图的话。他说，人是有分析能力、有判断力的，知道什么东西即使死了也要坚持，知道面对诱惑而不为所动。人有动物远远不及的主观性意识，这是人和动物的本质区别。从自我角度来说，人可以让自己高尚，可以让自己有所为有所不为。

荀子还说，人类有六条底线：

> 人有三不祥：幼而不肯事长，贱而不肯事贵，不肖而不肯事贤，是人之三不祥也。

> 人有三必穷：为上则不能爱下，为下则好非其上，是人之一必穷也；乡则不若，偝则谩之，是人之二必穷也；知行浅薄，曲直有以相县矣。然而仁人不能推，知士不能明，是人之三必穷也。

三不祥：小孩不听大人的话，晚辈不听老人的话；下级不听上级的话，低层不听高层的话；没本事的不听有本事的话。

三必穷：上级不关心下级，政府不支持百姓；背后诽谤，顽固不化的人；不愿意向人学习的人。

我从这些话中受益无穷，知道有些底线是永远不能碰的。

荀子说，人如果不能意识到自己在自然中的命运，最终就无法把握命运。这是有规律的，不会因为外界条件而消失，所以我们要用科学的方法去处理灾难，要有限地向大自然索取。人体是有规律的，上天不会故意让你处于不利的地位。假如我们很勤奋，那么上天就不会为难我们。

所以荀子说，不要怨天尤人，人与天的关系应该是互相和谐的。天有四季，地能生长，而我们可以利用天和地，在土地上长出能够维持生命运作的东西。与其麻木地崇拜天，不如利用天的规律为人类服务，这不是主宰，而是一种和睦。

人有主观能动性，因此我们要不断提升自己，提高主观能动性。对于这一点，荀子说，首先要明白自己是什么东西。

荀子认为人"性本恶"，善都是装出来的，似乎听起来不舒服。我们从一生下来，就是向着利益出发，但过度的欲望却能毁了一个人。

我的忘年交，被称为山西琵琶之父的薛荣老师在教弟子的时候说："不会可以装，装着装着就像了，像着像着就会了，再慢慢就能够自己创作了。"荀子说本性是天然的。"伪"，是通过后天不断教育、不断学习来改造的，不应该听天由命。

我有一个朋友，他的孩子肚子疼去看医生。医生说："孩子是吃撑了，没必要吃药。"我朋友说："可是孩子一直吃，就忍不住。"大夫说："你不给他吃，他就不会吃。"《红楼梦》中王熙凤的女儿巧姐儿病了，大夫说："说一句该掌嘴的话，把大小姐饿上一顿就好了。"

这就印证了荀子所说，人的本性都是贪婪的，所以我们要控制自己。

那么到底是"性本善"还是"性本恶"呢？

我个人认为：人的本性既有善，亦有恶。而我们所要做的就是把善的加以发展，把恶的摒弃，这个过程就是改造我们的性格。正因为人性不能够完全可靠，所以才有政府的存在。如果完全按照孔子的思想，那么就靠道德就行了。如果按照老子的思想，没有政府都可以。但不是每个人都有道德，都有自觉性的，我们不能按照人的自觉性指望天下太平，所以才有了警察、军队、监狱等的限制。

政府不是好好先生，应该是一个法官，是一个监督者。

监狱、警察、军队，这些部门都是刚性的，不能只靠他们治天下。但是如果把每个人都当贼看的话，那就太可怕了。

六、制度化社会

有没有一种东西可以化解这种局面呢？荀子提出：制度。

学术界一般把制度文化分为三个层面：一是属于社会形态方面的社会根本制度，即建立在一定生产方式基础上的"国体"；二是属于国家政体范畴的一般性制度，如政治制度、法律制度等；三是社会生活中的具体风俗，如礼节仪式、风俗习惯。

作为制度文化层面的礼，内容广泛，无所不包。司马迁认为，礼是经纬万端的人道，无所不贯的规矩。《史记》说："是以君臣朝廷尊卑贵贱之序，下及黎庶车舆衣服宫室饮食嫁娶丧祭之分，事皆有宜适，物有节文。"可以说，无论国家政治制度、法律制度，还是社会生活中的婚姻家庭制度、行为方式皆被礼化了。

荀子一方面指出了"性本恶"，一方面又指出了要用一种综合的、普及的、适用于任何人的规矩来治理天下，他把规矩叫作礼仪。所谓礼仪，就是做事情有规矩，规矩可以是民间的、政府的，但是两者不可以有间隙。

礼制的核心，是人们的生活方式。美国制度经济学创始人凡勃伦曾说："制度实际上就是个人或社会对有关的某些关系或某些作用的一般思想习惯……今天的制度，也就是当前公认的生活方式。"一种制度意味着一种思想方式或某种广为流行的、经久不衰的行动。在中国传统社会中，没有比礼制更流行、更经久不衰的生活方式了。

在日常生活中，礼就像空气一样，无所不在。

《孔子家语·论礼》说："故无礼，则手足无所措，耳目无所加，进退揖让无所制。"《颜氏家训·风操篇》说："圣人之教，箕帚匕箸，咳唾唯诺，执烛沃盥，皆有节度。"明代屠羲英编撰了一部《童子礼》，这是一本对儿童进行礼仪教育的蒙学教材。全书分检束身心之礼、入事父兄出事师长之礼、书堂肄业之礼三类共三十目。检束身心之礼包括：盥栉、整、服、叉身、肃揖、拜起、跪、立、坐、行、言语、视听、饮食。入事父兄出事师长之礼包括：洒扫、应对、进退、温清、定省、出入、馈馔、侍坐、随行、邂逅、执役。书堂肄业之礼包括：受业、朔望、晨昏、居处、接见、读书、写字。在今天看来，这些繁文缛节虽然也有一些合理的内容，但多数都是无益的规矩，不是流于虚伪，就是戕害个性。

战国时期，各国先后都进行变法革新，废除了传统的分封制和井田制，建立了郡县制和赋税制，但由于受政治传统和社会发展水平的影响与限制，各个国家建立的政治、军事、法律、经济以及社会制度典章存在许多差异。荀子的"一制度"显然是针对这种"诸侯异政"的局面而言的。他所推崇的、用以齐一天下的制度名为"王制"：

天下之大隆，是非之封界，分职名象之所起，王制是也。

这是说，"王制"是天下的最高标准，判断是非的界线、设立各种官职、名物典章的根据。在《王制》一文中，荀子对王者治下的社会礼仪制度、政治制度、经济制度、官吏制度做了具体的论述。正如他说，王者之制：

衣服有制，宫室有度，人徒有数，丧祭械用，皆有等宜。

田野什一，关市几而不征，山林泽梁，以时禁发而不税。相地而衰征，理道之远近而致贡，通流财物粟米，无有滞留，使相归移也。

这里把具体的礼仪制度王者之法和具体的赋税制度说得很透彻。

除了这些具体的制度，荀子着重论述了用以统一天下的基本制度，即作为王制的基础和原则的礼义制度。荀子认为，礼义是人类社会的纲纪，全部制度都是建立在礼义基础上的：

故人道莫不有辨。辨莫大于分，分莫大于礼。

礼不仅能"明分使群"，还能"明分达治"，通过划明人的名分等，使贤良贵贱、长幼亲疏、王公百姓皆安其位、谨其职。

先王案为之制礼义以分之，使有贵贱之等，长幼之差，知愚能不能之分，皆使人人载其事而各得其宜，然后使谷禄多少厚薄之称，是夫群居和一之道也。

传曰：'农分田而耕，贾分货而贩，百工分事而劝，士大夫分职而听，建国诸侯之君分土而守，三公总方而议，则天子共己而已。'出若入若，天下莫不平均，莫不治辨，是百王之所同也，是礼义之大分也。

根据礼义原则，制度统一而明确的社会政治制度，"百姓莫敢不敬分安制。"就会实现天下一统、四海一家的政治目标。

七、治国思想

对于传统政治的特征，台湾学者牟宗三提出："中国以往只有治道而无政道。"政道是指有关政权的合法性理论，治道是关于君主如何治理百姓的道理。中国有无政道姑且不论，传统中国重视治道则是确然无疑的。这一点在荀子思想中表现也很突出。

荀子称国家为天下之"大器"，治国为天下之"重任"。他认为，将国家安置在什么原则基础上，交给什么人手里是非常关键的，放错了地方、选错了人，就危险了：

道王者之法，与王者之人为之，则亦王；道霸者之法，与霸者之人为之，则亦霸；道亡国之法，与亡国之人为之，则亦亡。

他认为，有三种可供选择的治国原则：一是礼义；二是忠信；三是权谋。他又称作王道、霸道、亡国之道。

挈国以呼礼义而无以害之，行一不义，杀一无罪，而得天下，仁者不为也，擽然挟持心国，且若是其固也！之所与为之者，之人则举义士也；之所以为布陈于国家刑法者，则举义法也；主之所极然帅群臣而首乡之者，则举义志也。如是，则下仰上以义矣，是綦定也。綦定而国定，国定而天下定。

德虽未至也，义虽未济也，然而天下之理略奏矣，刑赏已、诺，信乎天下矣，臣下晓然皆知其可要也。政令已陈，虽睹利败，不欺其民；约结已定，虽睹利败，不欺其与。如是，则兵劲城固，敌国畏之；国一綦明，与国信之。

挈曾以呼功利，不务张其义、齐其信、唯利之求，内则不惮诈其民而求小利焉，外则不惮诈其与而求大利焉，内不修正其所以有，然常欲人之有。如是，则臣下百姓莫不以诈心待其上矣，上诈其下，下诈其上，则是上下析也。

荀子以上所论的为国之道，其依据是诸侯割据，相互攻伐兼并的政治现实，既要考虑国内君民之间的矛盾，也要考虑与其他诸侯国的矛盾；一方面要治理国内人民，另一方面还要征服或联络国外诸侯。因此，他的王霸理论既是统一天下的策略，也是安邦治国的原则，而在当时，治国和平天下是相通的。

作为统一天下的策略，王道是以"仁眇天下，义眇天下，威眇天下"使天下之人亲近尊贵我，使敌人畏惧我，达到不战而臣服天下的目的。霸道是开辟农田、充实库府，招募战斗之士，增强国家经济和军事实力，并以刑赏加强对内的治理，对外则"存亡继绝，卫弱禁暴，而无兼并之心。"同诸侯国修睦讲和，以友相待，在天下无王的情况下就可以常胜。所以王霸的分别是，王者臣诸侯，霸者友诸侯。

体现在治国方面的王道是指礼义之治。荀子讲："隆礼贵义者其国治。"主张为政以礼，以礼正国。当然，王道并非将刑法排斥在外，与法家不同的是，纳入王道系统中的刑法是符合礼义原则的刑法。

体现在治国方面的霸道是指刑赏之治，主要特点是刑赏必信。霸道于德义有所缺略，然大节已备。霸道虽不主于德义但也不排斥德义。荀子对齐桓公就多有称道。

王道和霸道有优劣等差，但没有鸿沟相隔，两者密切相关，各有其价值，故荀子说："凡为天下之要，义为本，而信次之。"又说："为人上者，必将慎礼义、务忠信然后可。此君人者之大本也。"推行什么样的治国之道，就会获得什么样的结果，"故用国者，义立而王，信立而霸，权谋立而亡。"

荀子认为，不论是个人还是组织，一个地方，一个国家，只要遵从客观与主观世界的规律，不断改造自己，不断向有智慧的人学习，不断请有能力的人来提高自己，提高国家，那么就能称雄世界。

正视法律，尊重百姓，也能够成就大业。古人云："伦理尊贤，重法爱民而霸。"古往今来就是这么做的。这些东西，说到底是说给个人的。我们讲过，人是世界的主体，各种事情都是依靠人的，因此治人即制人，我们的世界也就安然无恙了。

文化是人创造的，同时文化又创造了人。无论是管子还是荀子，都创造了智慧的思想，都传达着治人治国的思想。时至今日，我们依然能够从中借鉴很多有益的东西。

第十篇

一颗悲怆彗星·墨子

　　一直以来，我们交流的主题是中国传统文化。有没有什么办法，既能够掌握传统文化的精髓，又能运用到实际工作中呢？

　　中国传统文化的根源，在先秦。秦始皇统一中国以前，那些伟大的思想家用自己的思想，为我们整个中华民族，甚至整个人类，都设计出了后世几千年的历史发展方案。如果把先秦的东西掌握了，以后的历史基本上就把握了。就像我们站在高高的山顶上往下望，一览众山小。

　　去年以来我们一直学先秦诸子，这些思想家有一个共同的特点：他们学问都很大，道德都很高，但是好像他们动手能力都不很强，而墨子是个例外。

　　有没有一个人，有科学的头脑和思想家的头脑，既搞人文的思想，又搞科学工作？有，他就是墨子。

　　能够把思想家和科学家集于一身之人，古今中外都不多。但是国外不多的几个人，却都产生了非常大的影响。最著名的就是亚里士多德，他不仅仅是一个了不起的思想家、科学家，同时还是一位物理学家，他有好多理论推动了人类的发展。

　　墨子就是中国的亚里士多德。

　　——甚至亚里士多德都无法与他相比！

一、关于墨子

墨子这个人很奇怪，他不一定姓墨，但是后世却称他为墨子。中国古代群星灿烂的思想家星座中，也只有他能越众而出，与跟他同时代的西方哲人一决高下。

从战国到现在，两千多年的星空中，墨子出现了一会就走了。从秦朝一直到清朝，似乎只有韩愈偶尔提了一下墨子，此外无人问津。清朝以后，尤其是清朝晚期以来，研究墨子的人越来越多。所谓越来越多，也就是二三十个人，互相抄来抄去的。

从1999年开始，我有意识地隔一段时间读一读《墨子》，把它作为一种重要的辅助读物来读。到2012年的时候，我在《语文报》上写先秦诸子的系列文章，把相关资料滤了一遍后发现，我所掌握的已经比许多人丰富得多。所以我就得出一个小小的结论，要想在学术上尽快出成果，有一个捷径，就是研究那些很重要，但没有多少人研究的冷门。比如我们前段时间讲的《管子》，可以预言，十年之内，《管子》必然成社会热门。再比如《墨子》，四五年之内他可能会大行其道。因为他对于我们的国计民生、社会发展影响实在是太大了。

墨子是个什么人呢？他是中国的先秦诸子之一。可偏偏有人怀疑他是印度人。据记载，他面色黧黑，经常光着脚走路，有人说印度的出家僧人也是那样。而且，墨子生活特别节俭，和印度的苦行僧一样；还有人怀疑他是阿拉伯人，因为墨子的自然科学尤其是数学方

▲ 墨子

面的造诣，远远超出了当时世界的平均水平，只有阿拉伯当时的数学水平勉强可以和他一较高下；还有人怀疑他是外星人，因为墨子对于光学、力学、机械都十分精通，他居然还造出了飞机，当然不是用汽油来发动，有点类似于孔明灯，不仅可以飞起来，还可以坐人，战争时期可以侦察敌情。

现在，很多墨子的技艺都失传了，但是窃听的方法一直在中国历史上流传。城墙根下，隔一段距离埋一个瓮。瓮上面蒙一层做大鼓的牛皮，人趴在瓮上面，能听到很远的人的脚步声，甚至能听出有多少人多少马。这些东西，当时已经远远领先于整个人类的科学水平。有人说，如果不是外星人，他怎么这么聪明呢？《三国演义》中有一个传奇的事情，诸葛亮木牛流马，把那些木头做的牛和马按一下，它们就会自己跑。诸葛亮这种技术，据说源于墨子。所以，墨子的聪明绝对不是我们能够想象的。可以这么说，他可能是当时全人类中最聪明的一个大脑。

我们可以肯定的是，他绝对不是外星人，是我们地球人。因为，首先墨子的外形和我们一样，他也有生老病死；再者，他绝对是我们中国人，因为那个时候印度、阿拉伯还没有和中国开始来往。而且对我们中国文化如此精通的人，除非他从小就接受传统的影响，后来跟老师学才能有一个那样的成就，否则一个外国人来我们中国不可能成为一个大师的。

墨子在那么多方面有杰出的贡献，可以说他是一颗巨大的彗星！曾经很灿烂地出现过，但是很迅速地消失了。从墨子出现到墨家学派的消失，也就是二百年左右的时间。二百年在当时非常长，但是从整个历史来说，二百年一瞬即过。

历史本身就是很快的，所以墨子也好，墨家学派也好，"嗖"一下就不见了，出现得快，消失得更快。然而，毕竟他们的光芒曾经照亮了整个天宇，给历史留下了深刻的影响。所以，墨子是一颗巨大的彗星。有一个诗人叫余光中，写彗星，"你永远举着朝圣的大旗，流浪在无尽的天宇。"我觉得墨子就是一个朝圣者，他未必是一个圣人，但他永远在朝着圣人的方向努力。

山东大学有一位已经作古的老前辈，叫杨向奎，他曾言道："一部《墨

▲《墨经》

经》，无论在自然科学的哪一方面，都超过了整个希腊，至少等于整个希腊。"我认为，这是对墨子非常中肯的千秋定论。

古希腊发源了西方文化，一部《墨经》影响了整个东方科技。退一步讲，无论从哪一方面看，墨子都至少不应次于亚里士多德，客观地讲，他应该比亚里士多德更伟大！但悲哀的是，全世界包括我们中国在内，对墨子的重视都不够，甚至我们小学课本上、历史课本上、哲学、政治课本上都有亚里士多德，却没有墨子。

现在，我们已经走出了传统社会的模式，也打破了传统的观念，不再是"罢黜百家，独尊儒术"。我们研究墨子就是为了让他在这样一个很冷静的时代，为我们的国家，为我们的国民生活发挥作用。我相信，墨子的研究一定会成为一种热门的学问。

有一部武侠小说叫《神雕侠侣》，里边有个人叫独孤求败，他一生只求一败，却始终没有遇到一个和自己一决高下的对手，最悲哀的是，一身绝学居然失传。杨过只得到他的一鳞半爪，便成了一代大侠。我们现在研究墨子，也是这样的感觉。墨子留下的东西已经残缺不全了，我们只能从一些记载中来看看墨子这位绝顶高手的风采。

墨子是一个什么样的人呢？他出生于山东，应该不在山东胶州湾一带，可能靠近咱们山西。因为从墨子的书中，他从来不提海，甚至从来不提任何海生物，反倒经常提山，应该和山西一带接近。他和诸子百家其他人不一样，孔子出身于没落的贵族，韩非子出身于贵族，但是墨子的出身比平民还低。韩愈说："巫医乐师百工之人，君子不齿。"在古代，伶人戏子、卖艺人、匠人，地位非常之低。

司马迁的《报任安书》有言："文史星历，近乎卜祝之间，故主上所戏弄，倡优畜之，流俗之所轻也。"说的就是和墨子一样身份低贱之人。然而墨子的出身比司马迁更加不如，他应该出生于比奴隶身份稍微高，比平民身份稍微低的家庭。我猜他应该是出生于一个手工业者家庭，靠着家传的绝活来维持生计。也许有很多外人所不知道的东西是他家传的。

我们举个例子，贵州有一位老先生，善做铜器，拿个铜片敲打一会儿，

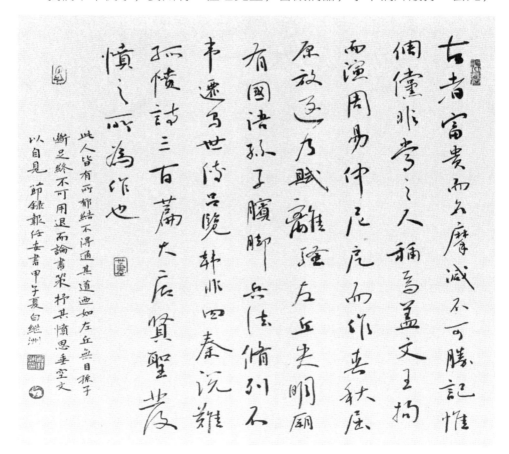

▲《报任安书》

▲ 烫画

加热，突然放到锅里边，炒一会，再捡出来，这锅里边没有水，只有七种原料。之后这个铜片会变得比较特殊，一般的铜和银不会反应，但是这个铜片它会和银发生一种反应：只要铜片上有一点点银，就会被全部融进去，"铜板走银"，形成各种图案。

在咱们岢岚，有一个人会创作一种画。这种画是用烙铁在木头上烫出来的，叫烫画。山西电视台曾经报道过他，这种手艺在全国也有，但在忻州只有这一个人。我试图去拜访，但很可惜至今没找到他的住处。岢岚过去有一种药，叫作全鹿丸，名气很大。这种药现在没人做了，但是方子还在，如果这种药能恢复，不会次于什么乌鸡白凤丸之类的，相信会成为岢岚的一大品牌。

墨子就继承了很多绝活，他才能在那么多绝活的基础上来进行创作，他应该是出自一个传了不止一代的手工家族。

中国的手工业出现得很早，我们举两个例子。第一是车轮子，它不是一种科技，但是这个东西很伟大，平常的树都是直的，但是有一天一个聪明人把那个直的树通过用火熏烤的方式，让它慢慢变弯，变圆，中间安上辐条，它就容易滚动。据说早在六千多年前，中国就有车轮子。第二是钉驴掌马掌，驴马没有那个保护脚掌，就不能长时间的走路，也不能离开草地以后还走得那么自如轻松，不可能被人骑上去打仗，更别提拉着很重的车走远路了。

但咱们中国人很聪明，很早就发明了驴掌、马掌、马镫。马镫传入欧洲以后，帮助欧洲的骑士攻破了中世纪的堡垒。所以中国的手工艺起源很早，换句话说，中国的科技起源很早。早在甲骨文中，就记载了二十四节气，记载了天上的很多行星、恒星，令人惊叹。所以，在某一个行业中，有一些世代相传的绝活是正常的，而且他们传的这些工艺，绝不是玩个什么手工艺，做个什么小东西、摆件，用来装饰那样。他们做的绝对是务实的一些生产工具。诸如犁耧、扇车、大小车辆等。山东有一个车博物馆，在那里我们可以看到，从三千多年前一直到现代，车的样子基本上没变。

墨子的家传绝活，应该就在这个范围之内，包括在这些东西基础之上的一些延伸物，比如战车、云梯、飞机，甚至光学仪器等等。大家都读过一本书叫《封神演义》，里边有一个阵，叫万仙阵，万仙阵内有很多镜子，只要把人一照，这个人就会变成血水。这不是不可能。在中国西汉时期，就曾经出现过利用凸透镜取火的技术。那时候没有玻璃，一种是用天然的水晶，还有一种就是用冰。把冰削成凸透镜的形式，对着太阳，底下放上艾草，过一会儿草就燃烧起来了。如果把这个东西用于战争之中，杀伤力绝对会成倍提高。

当一个学派、一个行业，传到一个聪明人手中的时候，这个行业学派会迅速变得非常了不起。墨子制造的那些东西，除了祖传的手艺外，大部分是他自己超越前人的杰作。在武术的流传过程当中，就是这样。一个武术传了好多代，突然好多人对这个拳术进行了多方位的改造。在手艺活的流传过程当中，也是进行了多方位的改造。墨子就是这样一个人。但是这么聪明的一个人，也只是一个下等人而已，也只是一个需要不停地服侍别人，不停地委屈自己的一个人而已，换做我们，可能觉得自卑，但是墨子可能已经超脱了这种思想局限了。对于一个想改变自己一生的男人来说，学文化绝对是最重要的一个方面，于是墨子就开始学文化，他带着一身的手艺投师。

后来我根据资料推测出来，墨子要比孔子晚七八十年左右。受他家乡儒学教化的影响，人们都学孔子。墨子也应该是拜在孔子某个学生的门下，学习文化和礼仪，然后成为一个体面而又有文化的人。但是任何事情往往都是不得已的，墨子出身低下，所以我估计墨子当年在学艺的时候也被很多人看不起过。

儒家讲究君子动口不动手，用精神文明来解决一切问题。而墨子还带着一些习性，经常动动手，经常做个什么东西。他发现那些诗书礼仪好像总和自己隔一层，那些东西总和自己有一些不太适应的地方。然后，由这种冲突产生了痛苦，由痛苦产生了思考，而且由思考开始怀疑，怀疑儒家这些东西是不是也不一定对呢？

学习最主要的是怀疑，不能"死在言下"。平时我不大谈佛教，这里说一小点。释迦牟尼去世之前，留下了两句自相矛盾的话。弟子们含泪问："您走了，我们向谁学呢？"他说："以经为师。""您还有什么交代的？""记住，不要向别人说我说过法。谁要是说我说过法，就是诽谤我。"前面说"以经为师"，经就是讲课的记录，是说过的法，后边却说我没说过法，这不是矛盾吗？就看你怎么理解。他是怕后人搞成形式主义、教条主义。要以书为跳板，而不是把书看成神圣不可侵犯的，半步不敢超越。

我想，孔子也应该是这个意思，孔子一生"述而不作"，只叙述而不创作。是后人把孔子的语言收集起来成了《论语》。但是在孔子去世后，《论语》对很多人来说又形成一种新的教条，这是一种悲哀。西方有个故事说，有一天上帝在天上待得累了，跑到人间玩玩。他到了一个非常信仰上帝的地方，结果马上就被神父看到了，神父马上上去大喊一声："上帝，你千万不要说。""为什么呢？""因为你说的话已经被我们解释了，你现在说的任何一句话都可能是破坏，所以请你闭嘴。"他们需要经过自己解释的上帝，不需要真实的上帝。许多搞形式主义的人，就是这样。很多儒家不成器的后辈，也是这样，往往假托孔夫子说过的某句话作为信条，一个字不能改，一个字不能动，这是一种没出息的想法。

二、墨子和墨家

　　然而一个勇敢的人——墨子，就对此开始怀疑！是不是有一些事情孔子也没有意识到，没有重视呢？现在这个社会和孔子那时也不一样，是不是有些东西我能变一下呢？他想着想着，就开始另立宗派。这就好像太极中的陈氏太极拳、杨氏太极拳、武氏太极拳、吴氏太极拳、孙氏太极拳、傅氏太极拳等，都从陈氏出来一样，儒家门派也出来诸多门派，比如法家、名家、墨家。一个伟大的学派，只有不断衍生出更多的流派，才能说明这个学派生生不息的生命。比如佛教，传入中国后就衍生出著名的十大宗派。最著名的是禅宗，而禅宗中又衍生出大大小小的宗派。儒家也是一根无数枝，一花无数叶，除了衍生出墨家、法家、名家等，还直接影响了后来的道家、阴阳家、纵横家。

　　墨家，就是由儒家分流出来的一个很了不起的学派。墨子没有把自己的旗帜插在当时的国君、贵族、士人们的阵地上，他插在了劳动者的地头上。

　　墨子应该是劳动者的阶级，他这个旗帜有个信仰，有个图腾，这就是大禹。大禹是个生活非常俭朴，道德非常高尚的人，墨家就是要学习这样的俭朴、这样的亲自劳动的人。以这面旗帜作号召，谁也不敢反对。所以很快，就聚集了许多人，这些人都是和墨子同样阶级出身的手工业者。

　　这批阶级兄弟很快就建起了一个非常大的势力，并很快就形成了墨家，和儒家分庭抗礼。打个比方，一百人之中儒家的弟子可能有三十几个，墨家的弟子也可能是三十几个，剩下的则是道家、法家、阴阳家、农家等学派的弟子。《韩非子·显学》第一句就是"世之显学，儒、墨也。"天下最盛行的只有两大学派，就是儒家和墨家。以至于孟子在总结自己时，觉得他一生最大的

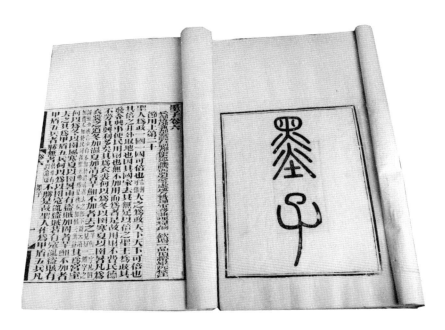

▲《墨子》

成绩就是打击了墨家。其后，墨家最终失败了。

三、《墨子》一书

《汉书·艺文志》说："其在九流之中，惟儒足与之相抗，其余诸子，皆非其比。"学派生产思想，思想指导着行为。当时影响着人们行为的不是儒家就是墨家，也就是说中国很有可能会出现墨家的天下。后来汉武帝"罢黜百家，独尊儒术"，非如此，中国就是另外一种样子。然而汉武帝选择儒家是有原因的，因为墨术既有明显的优点，也有致命的缺点。

《墨子》一书中自然科学占了一半，另一半是墨家的十大主张，即：兼爱、非攻、尚贤、尚同、天志、明鬼、非乐、非命、节用、节葬。

第一，兼爱，就是我要爱所有的人。不仅爱我认识的人，也要爱陌生人；

不仅爱我的恩人，也要爱我的仇人；不仅爱我的亲人、朋友，以及同胞，而且爱全世界所有的人种。兼爱，关键是无差别，无条件的爱。我爱一切人，就像我爱我的父母。我爱所有的人，不分先后不分主次，是一种不可思议的爱。

我们试举一例来说明，假如某个人生病住院，需要一种药，有了这种药就可得救。在找到了这种药之后，回来的路上遇到了一个仇人，他也需要这种药。如果是墨子的信徒的话，就应该把这种药给了我的仇人。因为"爱人若爱其身"我爱我的仇人和爱自己是一样的。

第二，非攻，即反对战争。刘德华拍的《墨攻》是一部非常失败的电影，一是选用的片名，"墨攻"，完全取自日本的影片；二是日本的"攻"字，和中国的不太一样。香港的那个制片人学"拿来主义"，日文的"攻"字虽然和中文的"攻"字一样写，但是意思不太一样。在日本，攻就是守的意思。墨家从来不会攻别人，墨家只会非攻。非者，否定也。他否定和反对一切战争，听起来很了不起，让世界充满和平。

我们依然用一个小例子来说一下。有个地方君王很残暴，人民生活非常糟糕，老百姓处于水深火热之中。此时有位圣人到来，说我们要用武力来解放老百姓，拯救他们于泥潭。按照墨子的观点，定然会去制止，因为他们反对战争。非攻和兼爱一样，非常伟大，但是有致命的理论上和逻辑上的漏洞。

第三，尚贤，崇尚贤才。谁的道德高尚、才能杰出，谁就是他们的领导。但是"尚贤"这个观点也有毛病，它和兼爱是矛盾的。尚贤也是一种兼爱，既然是兼爱，既然是无差别的爱，为什么要爱那些有道德有能力的人多一点呢？再者"文"和"质"、"德"和"才"等方面的相辅相成关系，他没有考虑到位。这一点后来的许多朝代都有教训。

第四，尚同，即"一同天下"之义。墨家通过选举贤才来使得天下得到治理，对被选举者十分信服，"唯命是从"，就是对领导、上级无条件地、不思考地服从。我有个同学，他在日本待了几年后，回来对我说，日本那边就是这样的，尤其是女子对家庭的那种盲目服从，日本的男尊女卑非常的严重。这一点虽然可以提高办事效率，但从实践上来说缺乏自我灵活性和主观能动性，而且很可能出现个人英雄主义的崇拜和个体自我思想的僵化。对现代而言，需要每个人都出谋划策，为祖国的建设做出自己的贡献，显然"尚同"做不到这一点。

第五，天志，天是伟大的，要尊敬，要信仰天的安排。但是天是怎么回事呢？这里的"天"和后来的老天爷不一样，没有变成一个人格化的形象"玉皇大帝"，这个"天"是抽象的天，类似于《老子》中的"有物混成"。墨家让人们敬畏自然，这一点是不错的。

第六，明鬼，尽心以事鬼神和祭祀。鬼是什么呢？鬼的谐音是归，鬼者归也，已经过去的叫做归，是一种祖宗崇拜。

第七，非乐，否定、反对音乐。墨子认为吃饭是为了不饿，穿衣是为了不冷，然而音乐不能解决吃饭穿衣等基最基本的生存问题，所以墨子反对一切的音乐形式。谁都不许唱歌，不许弹琴，那些东西有什么作用呢？

我们知道，音乐的作用是非常伟大的。"礼以节人，乐以发和。"音乐可以让人们变得平和，变得纯洁高尚，变得团结。听音乐可以培养正确的审美观和高尚的生活情趣，对人类的健康成长来说，是十分有益的。所以从这一点来讲墨子是不对的，虽然不对，但可以理解。

我觉得墨子的十大主张，可能是针对不同的人讲述的不同主张。如同孔子对弟子的教育紧紧扣住"仁"，但是对于不同的弟子有不同的说法，都是为了弥补弟子的不足。这一点，两位圣人惊人的相似。

第八，非命，即不相信命运，只相信自己。墨子是一个实在的人，也是一个"非命"的人，什么事情都亲力亲为，面对现实总要尽自己最大的努力去做，这一点暗合我们现在的"无神论"，有非常大的借鉴意义。

第九，节用，即极简主义。《人民日报》曾经三次发评论文章，专门论述极简主义。简单好，但是"节用"一旦过了头就不好了，"过犹不及"。墨家即使在冬天也只穿一件单衣，这就有点过分，甚至苛刻了。

第十，节葬，提倡实行简单的葬礼。战国时期厚葬非常盛行，许多人家因葬礼而倾家荡产，就像我们现在说的"连死都死不起了"。墨子觉得这一点非常不实用，主张要在葬礼方面节俭。

这些主张虽然都是高尚的，但是都带一种偏激，一不留神就会流于形式，走向极端。所以墨家只适合于高尚的人来信仰，只适合于正在艰苦奋斗的人来实践。

我们知道，一个社会最合理的状态是枣核形，两头尖中间粗，从财产上来说最穷的很少，最富的也很少，大部分是中产阶级，这个社会是最稳定的。实际上精神也是这样的。这个社会思想最差的人和圣人，数量都很少。大部分人是很健康很正常的。偏偏墨子相反，他取了两头却舍了中间，他的学说就适合这两个极端，这是他的片面之处。

我们用十句话来总结墨子的这十大主张：让世界充满阳光充满爱；呼唤和平，让战争走开；打破出身论，崇尚人才；听指挥，服从上级调派；要相信，老天自有安排；报应不爽，鬼神降福灾；靡靡之音让人道德败坏；要奋斗，才能前路打开；浪费是犯罪，更是腐败；别让死人成了活人负载。

这对我们来说有很多可取之处。明朝宰相徐阶说过一句话："老夫为官四十余年，平时只在火候二字上下功夫。"

在两伊战争时期，新华社有个摄影记者叫唐师曾，是季羡林先生的学生，他没有当教授没有搞翻译，而是做了摄影记者。有一次在过一个海关的时候，检察人员拿到他的证件，问："你的信仰是什么？"他想了想，看到对方已提高警惕随时准备拒绝他，就说："我告诉你，我的信仰是中国两千多年前的中国墨家思想。"对方问："墨家思想是什么？"他说："墨子是一个伟大的和平主义思想者，他希望所有的人都像兄弟一样，希望所有的人都能和平地生存，希望这个世界充满了爱，永远没有战争。"对方想了想，把章盖了，说："去吧。"后来他写了一本书，叫《我钻进了金字塔》，书中提到了这个细节，这让我很感动。即使到现在，墨子还是一个因和平、因消灭战争、反对战争，而被不同种族、不同学派、不同国家的人都认同的人。

▲ 鲁班

墨子是这样说的，也是这样做的。

《墨子·公输》记载了一个"九攻九距"的故事，公元前448年，楚国准备攻打宋国。鲁班奉楚王之命设计了很多种杀伤力很大的器械（史称"九攻"，九，数之极也，谓其多）。崇尚和平的墨子闻讯，火速赶来劝和，当场和鲁班演示与"九攻"的对决，并将鲁班挫败，指出其中破绽之处（即"九距"，距者拒也），楚王没办法，于是消弭了这场战争。

所以，墨子绝对是一个非常高尚的人，他高尚得让我们望尘莫及，他那超人的气概值得我们每个人去学习。后来世界各国也越来越相信这种思想，就是消灭战争。前几年的时候美国出了一个功夫片，叫《功夫熊猫》。主人公阿宝用中国功夫打架，他学功夫的目的是为了不再让打架发生，不让任何人再打人。墨子提出的和平主义，越来越被不同人种、不同文化，甚至越来越被整个人类、整个世界所接纳。

鲁班后来被尊奉为木匠的祖师爷，我们更愿将他视为一名能工巧匠，而不是一个制造战争机器的人。中华民族自古以来就是崇尚和平的民族。包括墨子去卫国的时候，对卫国的一位大臣说："你们卫国是小国，处在齐、晋两国之间，就像穷家处在富家之间一样。穷家如果学富家那样花费，那么穷家很快就破败。现在看看您的家族，好车好马数百，穿文绣的妇人数百，如果国家有难，用这些妇女抵抗，还是用士人？"大臣无言以对。墨子又说："如把这些钱财用来养士，可养一千多人，一旦遇到危难，士可以保护您的安全。"大臣点头称是。这里边体现了墨子的两种思想，一是尚贤，二是急用，其实多多少少也有非攻的意思。

他使宋楚两国的战争消于无形以后，又要返回鲁国。路过宋国时，天黑了，下起雨来。他想进城休息，看门的人不让进，只得在城门底下避雨，还被人家赶了出来。别人并不承他的情，甚至不知道他这个人，但他无怨无悔。如果用一种佛教的语言来形容，墨子具有"安忍如大地"的精神，具有"我不入地狱谁入地狱"的精神。

墨子的思想很难被实行，这就是司马谈说的四个字"俭而难遵"。墨家盖房子，人能住就行，宫殿台阶用土来做就行了，人能走就行了，不需要什么石头汉白玉之类的，房顶不用瓦片，就用茅草就行了。他的强本节用，就是重视生产，非常实用，这是任何时候任何人都无法否定的。所以《论六家要旨》说："其事不可遍循，然其强本节用，不可废也。"

四、科学巨人

我们再说一下墨子本人的非凡之处。作为科学巨人，他在光学、力学、数学、机械制造学等自然科学领域，都取得了领先世界的伟大成就。

他在几何学中对点、线、面、圆等提出了明确的定义；在力学中初步阐明了运动的相对性，力和运动的关系以及杠杆、滑轮等的基本原理；在光学中系统地论述了光的直线进行、阴影的形成、光的反射，还对平面镜、球面镜的物像关系进行了实验研究，基本上奠定了几何光学的基础。那时候他有什么仪器呢？连个实验室都没有。正因为如此，后来墨子被称为"科圣"。

在中华民族有许多大科学家，如沈括、张衡、郭守敬、祖冲之等，这些科学家都有一个共同的特点，他们都是有思想的人。所以中华民族的科学一直没有用来做一些伤天害理、危害人类的东西。如生化武器，大规模的杀伤武器，没有用于这些，中华民族的武器沿着和平实用的方向来发展。墨子也好，张衡、祖冲之、郭守敬、沈括也好，他们都是中华民族科学的代表，就是有道德的科学，有良心的科学。

另外，近年来有一个认识：中国古代的科技水平其实一直都很发达，只不过没有走与西方科技一样的工业化路子而已。中国古代的科技，一直紧紧围绕农耕文明这一主体，以生产实用、民生日用为核心。比如《墨子》《考工记》《淮南子》《齐民要术》中大量的科技成就，以及与农业关系密切的数学、天文、水利、医药、机械制造、土木工程等领域的丰硕成果。这是这个文明古国赖以生存与发展的重要条件和强大力量。

在这些领域做出杰出成就的先贤，主要有三类人。一类是鲁班、欧冶子、马钧、华佗、孙思邈等职业工匠或专家；另一类是墨子、鬼谷子、刘安、张衡、祖冲之、葛洪、戴震等学究天人的综合性大家；第三类则是李冰、郭守敬、杜诗、戚继光等独当一面的政府官员。这一批人由于对现实问题的有效解决以及本身的巨大影响力，往往更容易对现实和后世产生巨大的影响。

五、墨家的不足

墨家学说有一些遗憾之处，我认为有以下几种：

一、不知根本

不知根本有三个方面。

第一，墨子没有解决哲学的一些基本问题。比如，人从哪里来，要到哪里去，万物的起源是什么。这些问题儒家在《周易》里边，道家在《老子》中，佛家在佛经中都有论述，但是墨子没有谈到；

第二，他不说人活着到底是为了什么？人活着是为了做好事吗？人活着是为了消灭战争吗？人活着是为了活得艰苦吗？我们可以通过消灭战争来体现自己的人生价值，甚至可以把这作为自己的人生理想。但是，如果这世上没有战争的话，我们作为一个人，是不是就没有价值了？

也就是说，人来到这个世界上，应该不是为了某一个具体的事情而来的，人到底为了什么活着，人生的意义到底如何，其他学派都在说，墨家却对此基本不提。换句话说，墨子没有告诉我们幸福到底是什么。我们来到这个世界上，有很多很多根本性的问题，比如说我到底要怎么活，我们要为了什么活，我们可以为了儿女活，我们可以为了自己的家庭活，我们可以为了自己的事业活，但总有一个目标，墨子没有把这个目标彻底解决。他说的那些东西大部分都是在一定的时期内会存在，但在更长时期内不会存在；

第三，墨子没有解决治理天下到底靠什么制度。就是一种道德，一种科技吗？不一定。必须要依靠完整的、严密的思想来指导。对于根本的社会制度，墨子所见甚浅。

金庸的小说《倚天屠龙记》中，有一个人物，叫火工头陀，在少林寺偷学到了很厉害的拳脚，但没学到内功。所以虽然很厉害，但最终没有成为和少林相抗衡的一代宗师。墨子也是，在儒家学到了文化知识，但儒家这三点，他没意识到，没学到。儒家最核心的不在于外在的礼仪，不在于外在的诗书，而

▲《周易》

▲《老子》

在于内在的对于人类的根本问题的解决，这一点墨子没学到。这些问题不仅是儒家的根本，也是所有文明共同关心的一些问题。

兼爱，错了人类性情的根本。往水里扔一个小石头，涟漪一圈一圈地往周围扩散。人活在这个世界上，对于任何人的情感也是一圈一圈往外扩散，也是先往相爱的亲人，然后才能爱别人。我先让自己有力量，然后再帮我身边的人。我先关心我面前的人，然后再关心外部的人。但是墨子说不分时间、不分先后、不分条件，这就是不对的。所以，孟子批评墨子："无父无君，是禽兽也！"孟子骂的够狠！平心而论，用禽兽来骂墨子，有点过分。但说他"无父无君"，是有道理的。我忠于我的祖国，又同时忠于其他国家，这是不可能的。只要国家还存在，一个人就不能同时忠于好几个国家。

一个人既要爱自己的家庭，也要爱别人的家庭，这是错误的。在社会上可以博爱，同样在忠诚上可以博爱，在情感上人类是有道德的，所谓"糟糠之妻不下堂"，所谓"子不嫌母丑"。艾青写道："为什么我的眼里含着泪水，因为我对这片土地爱得深沉。"如果否认这些差别，否认这种秩序，就是否认伦理，就是否认了一些根本的人的性情。

二、目无法纪

一个人目无法纪是不允许的，一个组织目无法纪是更不允许的。因为它很可能对正常的社会秩序形成很大的挑战和威胁。

我们来看一个故事：

> 墨者有钜子腹䵍，居秦，其子杀人，秦惠王曰："先生之年长矣，非有他子也，寡人已令吏弗诛矣，先生之以此听寡人也。"腹䵍对曰："墨者之法曰：'杀人者死，伤人者刑。'此所以禁杀伤人也。夫禁杀伤人者，天下之大义也。王虽为之赐，而令吏弗诛，腹䵍不可不行墨子之法。"不许惠王，而遂杀之。

我猜秦惠王心里肯定会勃然大怒，他不会觉得感动，不会觉得腹䵍是个高尚的人。第一，他反而会觉得腹䵍认为墨家的法比我的国法还厉害；第二，你不让有关部门放人，我们要放你不让放，这叫不叫干扰国家法律？第三，你不仅仅是让你墨家的法和我国家的法同时存在，而且居然认为你的法对我的法错；你的法好我的法坏！

在《水浒传》里边，鲁智深有位师父叫智真长老。智真长老烧香，第一炷香，"祝天子万岁，皇后比肩。"第二炷香，"祝江山永固，天下太平。"出家人虽然有自我独立的精神世界，但不和外部的世界相抗衡。儒家自古以来"学成文武艺，货与帝王家。""学而优则仕。"不规定非要当官，但学而优可以当官，至少不是敌对的态度。墨家居然有独立于国家法律之外的法律，这是可怕的事。

三、曲高和寡

我们相信墨子很高尚，但套用现在的一句话，"臣妾做不到啊"。你很高尚，你做起来让我们万分佩服，但我们平凡人做不到。就如超人，在天上飞来飞去，拯救地球，我们不能够也像超人那样，穿着秋裤在天上飞来飞去，墨子就是这样的超人。

四、不近人情

不是为了维护国家的法律而杀人，而是为了维护一个门派的法律而杀自己的儿子，这就是不近人情。在比如让所有的人放着好生活不过，而有意的去过最艰苦的生活，这也违背了人之常情。

六、对我们的启迪

尽管墨子学说有很多缺点，但是我们还是要向墨子学习。他是不折不扣的伟大人物。

学习他的博爱精神。我们可以让我们的爱有差别，但必须爱所有的人。可以有差别地、层次地去爱所有的人。我们首先说爱我们的祖国，然后再说爱这个世界；我们首先说爱我们的岢岚，然后再说爱我们的忻州；首先爱我们的家庭，然后再关心其他亲戚。这个博爱，和儒家的爱并不冲突，我相信孙中山先生也是这个意思。换句话说，孙中山先生的博爱应该是从墨家中汲取出来的。后来有人评价孙中山先生说"行兼儒墨"，他的行为具有儒家墨家的优点。

学习他的和平思想。岢岚自古以来是兵家必争之地，硝烟烽火之地，我们只希望以后生生世世在岢岚再不要发生一次兵家相争，再不要发生一次硝烟烽火，让我们的子子孙孙都能够和平幸福地生存下去。包括比岢岚更大的中国、世界。

学习他的科学精神。他能够在那样艰苦的条件下，发明发现那么多器械、工具、原理，我们现在条件比他条件好多了，也应该具有这种探索自然、服务现实，而且做有道德的科学有良心的好事。

学习他的节俭行为。贪污和浪费是极大的犯罪，过分的节俭没必要，但必要的节俭永远不能丢。毛主席说过，艰苦奋斗的作风永远不能丢。

学习他的献身精神。墨子无论怎么说也是一个高尚的人，一个纯粹的人，一个脱离了低级趣味的人。我们可以不认同墨子，但必须向墨子学习，他能够为他的事业而献身，我们也可以为我们的事业而献身。

学习他的尚贤理念。学习墨家这种向有道德、有能力的人看齐的精神，让有能力、有道德的人引导我们，让这个社会越来越好。

吕不韦与《吕氏春秋》

第十一篇

今天再说一位对中国历史贡献巨大、值得我们学习、同时又让人觉得有些遗憾的人物:吕不韦。

他组织编写了一部书《吕氏春秋》。

我们先从一个故事开头:

秦国统一天下之前,有一件事情轰动了天下。秦国的丞相吕不韦,集中很多人的力量完成了一部《吕氏春秋》。他把这本书请人誊抄整齐,悬挂在当时秦国的首都咸阳城门边,让人挑毛病,声称挑出一个字就赏千金。这是最早的"一字千金"的出处。

吕氏一言定春秋，欲与孔子试比高

《吕氏春秋》是怎样一本书呢？吕不韦为什么要把它挂出去？今天我们来穿越历史，见识一下吕不韦及《吕氏春秋》的风采。

我们知道，孔子是一位能够代表我们中华文明形象的人物，在全世界开办的中华文化对外传播的机构，都叫孔子学院，由此可见孔子在中国历史上的地位。

孔子编定过的书：《诗》《书》《礼》《易》《春秋》《乐》中，《春秋》地位尊崇，影响极大。我在《<春秋>和中国文化》中详细说过，这里不再赘言。

《春秋》被后人认为是最经典的典籍，吕不韦非常不服！

他下定决心要编纂一本超越《春秋》的书。费时良久，还真叫他集数千人之力编成了一本书。这本书也叫《春秋》，不过前面加了两个字，叫《吕氏春秋》，即吕不韦先生所编的《春秋》。

我们经常说"名正言顺"，"名"和"言"是互相的从属关系，"言"不仅是言，还是思想，比如说"一家之言"。

《吕氏春秋》这本书用了《春秋》之名，而且还冠冕堂皇地把自己的姓氏加在了《春秋》之前。言下之意，我不仅要和孔夫子的《春秋》比一比，而且我要超过孔夫子。孔夫子不敢把他的《春秋》叫作"孔氏春秋"，但是我吕不韦敢。吕不韦有一种梦想，有一种情怀："我希望我吕不韦的这本书，能够像孔夫子的那本书一样，对于过去、现在和未来的中国历

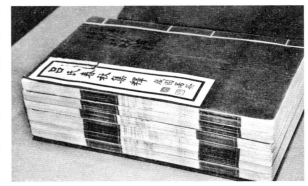

▲《吕氏春秋》

史，乃至世界历史，产生重大影响。"

所以从这本书来看，吕不韦这个人其志不小，野心非常大。

吕不韦是个怎样的人呢？我们从春秋战国时期的大背景说起。

商人逐利是本性，奇货可居见曙光

战国初期，天下分为大大小小十二个国家，其中最强大的有七个：齐、楚、秦、燕、赵、魏、韩是也。

这七个国家被称为战国七雄。七雄并立，十二国同时存在，就产生两个潮流。哪两个潮流？在回答这个问题之前，我们先来分析一下当时两种人的所思所想，所作所为：

一、有的人渴望统一，于是寻找统一的方法。比如咱们山西的一位大思想家：荀子。他一生都像孔夫子那样周游列国，他一直在想，怎样把天下统一了？这是一个潮流。

二、有一部分人通过货殖，获利于诸国之间，他们是商人。这是另外一个潮流。

当时在七个国家之间，同一物品不可能总是同样的价格，于是有的商人就往来其间，赚取差额。

然而，有的商人并不总是以利益为主。

常年往来于各国之间，一部分有见识的商人逐渐明白，天下迟早是要统一的。他们开始思考，如果天下要统一，应该由哪个国家作为一把手，把其他六个国家来灭掉？大家都在观察。

几年前，我去看望刘毓庆先生，聊起了古文字。他说："只要看一下当时文字，就知道统一天下的必然是秦国。"我问："为什么呢？"他说："因为当时所有国家的文字之中，秦国的文字最具有法度，说明秦国人的思想最有秩序，秦国人的政治最有效率。"

这可真是一针见血！

他是在秦朝统一全国两千年之后的今天说的，两千多年前，也有一个人知道将来统一天下的是秦国。

这个人就是吕不韦。

他不是秦国人，但他对包括秦国在内的所有诸侯国，都进行过不止一次的考察，认为秦国将会成为统一天下的领袖。

吕不韦觉得，秦国物产比较丰富，财力比较丰厚。秦国的民风淳朴，战争力比较强。更有利的是，秦国没有后顾之忧。

我们看当时的地图就很直观，秦国的三面都没有敌对的力量，相对安全。反观其他国家呢？至少有三面，甚至四面的威胁。

吕不韦决定做一次投资，只不过这次不是商业投资，而是政治投资，或者说是政治投机。他把自己的家当，押到了秦国。

然而，当他去了秦国时，才发现秦国很保守。一直用秦国的贵族，用秦国本地的人。作为一个非秦国的商人，他根本没有机会进入到上层社会，只能很失望地离开，继续干自己的老本行——做生意。

如果吕不韦生活在现在，那他一定会对一句诗深有同感：

山重水复疑无路，柳暗花明又一村。

这句诗就如同为他量身定做般，让他的大志之道有了曙光。

吕不韦听说秦国国君有一个儿子，因为是不受宠爱的妃子所生，所以被作为人质扣在赵国。他认为机会来了，就专门去见了这位秦国王子。

这位王子名字很奇异，叫秦异人。当然，只是个名字。

这位王子非常一般：品德不高尚，人品也一般，手段不高明。如果一般人就会想：这个人没什么可利用的，就算了吧。

但是，非凡的人总是有一双非凡的眼睛，能看到非凡的一面。

别人觉得普通，吕不韦觉得不普通。

为了确定自己的判断准确，吕不韦回去和他爸爸聊了聊，他问："您是农民，为什么让我做商人，这是为什么？"

他爸爸说："因为农夫所得到的利益很少，只有十倍而已。商人逐利，利有百倍。"

吕不韦又问："有没有比百倍的利更多的呢？"

他爸爸说："有！"

"什么利？"

"是宰相！不止有百倍的利，是千倍万倍的利。如果你能够看中一个下一步能够当国君的人，你就好好对他，下一步你就可能是他的宰相。"

吕不韦说："我要的就是您这句话。"

然后他就又到赵国见秦异人，和秦异人成为好朋友。商人啊，就两个字：有钱！

在金钱攻势下，异人变成了凡人，沦陷了。

当然，这中间异人有时也是清醒的，他清醒的时候就对吕大财主说："你别对我这么好，我知道你想从我身上得到回报，但是你不可能得到回报。秦国的王子非常多，我只是其中非常普通的一个而已。我不可能成为太子，更不可能成为国君。"吕不韦心里一笑，说："如果我能让你成为太子，而且能让你成为国君，你能让我做宰相吗？你发誓！"异人这次彻底被吕不韦拿住了，说："好的，我发誓。"

当时，在秦国有一位王后，叫华阳夫人。她有个非常大的遗憾，没有亲生的儿子，于是总想挑一个能力较突出的人做自己的儿子。

吕不韦投其所好，首先用很大的价钱，买通华阳夫人的一些亲戚家属，又通过这些亲戚家属接近了华阳夫人，给华阳夫人很大很大一笔钱。

华阳夫人说："你给我这么多钱，要做什么事情？"

吕不韦说："什么事都没有，这些钱是您的儿子异人从赵国给您的礼物，儿子孝顺母亲，理所应当。"

华阳夫人很奇怪，这个孩子，怎么好端端地孝敬起我来了呢？

吕不韦说："异人王子在赵国，日日夜夜都在想一件事情：就是您没有亲生儿子，等到您老了，怎么办呀？他的兄弟姐妹很多，而且个个能力都特别强。而您又是一位特别忠厚的人，一旦一个能力特别强的人当了太子，将来做了国君，能对您好吗？异人特别担心这个事情。所以想让您能多有些财富，便于将来自己过日子。"

打蛇打七寸，这句话一下子就打到了王后的痛处。她忽然觉得，异人这个孩子真好！

华阳夫人想了很久，终于想明白了：与其立一个能力很强的人，我控制不了，不如立一个能力一般的人好控制。于是她就向秦王建议说："秦国在赵国的人质——异人，非常忠厚，我们应该把那个孩子要回来，立他为太子。"秦王为其打动，准备让异人回国做太子。

然而，这中间出了一件事，差点前功尽弃。

当时吕不韦也在赵国长期居住，他的一些族人与女眷也跟着他。他既然对异人下了投资，两家就是通家之好，你来我家串门，我去你家吃饭，很正常。

有一天，异人去吕不韦家里参加宴会，发现一个歌女非常好看。他不知道这是吕不韦宠爱的侍妾，以为是一个普通的丫鬟，就对吕不韦说："要不您把这个歌女送给我吧！"吕不韦心中勃然大怒，但转念一想，比起自己所做的投资与将来的收获，一个侍妾微不足道。于是他不动声色，对歌女说："你跟他走吧。"

——从这一刻起，吕不韦就昧了良心，他把道德抛在了脑后。

过了几个月，跟了异人的女子生了孩子，这个孩子就是后来的嬴政，也就是秦始皇。在秦始皇出生之前，异人已经回秦国做了太子。异人做国君后，没有忘记当年的誓言，把吕不韦请到秦国，拜为宰相。从此，吕不韦一步登天，觉得可以实现自己的理想了。

什么理想？统一天下！

怎么统一呢？

当时不止一个人在想这件事情。天下的统一已经成为潮流，很多人都已经意识到。这种统一，不仅是疆域、政治、军事的统一，也不仅是后来秦始皇的货币、文字、度量衡的统一，更主要的是思想的统一。

思想是一种文化，所以必须寻找文化人，必须笼络文化人。当时已经有人在这么做。

名垂千古的"战国四公子"，魏国的信陵君、楚国的春申君、赵国的平原君、齐国的孟尝君，为人都特别地平易近人，都喜欢招揽四方人才，许多人都汇聚到他们的门下，待遇都很高。

▲ 孟尝君

孟尝君门下有三千食客，每位食客穿的鞋上都镶嵌着一颗珍珠，号称"珠履三千客"。有一天，一个门客从他家门前走来，这个门客身体有点残疾，走路一瘸一拐的。孟尝君非常宠爱的一位夫人正好在楼上看到了，就大声笑了一下："你看那个门客多可笑。"这位门客立马就去见孟尝君："请您把那个夫人杀了！"孟尝君问："为什么？""因为她笑我。"孟尝君说："先生，她笑你是她不对，她是我的夫人，我离开她，饭吃不香，觉睡不香。这样吧，我代她向你道歉，我再提高你的待遇，这可以了吧？"这个门客说："告辞！"门客走了之后，其他知道真相的人都纷纷离开。"珠履三千客"很快就变成了"珠履几百客"。

孟尝君急了："不要走！告诉我为什么要走，好像我没有什么对不起你们的地方吧？"有的门客就说："因为您的夫人耻笑我们门客，某某的腿有残疾，你居然没有处罚您的夫人，那个门客虽然不是我们门客中最优秀的，但是他代表着我们门客的集体，所以我觉得你不尊重我们这个集体。"孟尝君无奈之下，只好把这个心爱的夫人杀了，门客们才留下来。可见当时为了招揽人才，四君子可谓是不遗余力。

而且这几个人都有个优势，是吕不韦比不上的。什么优势呢？他们都是贵族。不是国王的弟弟，就是国王的叔叔，最不济的也是国王的儿子。

吕不韦心里觉得不平衡："我虽然没有做国君的哥哥、父亲，但我在见识上不比你们差呀！你们能找人才，我也能找。"

所以他就用很高的待遇来招揽很多人才，最多的时候和孟尝君一样，也有三千人。当时有位大师叫荀子，他周游天下，学生很多，吕不韦终于成功地请到了荀子的学生——李斯。请到李斯，绝对是吕不韦的一件幸事。吕不韦说："我这个人没文化，你们能不能帮我写本书呢？你们把自己知道的东西写出来，咱们写一本书。"后来果然写成了，这本书就是一共二十多万字的《吕氏春秋》，又称《吕览》基本上把当时儒、道、墨、法、阴阳、纵横等家学说都涵盖其中。

可以说，这是当时候思想史上的一次伟大总结！

道法自然成杂家，顺势而为是本真

吕不韦和《吕氏春秋》属于杂家，诸子百家中特殊的一家。杂者，杂七杂八。如同满汉全席，什么都有。吕不韦就准备用满汉全席的形式拼成一道菜，结果还真成了一盘非常精彩的菜。但可惜太杂的菜入不了"名菜谱"，因为无论是食材的组成乃至食材的性质都是一些糟粕的东西，所以《吕氏春秋》只能叫杂家。

但是杂家虽杂，其中确实有几样特别精致的菜肴，在其他先秦诸子的餐桌中很少出现。让我们来看看这几样菜肴到底是什么。

《吕氏春秋》一开始是从人的本性说起。

吕不韦说："一个工匠的手指，一定是天下最灵巧的手指，但是对我们来说，天冷的时候，我们会想到保护那个工匠的手指吗？只会想到保护我们自己的手指。因为我们自己的手指是自己切身的利益。同样，人们不会喜欢藏在别人家的美玉珍珠，而会珍惜自己家中的一点留念品。人们不会天生就热爱秦国，人们不会天生去为国家而奋斗，只会为自己而奋斗，这是人的本性。即使是一个天子，也没有理由要求我们为其牺牲，因为这是不符合人的本性的。"

按照他这个逻辑，就推导出了两个顺理成章的逻辑：一个是天子我们可以不关心，秦国可以取代周天子的位置；第二个是直接刺激了秦始皇的一个法律，只要耕地耕得好、粮食比较多、打仗比别人杀的人多，就奖赏很多钱。老百姓为了自己的私利而奋斗，那就对了。

结果所有的人争着去耕地、争着去杀敌，秦国的综合实力越来越强，很快到了当时无敌的地步。

吕不韦此人看问题很深刻，他从人最原始的一点说起，这就是只能把吕不韦归为杂家的原因。

儒家的观点是"有教无类"，不管善人恶人，首先要教育，一视同仁地讲道理，按照道理去做事情，就是标准，就是有善有恶，有合法有非法。

我认为，吕不韦的出发点才是真正的原始观点。吕不韦在《吕氏春秋》中说："万物各有其性，人各有本性，我们就要顺性而为。"

他举了一个例子：

假如让一个大力士在牛后边，拽住牛尾巴走，即使把尾巴拽断了，也走不了几步。如果让一个小孩子去牵着牛鼻子，想让它到哪它就到哪。

这就是引导，顺着方向走。以"活"为例，哪一个人不想活得久一点呢？所以没有哪一个人会违背了生的规律。天下的事情也应如此，应顺着天下人的规律。

吕不韦认为即使开发人的本性，也不能无限制地开发。就像我们说的任何一种药都不能长期服用，过则成灾。所以吕不韦说对个人欲望的追求，对个人的利益的实现也要适可而止，是非常对的。

房子大不是很好吗？但是房子大人少，阴气太重；如果房子太大了，容易潮，让人心情抑郁；如果采光太充足了，一天很难见到黑暗，这个人就容易精神疲惫，这就是阴阳不平衡。房子的大小要因人来确定。

古代那些懂得道理的君王，他们不会住太大的房子。看看故宫就知道，光绪皇帝的卧室特别小。不会造太高的观景台，吃饭时不会吃得太多。即使在寒冷的冬天也不会穿过于温暖的衣服，因为过于温暖的衣服，热气不会太散发。气一旦散了，气脉就通达了。如果饭菜滋味太多了，不是好事，肠胃不好了，就会影响整个人体的健康。

一个国家仓储有问题，运输有问题，它可能还经济正常。身体上出了问题，那就得适可而止。

五者，圣王之所以养性也，非好俭而恶费也，节乎性也。

更好地颐养身心，更喜欢节俭，浪费对生命、对身体不好，节约对生命、对身体好。

人不能不对自己的欲望进行节制。古往今来这么说的有两个人，一个是吕不韦，一个是荀子。都对五味、五色、五声有节制，由此观之：

耳目鼻口，不得擅行，必有所制。

所以我们大秦的官员也不能为所欲为，应该有所节制。这应该是全世界最早的把权力关进笼子的相关论述。

譬之若官职，不得擅为，必有所制。此贵生之术也。

小到官员，大到政权，能够长生久治，能够生命长存，这合情合理，很厉害。商人总是会说话的，更何况现在商人周围集中了当代一流的文人，很了不起。

吕不韦说："作为一个人，作为一个政府，政府和个人，有没有一个公约数呢？有！这个公约数是什么呢？就是生。"

《周易》的"易"讲的是什么呢？两句话，一句话就是"日月之易"，还有一句叫"生生之谓易"。生生就是生生不息，我活着，大家一起活着。一切必须活着，一切必须以有生命的健康存在为根本。这一点吕不韦与《周易》一脉相承。

他说："当年尧把天下让给一叫子州支父的人，子州支父说：'这个事很好，你把天下让给我，我也愿意。但是我现在没法接受，因为我有忧郁症。我正在治忧郁症，我不能治天下去。'因为有忧郁症就不去治天下，我们也没觉得不合适。假如让一个有忧郁症的、心理不健康的人去治天下，会不会使更多的人忧郁呢。当用有问题的生命来工作的时候，工作必然会产生问题。"

吕不韦举了个例子：

越国有个地方非常奇怪，一连三代的国王都是死于非命。后来有位太子，名字很奇怪，叫搜。他就想万一我做了国君的话，也会死于非命。于是他逃跑了，跑到一个很深很深的洞穴中。后来老国君死了，大家就找王子搜，找到了这个山洞。但是，王子搜死活不出来。他知道出来就要做国君，做国君就要被杀死。越国人在洞口燃起柴草，像熏蚊子一样熏他，他受不了了，只好出洞。马上被抬上轿子，抬回去了。王子搜号啕大哭，老天爷呀，为什么不放过我呢！不是他不愿意做这个国君，而是他知道他做了国君会被杀。

就如咱们山西目前的困境，煤现在有问题了，是不是应该想一想，煤就像这个国君一样，有煤是好事。但是，挖掘日久，煤就会慢慢地变没。我有个同学在乡里，我问他："你们那儿怎么样？"他说："你也知道，我在的那个乡是个采空区，我现在就怕出那种地面的事。"他们那个乡曾经往地下掉过骡子，非常危险。

任何一种不利于国家、不利于人民、不利于集体、不利于将来长期发展的短期利益都不能要。在这点上，吕不韦或者说《吕氏春秋》很明显受到中国道家的影响。

他认为，规律最主要的作用就是让每个人过得更加愉快。如果在保证身体健康、生命愉快的前提下，还能愉悦的话，那么你就去做官。这无意中就沟通了儒道两家，把"修身养性"、"齐家治国平天下"联系到一起。所以所谓的帝王的功业，只不过是最高明的个人所做成的事情。把个人的事情解决了，在有余力的情况下再解决周围的、家乡的、天下的而已。而现在许多世俗的想法，一个个都把自己的生命不在乎，去追求一些外在的东西，这是为什么呢？

这一点很正确，虽然吕不韦自己没做到。

吕不韦在道德上有问题，但是吕不韦集百家之精华所编成的这本书确实很有价值。吕不韦从人的生活实际出发，推理到人需要自我节制，再往前推论到了无私，这个人太厉害了。

他举了个例子：

一个人生活在天之下，地之上，气候之中。但是天下不是他一个人的，气候也不是他一个人的，是大家的。所以应该感激这个天地，也应该意识到无论是天地、雨露，都是大家共有的资源。想当年周公的儿子伯禽去鲁国做国君，问他爸爸："我应该怎么治理鲁国呢？"他爸爸说："孩子，你记住一句话，你要对百姓有利，而不是只图对自己有利。"这句话就是"君子喻于义，小人喻于利"。

作为领导干部，作为社会管理者，应该更多地考虑地方民生，而不是考虑自己。吕不韦又举了个例子：

楚国有个人去打猎，不小心把弓丢了，但是他没有去找。他说："将来捡到弓的人也是楚国人，我去找什么？"楚国人捡到了楚国人的东西，说来说去还是楚国的事，等于没丢。孔子听说后，说，把那个楚字去掉，就是所有人的事了。老子听说以后，觉得还是有限制，说，还要去掉"人"字，这才是真正的大公无私。

老子知道，天地不仅是一个人的天地，不仅是人类的天地。这点非常了不起。现在我们常说人类是万物的主宰、宇宙的主宰，没资格这么说。

我们只不过是宇宙中一群很普通的生物而已，我们和植物、动物是平等的，没必要有一种宇宙中的优越感。

回到人间来说，处理任何事情的时候，要知道什么急、什么缓、什么轻、什么重，要"权衡轻重"。

权衡这个词，我们现在还在用。秦始皇统一中国以后，货币、文字、度量衡都得到了统一。衡就是尺子，在权衡之中起到作用的尺子。权是秤砣，秤砣在秤杆上移来移去，就是权衡轻重。

吕不韦是这么来解释这个观点的：

假如一个人，用天下无双的一颗珍珠，去打很远的一只鸟。就算打中了，这个人也是个傻子。一只鸟能值多少钱？他所用的那个东西很重，用很重的代价换来很轻的东西，谬矣。

人要知道哪边重要，哪边不重要。在发展的时候必须以科学为指导，知道哪些作为是杀鸡取卵，哪些作为是取卵护鸡。

我有个老师，他到外地去旅游。古村寨里面，有老人们穿戴着当地传统的服饰在那做鞋垫。他走上去说："大娘，能合影吗？"大娘用非常流利的普通话对他说："可以，合影一次20元。"简直是大煞风景！他最终没有合影，甚至不愿意再来这个地方。

吕不韦的《吕氏春秋》是集合众家，他在其中也提到要"合众之力"。天下没有纯粹完全白色的狐狸，但是天下却有一点杂色都没有的狐狸皮衣。从众多白色的皮上取下来的毛，就可以做成一件纯白的皮衣。这就是集众人的力量，可以做成任何事情。三皇五帝之所以能够成大功，就是这样。一个君王之所以能够治国平天下，也是这样。如果自己已经安定天下了，却把群众利益抛弃了，这就是舍本逐末了，有谁能够抵挡群众的力量呢？

一个勇士的力量再大，也抵挡不过众人的力量。一个人的眼睛再好，也比不过所有人的眼睛，所以要依靠群众。吕不韦说的每一个观点都是真理，说得都对。但是吕不韦未必做到。

真理是值得我们任何人、任何时代都好好地珍惜的。那么集合众多的力量会不会有害处呢？吕不韦就是这样的受害者。当年李斯去了秦国以后穷困潦倒，一个人也不认识，只好投靠吕不韦，吕不韦对他很好。但是李斯是个小人，他认为："你一个月给别人发一斗米，给我发十斗米。但是，你可以给我发更多。所以我就要想办法把你所有的米变成我的。"

后来，李斯奉吕不韦之命多次觐见秦王汇报工作。利用这样的机会，李斯设法获得了秦王的好感与信任。最终脱离了吕不韦，成为亲王的亲信。

再后来，李斯一步步做到了秦王嬴政的廷尉。做了廷尉以后，他逐渐排斥自己的老上级吕不韦，这点非常不地道。假如吕不韦真的有什么祸国殃民的事情，他受到排挤也算恶有恶报。但是吕不韦没有做过损害国家利益的事，却被李斯硬生生地排挤走。吕不韦最终被秦王贬到蜀地，过了不久，就自杀了。

无论怎么说，《吕氏春秋》都代表了秦国统一全国之前最高的学术与思想成就，也讲战国以来的学术思想推向了一个新的高峰。

倘若秦始皇能继续重用吕不韦，以《吕氏春秋》这样的文化品格来治理天下，那么，焚书坑儒就不会发生，秦朝的制度也不会那样残暴严苛，这个强盛一时的国家也不会如暴风雨一般，短短十五年就结束了。中国两千余年来的历史，可能是另外的一中走向……

历史是不可假设的，但历史的经验是必须汲取的。

《吕氏春秋》这本书，汇集了儒、道、墨、法等许多思想流派的特长，它能在当时指导秦国，能够让天下的制度相对完善。秦国统一天下那是迟早的事，但问题是由不同的人来进行的统一，对以后的影响是不一样的。秦国由李斯来统一对李斯来说是幸运，但对其他人来说是不幸的。假如秦国由吕不韦来统一的话，对吕不韦来说是好事，对于中国来说也是好事。这么多各家各派门都在吕不韦门下，各展所长，难道还会焚书坑儒吗？应该不会！

《吕氏春秋》里的小故事

好了，这是吕不韦，接下来我们讲点轻松的，讲《吕氏春秋》中的小故事，都是中国历史上很有意思的故事，有的流传很广，有的很少有人知道。

高山流水，在《吕氏春秋》中，不仅是指朋友间的故事：

> 伯牙鼓琴，钟子期听之。方鼓琴而志在太山，钟子期曰："善哉乎
> 鼓琴！巍巍乎若太山！"少选之间，而志在流水，钟子期又曰："善哉
> 乎鼓琴！汤汤乎若流水！"钟子期死，伯牙破琴绝弦，终身不复鼓琴，
> 以为世无足复为鼓琴者。非独琴若此也，贤者亦然。虽有贤者，而无礼
> 以接之，贤奚由尽忠？犹御之不善，骥不自千里也。

伯牙鼓琴，钟子期能够听懂。而且伯牙并不是只弹一种曲子，他一会儿
弹山，一会儿弹水，钟子期都能听懂，这就是一对倾心交流的好朋友。后来钟
子期去世了，伯牙觉得自己弹琴没意思了，因为失去了最好的合作伙伴。不仅
弹琴是这样，治国也是这样。对于有才能的人，必须用对待知己、对待知音的
态度来了解和抬高他，只有这样有才之人才会把你当知音来对待。

长久以来，我们只知道前半段的故事，而不知道后半段的议论。

人的本质属性是社会性。社会性是什么？就是你我他共同组成，由人际
关系组成的。我们的人际关系是彼此理解、彼此信任的，包括在政治中的关系
也是一样。

第二个故事，起死回生：

> 鲁人有公孙绰者，告人曰："我能起死人。"人问其故，对曰：
> "我固能治偏枯，今吾倍所以为偏枯之药，则可以起死人矣。"物固有
> 可以为小，不可以为大，可以为半，不可以为全者也。

公孙绰认为，用一份药可以把半边身子瘫痪的人治好，那么用上两倍的
药就能够把两边都失去知觉的死人治好。这个道理对不对？上了两个一年级，
是否等于上了二年级？当然不是！有时候量变不等于质变。量变可以引起质
变，但是并不是所有的量变都可以引起质变。低效率、无意义的低层次努力，
或许在一定时期内有用，但是长久来看是没有用的。能够治好一个层次、一个
地区、一个区间、一个时间的方法，未必能够治好全局或者更长的时期。但是

现在有极多的人，把这种很有限的经验进行无限的使用。

再说一个故事，割肉相啖：

> 齐之好勇者，其一人居东郭，其一人居西郭，猝然相遇于涂曰："姑相饮乎？"觞数行，曰："姑求肉乎？"一人曰："子肉也，我肉也，尚胡革（改，更）求肉而为？"于是具染（用以调味的豆酱）而已，因抽刀而相啖，至死为止。勇若此，不若无勇。

这二位仁兄真"慷慨勇敢"，我们叫这种人二杆子。如果什么事都要比个高低，尤其是互相用一种意气用事的方式进行比较，对谁都不好。

再讲一个故事，荆人涉澭：

> 荆人欲袭宋，使人先表澭水。澭水暴益，荆人弗知。循表而夜涉，溺死者千有余人。军惊而坏都舍。向其先表之时可导也，今水已变而益多矣，荆人尚犹循表而导之，此其所以败也。

当年的标准是对的，但是标准放到现在就错了。

再讲一个故事，良狗捕鼠：

> 齐有善相狗者，其邻假以买取鼠之狗，期年乃得之，曰："是良狗也。"其邻畜之数年，而不取鼠。以告相者，相者曰："此良狗也，其志在獐麋豕鹿，不在鼠；欲其取鼠也，则桎之！"其邻桎其后足，狗乃取鼠。

狗拿耗子不是多管闲事吗？这是一个很残酷的故事。一方面，也许某一种成功是以更大的损失换来的，不要以小小的成功来沾沾自喜。另一方面，从吕不韦做宰相的角度来说，对任何一个人要想成功使用，必须恩威并用。

再讲一个孔子的故事，风马牛不相及：

> 孔子行道而息，马逸，食人之稼。野人取其马。
>
> 子贡请往说之，毕辞，野人不听。有鄙人始事孔子者，曰："请往说之。"因谓野人曰："子不耕于东海，吾不耕于西海也。吾马何得不食子之禾？"其野人大说，相谓曰："说亦皆如此其辩也！独如向之人？"解马而与之。说如此其无方也而犹行，外物岂可必哉？君子之

自行也，敬人而不必见敬，爱人而不必见爱。敬爱人者，己也；见敬爱者，人也。君子必在己者，不必在人者也。

孔子周游列国期间，有一次在，路上休息，驾车的马跑了，而且吃了当地农民地里的庄稼，农民就把马牵走了。

能言善辩的子贡主动去找那位农民，什么道理都说了，那农民就是不听他的。有个刚跟孔子学习的乡下人，说："让我去试试吧。"于是就去和农民说："你不是在东海边种地，我不是在西海边种地，我的马不吃你的庄稼吃谁的？"那位农民听了，非常开心，对他说："说话就要这样明白才行，如果像刚才那个人那样，怎么可以？"很痛快地将马给了他。有道理的话不能被接受，没道理的话却能被对方接受。有时候，我们对这个世界真的是感到非常的有戏剧感？君子只管按照自己的心去做，敬人而不要求人家敬己，爱人而不要求人家爱己。尊重别人，那是自己的事；被人家尊重，那是人家的事。君子只要求自己就行了，不必要去管别人的如何做的。

人们因为文化不同、地方不同、职业不同等等吧，会形成不同的思维定式。有的在另一些人看来可能是可笑的，但我们都要去尊重。

民间传说，郑板桥做县令时，有一年过春节，他出去散步，看见一户人家的对联，上联写"二三四五"，下联写"六七八九"。于是郑板桥对他身边的人说："赶紧准备一些米面、衣物给这户人家送去。"身边的人问："为什么呢？"郑板桥说："你没看见这副对联吗，缺衣（一）少食（十）。"这个故事中，那家贴对联的人家，但是郑板桥偏偏能够看懂其中的意思。要留心，加强干部与群众的情感与团结。

再讲一个故事，黎丘丈人：

梁北有黎丘部，有奇鬼焉，喜效人之子侄昆弟之状。邑丈人有之市而醉归者，黎丘之鬼效其子之状，扶而道苦之。丈人归，酒醒而诮其子，曰："吾为女父也，岂谓不慈哉！我醉，汝道苦我，何故？"其子泣而触地曰："孽矣！无此事也。昔也往责于东邑，人可问也。"其父信之，曰："嘻！是必夫奇鬼也，我固尝闻之矣！"明日端复饮于市，欲遇而刺杀之。明旦之市而醉，其真子恐其父之不能反也，遂逝迎之。丈人望见其子，拔剑而刺之。丈人智惑于似其子者，而杀其真子。夫惑于似士者，而失于真士，此黎丘丈人之智也。疑似之迹，不可不察，察之必于其人也。夫孪子之相似者，其母常识之，知之审也。

人世间有一种可悲的事情，很多坏人装成了好人的样子做坏事，以至于我们很多时候认为好人都是坏人装的，这是我们的悲哀。不要认为所有的好人都是坏人装的，正常情况下，我们应该把心放下来相信别人，同时应该用一种冷静理智的态度判断一切人。

大家都知道一个成语：唇亡齿寒。这也涉及到《吕氏春秋》中的一个故事：

昔者晋献公使荀息假道于虞以伐虢。荀息曰："请以垂棘之璧与屈产之乘，以赂虞公，而求假道焉，必可得也。"献公曰："夫垂棘之璧，吾先君之宝也；屈产之乘，寡人之骏也。若受吾币而不吾假道，将奈何？"荀息曰："不然。彼若不吾假道，必不吾受也。若受我而假我道，是犹取之内府而藏之外府也，犹取之内皂而著之外皂也。君奚患焉？"献公许也，乃使荀息以屈产之乘为庭实，而加以垂棘之璧，以假道于虞而伐虢。

虞公滥于宝与马，而欲许之。宫之奇谏曰："不可许也。虞之与虢也，若车之有辅也。车依辅，辅亦依车，虞、虢之势是也。先人有言曰：唇竭而齿寒。"夫虢也不亡也，恃虞；虞之不亡也，亦恃虢也。若假之道，则虢朝亡而虞夕从之矣。奈何其假之道也？"虞公弗听而假之道。

荀息伐虢，克之；还，反攻虞，又克之。荀息操璧牵马而报。献公喜曰："璧则犹是也，马齿亦薄长矣。"故曰：小利，大利之残也。

只贪图眼前的小利益，却忘记了长远和全局的大安危，结果自食其果，是一种悲剧，更是一种愚蠢。

再说一个师旷论钟的故事：

晋平公铸为大钟，使工听之，皆以为调矣。师旷曰："不调，请更铸之。"平公曰："工皆以为调矣。"师旷曰："后世有知音者，将知钟之不调也，臣窃为君耻之。"至于师涓而果知钟之不调也。

晋国的国君铸了一口大钟，所有的工匠都说没问题，师旷听了声音后说："不对，再另外铸一个吧。"晋平公说："人家都说好，你为什么说不好。"师旷说："现在听只是我一个人说不好，但是后世之人会有更多说不好的，会笑话你的。"晋平公没有听，后来有一个水平很高的音乐家说："这个钟声音不对，晋平公不懂音乐。"

我们做的任何小事都会带来群众影响，带来历史影响，一定要慎之又慎。

北郭义士的故事：

齐有北郭骚者，结罘罔，捆蒲草，织屦，以养其母，犹不足，踵门见晏子曰："窃说先生之义，愿乞所以养母者。"晏子使人分仓粟府金而遗之，辞金受粟。

有间，晏子见疑于景公，出奔，过北郭骚之门而辞。北郭骚沐浴而见晏子，曰"夫子将焉适？"晏子曰："见疑于齐君，将出奔。"北郭骚曰："夫子勉之矣！"晏子上车太息而叹曰："婴之亡，岂不宜哉！亦不知士甚矣。"

晏子行，北郭子召其友而告之曰："吾说晏子之义，而尝乞所以养母者焉。吾闻之，养及亲者，身伉其难。今晏子见疑，吾将以身死白之。"著衣冠，令其友操剑、奉笥而从，造于君庭，求复者曰："晏子，天下之贤者也。今去齐国，齐必侵矣。方见国之必侵，不若死，请以头托白晏子也。"因谓友曰："盛吾头于笥中，奉以托。"退而自刎。其友因奉托而谓复者曰："此北郭子为国故死，吾将为北郭子死。"又退而自刎。

景公闻之，大骇，乘驲而自追晏子，及之国郊，请而反之。晏子不得已而反，闻北郭之以死白己也，太息而叹曰："婴之亡，岂不宜哉！亦愈不知士甚矣。"

275

我们对人的了解往往是不够的，哪怕对我们信任的人、熟悉的人。而这又会让我们产生太多的误会，甚至会错过那些我们最应该信任的人。

燕雀相乐的故事：

　　燕雀争善处于一室之下，子母相哺也，姁姁焉相乐也，自以为安矣。灶突决则火上焚栋，燕雀颜色不变。是何也？乃不知祸之将及己也。

眼前的快乐也许充满诗情画意，但却不知道巨大的灾祸很快就要来临。这是一种短视，更是一种眼界有限所带来的悲剧。

最后一个故事。说小女孩和国家的故事：

　　楚之边邑曰卑梁，其处女与吴之边邑处女桑于境上，戏而伤卑梁之处女。卑梁人操其伤子以让吴人，吴人应之不恭，怒杀而去之。吴人往报之，尽屠其家。卑梁公怒，曰："吴人焉敢攻吾邑？"举兵反攻之，老弱尽杀之矣。吴王夷昧闻之怒，使人举兵侵楚之边邑，克夷而后去之。吴、楚以此大隆。吴公子光又率师与楚人战于鸡父，大败楚人，获其帅潘子臣、小惟子、陈夏啮，又反伐郢，得荆平王之夫人以归，实为鸡父之战。凡持国，太上知始，其次知终，其次知中。三者不能，国必危，身必穷。

有一个地方叫卑梁，是吴国与楚国的边境。两个小女孩在一起玩，吴国的小女孩不小心把楚国的小女孩打伤了。楚国人不让，就抱着伤了的小女孩骂吴国人。小孩子的事情，很正常么！不料，楚国人竟把吴国小女孩的全家给杀了，这就过分了。事情引起了两国边境官府的重视，开始交涉。交涉不成功，开始边境冲突，边境冲突越来越严重，结果形成了国家之间的战争。再后来，吴国和楚国互相斗得元气大伤。吴国人不甘心，兴兵差点把楚国灭掉，楚国的很多将军都做了俘虏，甚至楚国的首都被攻克，楚国的皇后也成了俘虏。这么大的事情，是由两个小女孩引起的，真是小不忍则乱大谋。

还有一个孔子论赏的故事：

　　鲁国之法，鲁人为人臣妾于诸侯，有能赎之者，取其金于府。子贡赎鲁人于诸侯，来而让不取其金。孔子曰："赐失之矣。自今以往，鲁人不赎人矣。取其金则无损于行，不取其金则不复赎人矣。"子路拯溺者，其人拜之以牛，子路受之。孔子曰："鲁人必拯溺者矣。"孔子见之以细，观化远也。

从个人的角度而言，无私的帮助别人肯定是一种美德。但从移风易俗、形成风气的角度来讲应该有更现实，也更便于推广的方法。

我们再说最后一部分，吕不韦失败的原因是什么？

第一，力不能任。吕不韦从本质上来讲是一个通过投机一步登天的政客，他没有经过长期的政治锻炼便当了一国之相，但是自身的实力实在是有限。政治不能仅仅靠运气，关键还要靠道德和本事，情怀与理想。

第二，道不能一。吕不韦不是一个思想家，他团结再多思想家，自己也不会成为一个思想家的。整本《吕氏春秋》东拼西凑，没有多少自己的东西。固然这是一部学术巨著，但是思想很不统一，更不纯粹，所以吕不韦无法和孔子相提并论。

第三，学不能习。吕不韦也许真的学到了许多学派的理论，但他犯了一个错误，没有把这些东西用于实际工作，没有把学到的东西用来教育文武百官，所以到他失败的时候没有一个人站出来为他说话，连个自己的追随者都没有。

第四，人不能和。他这辈子没有做好三个人的工作：

一，秦始皇嬴政。如果秦始皇嬴政能够正真信任吕不韦的话，就不会让很多逸言进入耳朵，更不会把吕不韦逼上绝路。这是吕不韦的悲剧，也是秦始皇的悲剧，更是大秦帝国的悲剧。

二，李斯。李斯本来是他的部下，但是为什么李斯后来反对他呢？他没有处理好与李斯之间的关系。不是说要拉帮结派，而是说要处理好同事之间、上下级之间的关系。

三，他自己。他更多的时候是在向别人炫耀："我不只有钱，有权，我还有文化！"吕不韦的性格中充满了一种暴发户的炫耀、肤浅与不自信。他是一个很成功的商人，但偏偏贪心不足要搞政治投机和文化投机，却无法超越自己水平和思维的极限。吕不韦不是一个优秀的政治家，顶多是一个优秀的政客，他的失败是必然的。

我们学历史，学传统，总是要面对许许多多的历史人物。一方面，我们要学习他们优秀的品质、文化，明白他们的成功的道理；另一方面，也要看到他们的不足与缺点，吸取他们失败的教训。

同时，也不应该以简单的成败来论英雄，要客观的看待每一个历史人物，批判地继承他们留给我们的文化遗产。从整体而言，吕不韦还是在客观上为中国文化做出了很大的贡献。他属于诸子百家中的杂家，杂七杂八，思想驳杂，是一种没有经过消化的兼收并蓄。这种没有经过消化的兼收并蓄，至少是一种值得肯定的努力，是一种对文化的保存与推广。后来秦始皇焚书坑儒，对文化采取摧残与毁灭的态度，其境界又比吕不韦差远了。

吕不韦，一个令人遗憾的历史人物；

《吕氏春秋》，一部有价值的皇皇巨著。

纵横家批判

第十二篇

　　纵横家与兵家有关系，兵家是在战场上用刀枪剑戟见高低，而纵横家是在谈判桌上，以三寸不烂之舌分输赢。我们岢岚县自古以来就是兵家必争之地，如果能通过谈判，少一些战争，老百姓必然是受益无穷的。

　　纵横家与墨家一样，在后世失传了，但在当时对社会产生了很大的影响，也影响着其他一些流派。

　　我们先来分析纵横家产生的背景。

一、纵横家产生的背景

纵横家产生的背景与兵家一样，都处于春秋战国时期。当时在生产力、军事、人口等方面都取得了突飞猛进的全面的发展。

西周初期，大大小小一共分为七十余个诸侯国，到了春秋时期还有22个诸侯国，其他都被消灭了。到战国时期只剩下七个了，即"战国七雄"。西北边是强大的秦国，东边有东方六国即韩、赵、魏、楚、燕、齐。东方六国都想保自身平安，都想着扩张自己的势力。而强大的秦国则想的是要一统天下，想着不要让其他六国联合起来对付秦国，于是军事就成为一种手段。

但是所谓"奸敌一千，自损八百。"不到万不得已，谁也不想发动战争，于是谈判就应运而生了，这就是纵横家产生的历史。

在当时,可以用一句话来形容："德不能守，法不能行，战不能胜，国不能安。"这就需要军事家保卫国土、拓展疆域，同时也需要一些外交家。学问当时不再是上层贵族的专利，知识已经开始下移。

历史上第一个把知识下移的人是孔子。孔子门下三千弟子、七十二贤人，遍布当时中国的每一个角落，对于诸子百家的产生起到了最直接迅速的影响。

纵横家，就是在知识已经实现剧烈而普遍下移的情况下产生的一个流派。

孔子在教学时，注重对学生四个方面能力的培养：一是政治，治国平天下；二是对于历史的了解，称之为文学；三是外交能力即言语；四是道德方面的塑造，称之为德行。

其中，言语一科的代表人物是子贡、宰我，这二人对纵横家的产生起到了最直接的影响。《史记》之中，就记载了子贡搞外交的故事："子贡一出，存鲁，乱齐，破吴，强晋而霸越。子贡一使，使势相破，十年之中，五国各有变。"一个人，搞了一场连环外交，便搅起了席卷五个国家，影响长达十年的时代风云。这能力太可怕了。

《史记》中子贡的这个故事绝对是假的！如果子贡真是这样的人，那他就是个搬弄是非的坏人，就不配是孔子的高徒了。

然而，故事虽假，却假得有道理。因为它确实反映了春秋晚期的一种历史现象：外交家越来越重要，直接关系到很多国家的生死存亡。

——这不是一个好现象。

作为一个流派，纵横家是中国政治史上第一次平民的集体登台。为什么称之为纵横家呢？

《韩非子》中说："纵者，合众弱以攻一强也；横者，事一强以攻众弱也。"

当时中国就是一强众弱：一强指秦国强大，众弱指其他国家弱小。在周幽王"烽火戏诸侯"之后，天下诸侯都不再相信周幽王，于是平王东迁，政治中心由河南迁到了洛阳，而其留下的种种设备如农业、水利、军事等都被后来的秦国所取代。秦国接收了这片富饶而成熟的土地，再加上秦国推行变法，所以当时的秦国非常强大，并且拥有得天独厚的地理优势。

横者，秦国把其他国家都灭掉。纵者，其他国家联和起来抵抗秦国。

在军事之外的谈判，就是纵横家的作用。纵横家不只是说事实，而是有技巧、有目的，纵横家崇尚权谋策略及言谈辩论的技巧，就像《孙子兵法》里面的"知己知彼，百战不殆"，他们注重揣摩游说对象的心理，运用纵横捭阖的手段，或拉拢或分化，事无定主，说无定辞，一切从现实的政治要求出发。纵横家在战国时期的社会舞台上非常活跃，其思想和活动对当时的政治、军事局势产生了重要的影响。

二、纵横家代表人物

纵横家代表人物有三人，是师徒关系：
鬼谷子、苏秦、张仪。

▲ 鬼谷子

鬼谷子

鬼谷子是苏秦和张仪的老师。

鬼谷子此人非常神秘，他到底姓甚名
谁，一直有争议。现在学术界一般认为他是河南人。历史上关于他的记录流
传下来的很少，只知道其人隐居崤山。

虽然我们对他了解不多，但是他对我们中国的历史产生了重大的、不可
忽视的影响。传说他有四大弟子：孙膑、庞涓、苏秦、张仪。传说毕竟是传
说，孙、庞二人和苏、张二人相隔八十多年，所以这个说法只能是传说。史学
界现在基本定论是，孙、庞不是其弟子，苏、张比较可靠。

下面我们试分析其具体观点。

一，捭阖。

鬼谷子有书传世，其名曰《鬼谷子》。有一个词"纵横捭阖"，"纵
横"是韩非子所提出，"捭阖"就是鬼谷子所提出的。

鬼谷子认为，一个成功的外交家在进行外交之前，要对当时的形势进行
认真的考察，要判断对方的实力、目的、利益等，用微妙的言语，旁敲侧击
地打开对方的心门，即：

> 审定有无，与其虚实，随其嗜欲以见其志意。微排其言而捭反之，
> 以求其实，贵得其指。阖而捭之，以求其利。或开而示之，或阖而闭
> 之。开而示之者，同其情也。阖而闭之者，异其诚也。可与不可，审明
> 其计谋，以原其同异。离合有守，先从其志。即欲捭之，贵周；即欲阖

之，贵密。

这就是"揣阖"在说辩中的作用。说话只有两点：第一是主动去和别人说，就是"揣"，把话题打开，循循善诱，甚至是危言耸听！第二就是有所隐瞒、有所隐晦地去说。在具体的实战中，还需要灵活多变地去运用。

鬼谷子是中国历史上第一个把军事、语言、心理融为一体的智者。他善于使用计谋，计谋本身不存在善恶，用之善则善，用之恶则恶。

就如同长剑和菜刀，长剑可伤人，但是也可用来切菜；菜刀本是切菜专用，然而偏偏有人用它来伤人。二者角色之转换，尽在掌握者心中。所以真正有善恶的是人心。后世有人以这点来批评鬼谷子，这是对他的冤枉。

二，权量。

鬼谷子提出，在谈判中，对于力量的权衡和对时空的把握很关键：

> 凡度权量能，所以征远来近。立势而制事，必先察同异，别是非之语，见内外之辞，知有无之数，决安危之计，定亲疏之事，然后乃权量之，其有隐括，乃可征，乃可求，乃可用。

这就是著名的"远交近攻"，"远交近攻"就是鬼谷子对于当时力量和空间的权衡后提出来的。在说辩中，要"察同异"、"别是非"，明白哪些条件对自己有利，哪些对自己不利，要求同存异；要"见内外之辞，知有无之数"，要先清除自身和别人在力量、观点乃至于心理的对比，知道自己和对方的优劣所在；最终要"决安危之计，定亲疏之事"，把此事的后果是安是危，考虑到位。知晓了这些关键点，就可以"权量"在具体的政治、军事上，用什么策略了。

三，转化。

鬼谷子又提出：

> 凡趋合倍反，计有适合。化转环属，各有形势，反覆相求，因事为

制。是以圣人居天地之间，立身、御世、施教、扬声、明名也；必因事物之会，观天时之宜，因知所多所少，以此先知之，与之转化。

国与国之间的关系没有固定不变的："化转环属，各有形势，反覆相求，因事为制。"要根据自身的条件或利弊，随时变换政策。达到了上述几点，就可以说是圣人了。在这一点上，我认为鬼谷子说得有一点夸张了，能做到这些，最多是智者，与圣人还相差甚远。

梁启超写诗评价："我欲清溪访鬼谷，不论礼乐但论兵。"鬼谷子不仅懂得如何说辩，而且还是一位有绝高见识的军事家和懂礼乐的贤者。只不过他的徒弟们只学到了说辩、谈判而已。

苏秦

苏秦是鬼谷子的徒弟，成语"头悬梁，锥刺股"的主人公，是一位"寒士"。他是洛阳人，最初在齐国做事，后来仰慕鬼谷子，而拜入其门下。数年之后自以为学业有成，于是出山游说，结果四面碰壁。

他花光了积蓄，落魄而回时，受尽了家人的嘲讽：

▲ 苏秦

苏秦出游数岁，大困而归。兄弟嫂妹妻妾窃皆笑之，曰："周人之俗，治产业，力工商，逐什二以为务。今子释本而事口舌，困，不亦宜乎！"苏秦闻之而惭，自伤，乃闭室不出，出其书遍观之。曰："夫士业已屈首受书，而不能以取尊荣，虽多亦奚以为！"于是得周书阴符，伏而读之。期年，以出揣摩，曰："此可以说当世之君矣。"求说周显王。显王左右素习知苏秦，皆少之。弗信。乃东之赵。赵肃侯令其弟成为相，号奉阳君。奉阳君弗说之。

　　苏秦受尽家人嘲讽后，深以为惭。后来得到了一本周朝传下来的书《阴符经》，仔细研读。一年之后，大为感慨，觉得学业大进，于是游说天下。

　　苏秦第一站去的是秦国，可惜他又碰了一鼻子灰，于是转道赵国。赵肃侯让他的弟弟做宰相，他弟弟还是很看好喜欢苏秦这个人的。

　　这时的苏秦已经实力大进，几番说辞，迷惑赵王说："赵国是最优秀的国家，应该联合东方六国做首领，率领大家一起对抗强大的秦国。"赵王说："你说得不错，可是不切实际。"苏秦说："你放心，这个事我来办。"

　　苏秦以赵国使者的身份游说其余六国，每到一国，他都能够迎合他们的利益需求，揣摩其心理，陈述利害：

　　于是六国从合而并力焉。苏秦为从约长，并相六国。

　　六国都为其所说服，苏秦以三寸不烂之舌，同时成为六个国家的二把手，位极人臣。中国历史上，能同时当这么多国家的宰相的，古往今来只有苏秦一人而已。作为一个平民，他达到了人生的最高点。

　　这时，他做了一件很糟糕的事情：衣锦还乡。

　　北报赵王，乃行过雒阳，车骑辎重，诸侯各发使送之甚众，疑于王者。周显王闻之恐惧，除道，使人郊劳。苏秦之昆弟妻嫂侧目不敢仰视，俯伏侍取食。苏秦笑谓其嫂曰："何前倨而后恭也？"嫂委蛇蒲服，以面掩地而谢曰："见季子位高金多也。"苏秦喟然叹曰："此一人之身，富贵则亲戚畏惧之，贫贱则轻易之，况众人乎！且使我有雒阳负郭田二顷，吾岂能佩六国相印乎！"

　　苏秦回去赵国的时候，路过洛阳，随行的车队浩浩荡荡，其中既有诸侯送来的奇珍异宝，也有各国随从的人员，就如同帝王出行一般，威风凛凛。周显王知道后，非常恐惧，专门派人黄土垫道，净水洒街，迎接苏秦。昔日嘲笑他的亲兄弟、嫂子、妻妾见到他，都不敢抬头看一下。苏秦很得意，得到了一种精神上的满足。他笑着对他嫂子说："为什么你以前看不起我，现在却这么怕我呢？"他嫂子回答："因为你位高权重，又有很多钱。"这是一个不知道什么是羞耻的人。苏秦发出了一声感慨："这是平常人的心理啊，富贵了就害怕，贫贱了就轻视。假如我一直守着那几亩薄田种地，哪里敢奢望今天的这种位置呢？"

这家人的对话可以说是无耻、卑劣之极！亲兄弟之间没有信任和爱护，都是彼此嘲讽；叔嫂之间的对话，前后判若两人。苏秦是个德行有亏的人，一个人不能把自己的德行提高，怎么可能把家族关系搞好呢？又怎么可能把天下治理好呢？

这样的人，小事是投机分子，大事上也是投机分子，是干不了大事的。

> 苏秦既约六国从亲，归赵，赵肃侯封为武安君，乃投从约书于秦。秦兵不敢窥函谷关十五年。

他回到赵国以后，赵王不仅拜他做宰相，而且封他做了武安君。这在中国历史上比较少见，廉颇是身经百战才有一个爵位，苏秦靠着一张嘴，便被封为君，可见此时的赵国国情。

苏秦给秦国写了一封书信，秦国权衡利弊，不敢向东用兵，十五年之间都困步于函谷关之西。

十五年之间，六国和六国之间是相对和平的。可以说，苏秦在客观上为天下苍生赢得了宝贵的十五年的和平时期。

> 是时周天子致文武之胙于秦惠王。惠王使犀首攻魏，禽将龙贾，取魏之雕阴，且欲东兵。苏秦恐秦兵之至赵也，乃激怒张仪，入之于秦。

这时候，周天子更加害怕了，于是他送给秦国几块用来祭祀祖先的猪肉，即"胙肉"，这是天子对诸侯最高的赏赐。秦国得到了周天子的首肯：想打谁就打谁！

秦国派犀首去攻打魏国，一战而胜，占领了魏国的雕阴，擒拿了魏国大将龙贾，并且有挥师东进的意图。苏秦害怕秦兵攻打过来，便激怒他的同学张仪，让张仪去秦，希望对自己有所帮助。

张仪

张仪是魏国人，和苏秦是同学，一起跟随鬼谷子学习。苏秦自认为比不上张仪。

我们现在看到的张仪画像，大部分都是画着他跪着或者是趴着的。为什么如此呢？我们先来看个故事：

> 张仪已学而游说诸侯。尝从楚相饮，已而楚相亡璧，门下意张仪，曰："仪贫无行，必此盗相君之璧。"共执张仪，掠笞数百，不服，释之。其妻曰："嘻！子毋读书游说，安得此辱乎？"张仪谓其妻曰："视吾舌尚在不？"其妻笑曰："舌在也。"仪曰："足矣。"

张仪学成学业以后，也出来游说列国。他首先跑到了楚国，和当时的楚国宰相吃饭后，主人丢了一块玉。他的门人说："不会是刚刚吃饭的张仪吧，此人以前道德就不好。"

于是把张仪抓起来，打了几百鞭子，张仪皮开肉绽，但就是不承认。宰相没办法，只能放了他离开。

很狼狈地回到家里，他的妻子笑着说："你还游说诸侯，怎么会受到这样的侮辱呢？"张仪说："你看看我的舌头在不在呢？"他妻子回答说："在！"张仪很高兴，说："只要舌头在就足够了。"

> 苏秦已说赵王而得相约从亲，然恐秦之攻诸侯，败约后负，念莫可使用于秦者，乃使人微感张仪曰："子始与苏秦善，今秦已当路，子何不往游，以求通子之原？"张仪于是之赵，上谒求见苏秦。苏秦乃诫门下人不为通，又使不得去者数日。已而见之，坐之堂下，赐仆妾之食。因而数让之曰："以子之才能，乃自令困辱至此。吾宁不能言而富贵子，子不足收也。"谢去之。张仪之来也，自以为故人，求益，反见辱，怒，念诸侯莫可事，独秦能苦赵，乃遂入秦。

这时候，他想起了自己的同学苏秦。

苏秦这时候更加着急，但他故意派人去暗示张仪，说："听说你和苏秦是好朋友，现在，苏秦已经手握重权了，你也可以发达啊！"张仪于是到了赵国，去拜见苏秦。苏秦故意让门下的人将张仪拒之门外，不给通报。过了几天，好不容易见到了苏秦，苏秦却拿一些仆人侍妾吃的饭来招待他。而且讽刺道："以你的才能，怎么混得这么惨呢？看来你没本事啊！我收留你干吗？"张仪很愤怒，离开了赵国，去了秦国。

张仪也不是君子。他来找苏秦，是为了站在六国一边，要"合纵"打秦国。现在被苏秦一刺激，马上抛弃了自己的立场，去辅助秦国，攻打六国。

> 苏秦已而告其舍人曰："张仪，天下贤士，吾殆弗如也。今吾幸先用，而能用秦柄者，独张仪可耳。然贫，无因以进。吾恐其乐小利而不遂，故召辱之，以激其意。子为我阴奉之。"乃言赵王，发金币车马，使人微随张仪，与同宿舍，稍稍近就之，奉以车马金钱，所欲用，为取给，而弗告。张仪遂得以见秦惠王。惠王以为客卿，与谋伐诸侯。

苏秦找来了自己的一个门客，说："张仪是天下少有的大才之人，我不如他。现在我只是有幸比他混得好罢了，你现在拿一些钱去帮一下他。你可以告诉他，我是故意激怒他的，让他爆发出自己的动力。"

于是张仪靠着苏秦的资助，成为秦惠王的客卿，帮助秦国对付六国。

> 苏秦之舍人乃辞去。张仪曰："赖子得显，方且报德，何故去也？"舍人曰："臣非知君，知君乃苏君。苏君忧秦伐赵败从约，以为非君莫能得秦柄，故感怒君，使臣阴奉给君资，尽苏君之计谋。今君已用，请归报。"张仪曰："嗟乎，此在吾术中而不悟，吾不及苏君明矣！吾又新用，安能谋赵乎？为吾谢苏君，苏君之时，仪何敢言。且苏君在，仪宁渠能乎！"张仪既相秦，为文檄告楚相曰："始吾从若饮，我不盗而璧，若笞我。若善守汝国，我顾且盗而城！"

见到完成任务，苏秦的门客准备走了。张仪拦住说："我能有今天，都是您的功劳啊，我还没有报恩呢，您怎么可以离开？"门客说："你别感谢我，你要感谢就感谢苏秦吧。这一切都是他吩咐我做的。"

张仪感慨地说："这都是苏秦对我的帮助啊！我要感谢他。请您转告苏君，只要他一天在世，我就一天不攻打六国。"张仪从这时起，做了苏秦的棋子。张仪做了秦相以后，给当年的楚相写信道："当年我没有偷你的玉璧，你打了我一顿。现在，我决定真的偷一次，只不过这次偷的是你们的国家。"

　　这就是小人嘴脸。他们搭上了历史的顺风车，顺应了当时的历史潮流，所以能一时得志。

三、纵横家的故事

　　我们来说一些有关纵横家的故事。

　　先秦纵横家的事情，大部分记录在《战国策》里面，其中不乏为国为民的仁智之士。这些谈判之士有胆有识，勇武机智，临危不乱，坚定果敢，非常人所能企及。

　　第一个故事是著名的《唐雎不辱使命》

　　　　秦王使人谓安陵君曰："寡人欲以五百里之地易安陵，安陵君其许寡人！"安陵君曰："大王加惠，以大易小，甚善；虽然，受地于先王，愿终守之，弗敢易！"秦王不说。安陵君因使唐雎使于秦。

　　　　秦王谓唐雎曰："寡人欲以五百里之地易安陵，安陵君不听寡人，何也？且秦灭韩亡魏，而君以五十里之地存者，以君为长者，故不错意也。今吾以十倍之地，请广于君，而君逆寡人者，轻寡人与？"唐雎对曰："否，非若是也。安陵君受地于先王而守之，虽千里不敢易也，岂直五百里哉？"

　　　　秦王怫然怒，谓唐雎曰："公亦尝闻天子之怒乎？"唐雎对曰："臣未尝闻也。"秦王曰："天子之怒，伏尸百万，流血千里。"唐雎曰："大王尝闻布衣之怒乎？"秦王曰："布衣之怒，亦免冠徒跣，以头抢地耳。"唐雎曰："此庸夫之怒也，非士之怒也。夫专诸之刺王僚也，彗星袭月；聂政之刺韩傀也，白虹贯日；要离之刺庆忌也，苍鹰击于殿上。此三子者，皆布衣之士也，怀怒未发，休祲降于天，与臣而将四矣。若士必怒，伏尸二人，流血五步，天下缟素，今日是也。"挺剑而起。

秦王色挠，长跪而谢之曰："先生坐！何至于此！寡人谕矣：夫韩、魏灭亡，而安陵以五十里之地存者，徒以有先生也。"

秦王派人对安陵君说："我想要用方圆五百里的土地交换安陵，安陵君一定要答应我啊！"

安陵君说："大王您用大的土地交换小的土地，真是太好了；可我的封地是从先王那继承的，我希望我用性命去守护它，不敢交换！"

秦王心里闷闷地，不高兴。于是安陵君就派遣唐雎出使到秦国。

秦王对唐雎说："我赳赳老秦何其壮哉！我想用一块大地方去换安陵君的那一小块地方，安陵君为什么不同意？要知道韩魏的灭亡也不过才几天而已！安陵之所以凭借方圆五十里的土地幸存下来，是因为我把安陵君看作忠厚的长者，所以不打他的主意。现在我用十倍的土地，让安陵君扩大自己的领土，但是他却违背我的意愿，是他看不起我吗？"

唐雎说："不，并不是这样的。安陵君从先王那里继承了封地，只想守护它，不想更换它，别说五百里了，就算一千里也不愿意。"

秦王震怒，对唐雎说："你敢这么和我说话？你不知道我发怒是很可怕的吗？"

唐雎回答说："我还真没听说过。"

秦王说："只要我一发怒，会有成千上万的人由此而死。"

唐雎针锋相对："大王曾经听说过平民发怒吗？"

秦王哂笑："平民发怒，也不过就是摘掉帽子，光着脚，把头往地上撞罢了。"

唐雎说："这是平庸无能的人发怒，不是有才能有胆识的人发怒。专诸刺杀吴王僚的时候，彗星的尾巴扫过月亮；聂政刺杀韩傀的时候，一道白光直冲太阳；要离刺杀庆忌的时候，苍鹰扑到宫殿上。他们三个人都是平民中有才能有胆识的人，心里的愤怒还没发作出来，上天就降示了征兆。现在加上我，这段佳话将要有第四个主人公了。我这一类的人发怒，只会有一个结果，就是五步之内有两具尸体倒在地上！您可要想好了！"说完唐雎挺剑而起。

秦王吓得变了脸色，直身而跪，向唐雎道歉说："先生请坐，我刚刚开玩笑罢了！我明白了：韩国、魏国会灭亡，但安陵却凭借方圆五十里的土地幸存下来的原因，只是因为有先生您啊！"

唐雎对于此次的事件，可谓是了然于胸，因此在这次和秦王的对话中，有胆有识，临危不惧。面对秦王的恐吓，毫不动摇，坚决予以反击。最终维护了安陵的利益，保全了国土，消弭了战争的发生。

在谈判的时候，如果实在没有回旋余地的时候，要用坚决的态度来维护自己国家的立场。

我们再来说一个有实干之才，实行以法治国，后来官至相国，却生性刻薄寡恩，最终死于极刑的人。

这次我们讲一个《卫鞅亡魏入秦》的故事。

卫鞅亡魏入秦，孝公以为相，封之于商，号曰商君。商君治秦，法令至行，公平无私，罚不讳强大，赏不私亲近，法及太子，黥劓其傅。期年之后，道不拾遗，民不妄取，兵革大强，诸侯畏惧。然刻深寡恩，特以强服之耳。孝公行之八年，疾且不起，欲传商君，辞不受。

孝公已死，惠王代后，莅政有顷，商君告归。人说惠王曰："大臣太重者国危，左右太亲者身危。今秦妇人婴儿皆言商君之法，莫言大王之法。是商君反为主，大王更为臣也。且夫商君，固大王仇雠也，愿大王图之。"商君归还，惠王车裂之，而秦人不怜。

卫鞅本来是在魏国工作，后来他从魏国逃到秦国，秦孝公任用他为丞相，把商地分封给他，号称"商君"。
商君治理秦国，法令雷厉风行，公平无
私。惩罚，不忌避威势强大的贵族；奖
赏，不偏私关系特殊的亲信，法令实施
至于太子，依法处置。师、傅犯法，处
以黥、劓之刑，一年之后，路上没人
拾取遗失的东西，百姓不乱取非分的财
物，国力大大加强，诸侯个个畏惧。但
刑罚严酷，缺少仁恩，只是用强力压服
人而已。

　　孝公实行商君新法十八年后，重病
卧床不起，打算传位给商君，商君辞谢
不受。

▲ 卫鞅

　　孝公死后，惠王继位，执政不久，商君请求告老还乡。有人游说惠王
说："大臣权力太重会危及国家，左右近臣太亲会危及自身。现在国内连妇
女、儿童都说法令是商君的法令，并不说是大王的法令。这样，君反为人主，
而大王反变为人臣了。况且商君本来就是大王的仇人，希望大王想办法对付他
吧。"

　　商君害怕受诛，想返回魏国。秦人不许他出境，说："商君的法令很严
厉。"因此不能出境，他走投无路，只好返回。惠王即以车裂的极刑处死了商
鞅，而秦国人并不表示同情。

　　秦孝公任卫鞅为宰相，推行法律，实行改革。只一年时间就把秦国治理
得非常有次序。但是这个人生性刻薄，对任何人都不讲情面，喜欢用严厉的刑
罚来管制国家军民。他变本加厉地提高个人权威，往往将自己的话当作是秦国
的法律，秦国人只知道有商鞅，却不知道有君王。

　　后来，商鞅意识到功高震主，准备告老还乡，却被秦人堵住，后来车裂而死，下场十分悲惨。

我们再说一位高行义士，此人不畏权势，不慕富贵，以推贤进士为己任，为国家排难解纷，是一位仁人贤者。

这是一个以小见大的著名故事。

邹忌修八尺有余，而形貌昳丽。朝服衣冠，窥镜，谓其妻曰："我孰与城北徐公美？"其妻曰："君美甚，徐公何能及君也？"城北徐公，齐国之美丽者也。忌不自信，而复问其妾曰："吾孰与徐公美？"妾曰："徐公何能及君也？"旦日，客从外来，与坐谈，问之客曰："吾与徐公孰美？"客曰："徐公不若君之美也。"明日，徐公来，孰视之，自以为不如；窥镜而自视，又弗如远甚。暮寝而思之，曰："吾妻之美我者，私我也；妾之美我者，畏我也；客之美我者，欲有求于我也。"

于是入朝见威王，曰："臣诚知不如徐公美。臣之妻私臣，臣之妾畏臣，臣之客欲有求于臣，皆以美于徐公。今齐地方千里，百二十城。宫妇左右莫不私王；朝廷之臣莫不畏王；四境之内莫不有求于王。由此观之，王之蔽甚矣。"

王曰："善。"乃下令："群臣吏民能面刺寡人之过者，受上赏；上书谏寡人者，受中赏；能谤讥于市朝，闻寡人之耳者，受下赏。"令初下，群臣进谏，门庭若市。数月之后，时时而间进。期年之后，虽欲言，无可进者。燕、赵、韩、魏闻之，皆朝于齐。此所谓战胜于朝廷。

邹忌，《史记》作邹忌子，齐国人。战国时齐国大臣。齐威王立志改革，思贤若渴。他鼓琴自荐，被任为相国，封于下邳（今江苏邳州市西南），称成侯。劝说威王奖励群臣吏民进谏，主张革新政治，修订法律，选拔人才，奖励贤臣，处罚奸吏，监督官吏，严明赏罚，并选荐得力大臣坚守四境。推行的改革，使齐国国力渐强。时势造就英雄，邹忌有才华有才干，大度颇有君子风范，是齐威王的得力助手，帮助他持政，出谋划策。后孙膑、田忌威望提高，邹忌因担心相位不稳而置田忌于死地。此外，邹忌还以相貌俊美著称。

邹忌是一位男子，是一个大帅哥。他早晨起来，面向镜子，问他的妻、妾："我和城北的徐公谁长得帅呢？"妻、妾都说："当然是您帅啊！"又有一天，他又问一位客人，这位客人也说："您最帅！"第二天，城北的徐公来串门，邹忌反复对比，都觉得自己比不上他。

邹忌这个人不仅仅是外表帅气，他的心里也非常清楚："妻、妾说我帅是因为她们爱我，畏惧我；客人说我帅，是因为有求于我。"

于是他进宫面见齐威王，就和齐威王说了一遍。最后他总结："现在齐国是您的，您的妻妾爱您、畏惧您，都在说您的好；您的大臣要有求与您，也在赞美您。由此观之，大王您平时听到的都是好话，收到的屏蔽太多了。"齐威王从善如流，就接受了他的建议，并且下令："国中之人当面说我过错的，受上等的赏赐；上书来告诉我的，受中等的上次；在公开场合说我错误的，受下等的赏赐。"刚刚颁布政策，来向齐威王觐见的非常多；几个月之后，人慢慢地减少了；后来即使想要说，也不知道说什么了。其余的几个国家听说了齐国政策，都来朝拜。

邹忌在本文中为什么能说服齐王呢？因为他巧妙地运用自己日常生活中的小事做比喻，诱导齐威王懂得兼听则明，偏听则暗的道理，因而采取措施，广开言路取得了清明政治的效果。

这个优良的传统在中国得到了很好的传承。在元朝之前，有一种权利可以和君权相抗衡，这就是相权。

在唐宋时期，宰相可以和帝王随时提意见。但是元朝之后，君权进一步集中，这种传统慢慢地消失了。

我们再讲一位智慧之士，凭借自己的三寸之舌，强于百万雄兵；一人之辩，重于九鼎之宝。

秦临兴师周而求九鼎，周君患之，以告颜率。颜率曰："大王勿忧，臣请东借救于齐。"颜率至齐，谓齐王曰："夫秦之为无道也，欲

▲ 邹忌讽齐王纳谏

兴兵临周而求九鼎，周之君臣，内自画计，与秦，不若归之大国。夫存危国，美名也；得九鼎，厚宝也。愿大王图之。"齐王大悦，发师五万人，使陈臣思将以救周，而秦兵罢。

　　齐将求九鼎，周君又患之。颜率曰："大王勿忧，臣请东解之。"颜率至齐，谓齐王曰："周赖大国之义，得君臣父子相保也，愿献九鼎，不识大国何途之从而致之齐？"齐王曰："寡人将寄径于梁。"颜率曰："不可。夫梁之君臣欲得九鼎，谋之晖台之下，少海之上，其日久矣。鼎入梁，必不出。"齐王曰："寡人将寄径于楚。"对曰："不可，楚之君臣欲得九鼎，谋之于叶庭之中，其日久矣。若入楚，鼎必不出。"王曰："寡人终何途之从而致之齐？"颜率曰："弊邑固窃为大王患之。夫鼎者，非效醢壶酱甀耳，可怀挟挈以至齐者；非效鸟集乌飞，兔兴马逝漓然止于齐者。昔周之伐殷，得九鼎，凡一鼎而九万人挽之，九九八十一万人，士卒师徒，器械被具所以备者称此。今大王纵有其人，何途之从而出？臣窃为大王私忧之。"齐王曰："子之数来者，犹无与耳。"颜率曰："不敢欺大国，疾定所从出，弊邑迁鼎以待命。"齐王乃止。

有一次，秦国想要看看周朝的九鼎的样子。周天子实力弱小，不敢得罪，可是又不能给他看，于是求助他的臣子颜率，颜率说："大王您别怕，我去跑一趟齐国，让齐国来对付秦国。"

他对齐王说："秦国想要周天子的九鼎，周天子决定不要这个鼎了。但是我们不给秦国，我们给齐王您。"

齐王很高兴，帮助周天子解了秦国之围，反手向周天子要九鼎，颜率对齐王说："感谢您发五万雄狮，帮我们赶走秦国。九鼎我们说话算数，但是您准备走哪里呢？"齐王说："从大梁！"颜率说："不行，魏国人也想要九鼎。"齐王说："那我走楚国吧。"颜率说："楚王想要得到九鼎的心非常坚定。"齐王说："那我该怎么办呢？"颜率说："鼎作为国之重器，非同小可，每一鼎都要九万人来抬，九九就是八十一万人。"齐王说："你这是不想给我吧？"颜率说："鼎是坚决要给您的，但是礼制也是坚决不能坏的。"齐王只好作罢。

有一个成语叫作"利欲熏心"，齐王可谓是此一类人。

颜率是《战国策》第一个出场的人物，可以说是春秋战国时代的名嘴之一。春秋战国时代的名嘴众多，他们大多"一言可以兴邦，一言可以亡国"。

四、纵横家的启示

（一）沟通要讲艺术

沟通要达成目的，就要讲究沟通的艺术，不讲艺术的沟通是一种愚昧。纵横家做的就是沟通这件事，就是为了在谈判桌上为本国谋取更多的利益。之所以他们能够做好这件事，就是因为他们洞察当时的时事。我们现在对于沟通上升到了很高的高度，如何与亲朋、上级、同事、下属等人沟通，已经发展为一门学科了。

孔子曾说："言之不文，行而不远。"圣人说，如果语言不经过修饰的说，那就没有办法传下来。

孟子的一个学生曾经问孟子："老师，您觉得自己最大的本事是什么呢？"孟子说："我知言。"会说话，但是我是不得不说！我本来不想说，可是不说不行。

沟通不是目的，要通过沟通化解问题、矛盾。在当下我们也要注重沟通，化解问题与解决矛盾离不开良好的沟通。这也是领导的艺术。

在我老家洪洞县有一位老先生，曾经给某位首长做秘书。首长有次说："你去给我买点信封。"他很奇怪："办公室不是有信封吗？"首长说："这是公用的，现在我要给我家里写信，我不能用这个。"

这个故事用在教育上，就有很多值得学习的地方。

（二）语言基于事实

纵横家的人，往往语言夸大，甚至危言耸听，但是他们都是基于实际的，注重利益、力量、时间、空间这四个因素的结合。他们善于把握随着时间、空间、力量等的变化而形成的时势，往往能够随机应变，一针见血地指出问题的所在，揣摩对方的心里，从而达到谈判目的。要具体掌握如何去运用和变化，在这之间把握分寸，以达目的。

纵横家的语言也要进行变化，他们说话的方式虽然不同，但是他们都能紧扣主题，或迂回，或直入，或旁敲侧击，或借物比喻，可谓是精彩纷呈。

《战国策》记载的纵横家的人和事，大多都是在不得已的情况下才进行的，所以很多时候都是随机应变的体现，我们在叹服其人应变能力的同时，也不禁为他们这种爱国情怀所触动。

（三）不可巧言令色

说话归说话，但不能撒谎。纵横家说话讲究艺术，这是值得我们学习的，但并不意味着我们认同他们的花言巧语，巧言令色。他们说的每一句话都是符合当时的时势的，有时候虽然是故意恐吓，但还是有事实基础的。而有些人说的话纯粹是唯利是图，毫无根据，完全以虚假的语言骗取他人的信任与情感，这是任何时候都不应该的。

（四）发现尊重人才

所谓"三寸之舌，强于百万之师"，一个优秀的外交人才，一个能干的公关高手往往能用最小的代价来获得最大的成功，用谈判来消弭战争，是历史上许多外交家的丰功伟绩。这样的人才无论什么时代都要予以发现和尊重。

五、纵横家对后世的影响

纵横家对后世的影响体现在政治、军事、外交等方面。虽然纵横家后来消失了，但是在历史上其他各个流派都吸收借鉴了纵横家重视沟通，讲究语言的主张和特点。在任何时代都有杰出的谈判人才。

纵横家对后世的影响还体现在文学艺术方面，纵横家的著作《战国策》对后世的文学艺术影响深远。比如唐宋八大家中的苏洵，文风就是学的纵横家。

但我认为，纵横家对后世还产生了一种很不好的影响，那就是知识分子完全为功利目的而奋斗，朝秦暮楚，根本没有气节与忠义。可以说，纵横家的出现，是中国历史上知识分子开始堕落的一个标志。

"取其精华，去其糟粕"，我们不能对纵横家全盘否定或全盘否定，而应该"爱而知其恶，恶而知其善"，以批判与辩证的态度来对待这份遗产。

《孙子兵法》

第十三篇

今天我们交流的是《孙子兵法》。

孙子是生活于春秋时期的，按理说应该把他放在韩非子、墨子、孟子之前。之所以把孙子放得比较靠后，就是一直在犹豫，现在是和平年代，不需要打仗，到底需不需要讲。后来想一想还是讲，第一，孙子确实是我们中国历史上无法回避的一位大家；第二，王书记和各位领导推荐过一本书叫作《国学六法》，专门提到《孙子兵法》，而且他也推荐过《孙子兵法》。最重要的是，无论在什么时候，哪怕是在和平年代，忘战必危，如果我们一旦忘记战争，一旦轻视军事国防，肯定是一个危险的现象。所以我们一起来交流《孙子兵法》是有必要的。

一、《孙子兵法》产生的背景

我们先看《孙子兵法》产生的背景。这个背景无外乎两个方面：一方面是空间，一方面是时间。在时空当中，某些条件都非常充足以后，就产生了某种氛围，这种氛围就会产生某种文化，在这种文化中会产生某种人物。《孙子兵法》这本书就是在这种时空环境中产生的。

我们先看当时《孙子兵法》产生的一个背景。

时间的背景

孙子是春秋时期人。春秋时期，中国的基本疆域和战国时期差不多，唯一的区别是春秋时期国家中间的主要一块是晋国，后来到战国时期分成韩、赵、魏三个国家，其他地方变化不大。

当时的中国疆域没有这么辽阔，战国七雄——秦、韩、赵、魏、燕、齐、楚，排列得非常紧密。当时中国的疆域不大，如果按照人口密度来算的话，跟现在差不多，但是我们现在有高度的科技，有先进的生产工具，当时并没有。当人口密度到达一定的极限以后，就会和土地生产发生矛盾。用我们现在的话讲，就是生产和分配之间产生了矛盾，或者说生产关系和生产力之间产生了矛盾。当生产力和生产关系发生矛盾的时候，应该怎么做呢？不外乎就是调整生产关系，发展生产力。

但是在古代的时候，作为那些独霸一方的霸主，战国七雄们最早想到的不是开发新的生产工具，也不是节省本国的开支。他们对这个不关心，而是谋划着怎样扩大自己的地盘，扩大自己的劳动力，所以战争就越来越频繁。从春秋到战国，基本上大大小小的战争，每年都在发生。

孟子说过一句话："春秋无义战。"这话有两个意思：一，春秋时期战争特别多；二，所有战争几乎没有正义可言，就是为了攻城略地，抢夺土地和人口，让自己得到更多实惠。

李白有一首诗叫作《古风·大雅久不作》，里面有这么几句：

王风委蔓草，战国多荆榛。龙虎相啖食，兵戈逮狂秦。

在春秋战国的时候，周天子的权威和威信已经无人再尊重，无人再在乎了，处境十分尴尬。尤其是当时遍地荆棘，无论是道德正义，还是盟约信用，全都抛至九天外。当时整个华夏大地龙争虎斗，不是你打我，就是我打他。启功先生说："王侯相争你是贼，青史谁与辨白黑。"都互相说对方是贼，对方是坏人，其实都不是什么善类。

春秋战国时期基本就是这样的，国与国互相打来打去，一直打到"兵戈逮狂秦"，这个时代背景中，战争以非常高的频率在发生着。

这不能不让人想起恩格斯的一句话："社会一旦有技术上的需要，则这种需要就会比十所大学更能把科学推向前进。"军事科学也是这样的科学，而且当时的时代和社会确实需要军事科学。通过这种有效的军事科学，让自己战争的胜算更大，让自己的利益更能够得到保证。最起码让自己不至于受到他人的侵害，立于不败之地。

地域背景

《孙子兵法》是山东人孙武所写。在这之前，山东出了一位伟大的人物——孔子。孔子说过："有文事者必有武备。"要想很好地发展文化，发展道德教育，发展国家的一切经济建设，首先要有坚强可靠的国防来作为保障，以可靠的军事作为后备力量。事实上，孔子对于山东境内的齐鲁二国影响非常大。孙子就是这一时期的人，显然他也受到这种影响。

二、孙武其人

如果说孔子对孙武产生了影响，那么，还有一个人对孙武和《孙子兵法》来说，其影响比孔子要更大。

在看这个人之前，我们先看看孙武是个什么样的人。

在孙武和孔子出生的同时期，山东分布着齐、鲁、邹、滕等许多国家。孙武是齐国人，他真名叫做武，武者军事也，后人称他为孙子或孙武子，被称为"百世兵家之师"。他是春秋时期著名的军事家、政治家，后世称他为"兵"圣。

▲ 孙武

中国历史上圣人很多，比如医圣、药圣、画圣、书圣，最高的圣人是至圣。

在军事界的圣人就是孙武，他留下了《孙子兵法》十三篇，为后世兵法家、军事家所推崇，被誉为"千古第一兵法""兵学圣典"等。

齐国一方面紧挨着鲁国，另一方面这个国家有一个独特的传统，是由第一任国王姜子牙所开始的。

在《封神演义》中，姜子牙是一个能够呼风唤雨，调动很多神仙，最后还能够封神的一个人物。而在现实中姜子牙是一个大军事家，古老的《诗经》里称姜子牙为"尚父"，并比喻为"鹰扬"，伟大的姜尚太师就像雄鹰一样翱翔在天空中，飞得很高。

在《尚书》中，也有很多记载姜子牙的篇章。姜子牙很可能是历史上最早进行步兵操的人。《尚书》中记载了他训练士兵的一些方法，其中就有踢正步，几个人一排，走几步必须休息一下，走几步必须刺一下等等，和现在的步兵操差不多。

传说他有一本书流传后世，叫做《太公兵法》。这本书中也许有他的思想在内，但绝大部分都是后世委托的，或是后世伪造的。但是，他是军事家的事实，是不可否认的。

所以，齐国人世世代代就对带兵打仗以及排兵布阵感兴趣。而且，姜子牙还有一个特殊权力，即"五侯九伯，女实征之"，意思是天下诸侯无论是谁，只要做了一点点不正义的事情，齐国就可以去讨伐，除周天子之外，任何人没有权利阻止。

后来，齐桓公沿用了这个权利，跑到湖北打楚国人。既然拥有这个权力，他们就必须拥有这个能力，否则就是有名无实。齐国人特别实惠，不仅要名也要实，所以世世代代都在研究军事学，研究兵法。包括战国时期的稷下学宫中，有很多杰出的学者都是军事家，著名的荀子也受其影响。

在这样的环境中，孙武自然从小耳濡目染，受到军事文化的影响。后来由于齐国发生了内乱，孙武不得不出走。

往哪里走呢？他选择了吴国，当时在王位的，是吴王阖闾。孙武需要一个人引荐给吴王。他便找到了以前是楚国的一个将军，就是著名的伍子胥。伍子胥也是因为在楚国遭受了内乱，整个家族都受到了残忍的杀害，所以不得不流亡到吴国。

二人都是外来人，自然有很多共同语言。孙武获得了伍子胥的充分信任，多次向吴王推荐他，正好当时吴王阖闾有一番雄心大志，想把越国、楚国都打败。

伍子胥说："您靠我一个人，我是没有那个能力的。我向您再推荐一个良才。"于是就向吴王推荐了孙子。当时吴王并不太愿意见孙子，在经过伍子胥的几次推荐之后，才勉强答应。

在见吴王之前，孙子先把他写就的《孙子兵法》通过伍子胥带给了吴王。吴王估计没有看，因为他是个很傲慢的人。也因此，在后来见孙子时发生了一些有趣的故事。

孙子见到吴王之后，吴王说："您的兵法我全看过了，可以试一试你的具体带兵能力吗？"吴王没有说写得好与不好，可见他说"我全看过了"，可能是一句假话，很可能就没看。但是碍于伍子胥的面子，又不能不见，既然见了，肯定得有个交代。吴王估计孙武写文章可以，带兵不一定行，所以想找个理由把孙武拒绝了。

当年刘邦初见韩信，就能把韩信拜为大将军，刘邦是天子的气度。而吴王阖闾显然远远不如刘邦。他以为孙武会知难而退，没想到孙武说："可以，没问题。"

阖闾比较意外，说："您看，现在我也不想去调什么军队，可以用妇人来试一试吗？"

"也可以。"

"那好，你去试。"

于是吴王把宫中部分嫔妃叫出来，一共180人，组成一支标准的娘子军。这支娘子军不是一般的娘子军，首先她们都是没有经过任何军事训练的人，其次她们都是有身份的，估计最低也是宫女，这些人平时个个养尊处优，别说打仗了，估计逃命都不行。

很明显，这是吴王阖闾有意地让孙武知难而退。

没有想到，孙武完全应了下来，而且认真地开始训练。他把这180个女子分成两队，让吴王特别宠爱的两个女子站在头排，当排头兵做队长，而且让她们都拿起了武器。首先对她们进行简单的训练，这个训练的开始有点像现在的小学生上一年级的时候，班主任老师第一节课往往是"大家知不知道自己的左手是什么？举一下让我看看。"孙武也是这样，在训练的时候开始下命令，向左转或者向右转，从最基本的开始：

"你们知道你们的心脏在什么地方吗？"

"知道，在中间在前面。"

"知道左右手吗？"

嫔妃们笑了："也知道，在左边在右边。"

"知道手心手背吗？"

已经有人开小差了："知道，在上面在下面。"

"那好，我说往前你们就往心的方向前进，我说往左就往左手的方向前进，往右就往右手的方向前进，往后就往背后的方向倒退。"

嫔妃们说："好，没问题，我们都听懂了。"

他把规矩全部公布以后，从旁边叫来几个士兵，摆下斧钺。斧钺是军中专门用来执法的、执刑的刑具。"即三令五申之"，再三强调，"于是鼓之右"，敲鼓，大家向右前进。结果"妇人大笑"，嫔妃们笑作一团。这在情理之中，要是一般的人，肯定会垂头丧气，知难而退。估计当时不仅仅是那些嫔妃们笑作一团了，吴王阖闾也是大笑不已。

面对这种情况，该当如何？

这时候，孙子说："如果说纪律不清楚，法令不严明的话，首先应该找将领的原因，这是我可能没有说清楚，我再跟你们说一下。""复三令五申"，他再次把纪律又强调了几遍。"而鼓之左"，这次向左前进，那些嫔妃们再次大笑。

孙子又说："如果是纪律没有说清楚，惩罚制度没有让大家记住的话，那是将领的失职。现在纪律说清楚了，惩罚也说得很明白了，但是没有人'如法'，按照军法来行事，这是队长的错误，是军官的错误。"

于是，孙子命令斩左右队长，把吴王很宠爱的那两个妃子杀掉。吴王在高台上看到这一幕，赶紧派人下来把孙武给拦住，说："我知道了，我相信了，您能用兵，但是没有这两个妃子，恐怕我吃饭都吃不香，我希望您给我个面子，不要杀她们，好不好？"

国君发令，孙子应见好就收，但是没想到孙子说："臣既已受命为将，将在军，君命有所不受。"这两句话的含义是：您已经授予我带领180人军队的权力，那么我就是您的将军，现在您还没有免去我的职务，我就还是将军。在我带领军队的时候，对于您的命令，可以选择性地接受和选择性地拒绝，战场情况瞬息万变，不能够全部听您的。

▲ 阖闾

于是就把两个队长都杀了，然后让后边的替补队员做了队长。再次击鼓之后，所有的嫔妃都吓坏了，让往左就往左，让往后就往后。别说是大笑了，大气都不敢出。

吴王阖闾早已气得拂袖而去。孙武训练完之后，派人报告吴王阖闾，说："现在兵已经练好，您可以下来检阅，无论您让这支队伍往哪里去，她们都会去的，即使让她们赴汤蹈火，她们也不敢违抗。"

阖闾最终果然任他为将军。后来，孙武和伍子胥共同带领吴国的军队，西破强楚，兵逼郢都；北临齐晋，显名诸侯。吴王阖闾成为春秋五霸之一。

吴王阖闾成为春秋五霸之一，这不仅仅是阖闾和孙武个人的成功，更代表着在中国历史上，南方文化第一次以强势的姿态进入中原。

南方文化接受中原的文化，受两个人的影响：一个人是孔子，一个人是孙子。孔子有一个学生叫澹台灭明，后来去了楚国教学生，共有300多名学生，让南方的仁义道德和国民修养得到飞跃式的前进。

但是这只是文明，还谈不上真正的强大，真正让南方强大起来是通过军事，这方面得感谢两个人，孙武和伍子胥。

孙武第一次让南方有了先进的军事理论，有了纪律严明、号令分明、战斗力非常强的军队，而且一直打到了中原地区，这在中国历史上是史无前例的，南方真正强大起来。

另外还有一个人，在孙武之后，是晋国的一个大夫，叫屈巫。他支持吴国，把山西先进的车马技术传了过去，但比起孙武来，作用要小得多。所以司马迁在《史记》中有意地写了一笔，说"孙子与有力焉。"

吴王的成功与吴国的强大，从大局来说是整个南方的发展与繁

▲《史记》

荣。在这方面，孙子不仅参与了，而且起到的作用是不可替代的。他等于是局部推动了整个中国的发展，推动了南方的发展。

在抗日战争爆发之前，居然在忻州发掘出吴王、吴公子用的剑、矛等，不是说吴王、吴公子真的到了忻州，而是可能当时他们来到山西后，把武器作为礼物送给了三晋的国君。送别人兵器，可能有两个意思：一个是关系确实好，送人一把宝剑，"宝剑值千金，分手脱相赠。"但是，作为军事霸主之间互相赠送武器往往是第二个意思，用武力来威慑对方。

在中国历史上有著名的欧冶子，欧冶子铸了五把宝剑：龙泉、太阿、巨阙、鱼肠等等。欧冶子就是吴国人，当时吴国重要的兵器名扬天下，他们送给三晋国君的就是这样的武器，后来在忻州出土。

后来，孙子看到了吴国的一些问题，就不跟吴王干了，辞官而去。有人说他回到了他的故乡齐国，也有人说他隐居起来了。其后，他的同僚伍子胥因为一些事被杀。

所以，孙子还是中国历史上很罕见的功成身退的杰出军事家。在古典评书小说中有这么一句话，叫作"瓦罐不离井上破，将军必在阵上亡"；还有一句话，叫作"太平本是将军定，不许将军享太平"。孙武不仅没有阵亡，而

且能够全身而退，这确实非常罕见的。可见这个人不仅军事理论与军事实践杰出，而且有一个冷静智慧的头脑。

三、兵法略窥

孙子的聪慧和远见，充分反映在他留传后世的《孙子兵法》之中。那么，《孙子兵法》究竟是怎样一本书呢？

我们的课堂不是军事院校，现在又是和平年代，没必要太系统太严格地去研究兵法，但我们可以管中窥豹，略见一斑，从他的只言片语中领悟一下《孙子兵法》的风采。

《孙子兵法》一共分十三篇，几乎涵盖了关于军事的所有内容。《始计》是关于作战的前期准备、谋划工作；《作战》是具体论说打仗；《谋功》是战前的一种参谋；《军形》是关于军队的管理；《兵势》是关于声势的一种制造；《虚实》是具体的作战方法；《军事》是两军相争之时；《九变》是各种变化情况；《行军》是在运动过程中如何管理、取胜；《地形》《九地》更清楚的地形分析；《火攻》就是火攻；《用间》包括"间谍战"，他把间谍分为五种：生间、死间、反间等等。几乎涵盖了战争的所有领域和所有过程，以及所有可能性，这在当时很了不起。

后世传说《孙子兵法》一共有82篇，到了曹操的时候，经过删减，只留下13篇。这个传说是不可靠的，因为我们可以看到这13篇已经很全面了，没有必要再多了。在民国期间，还有人自称发现了82篇全本《孙子兵法》，后来证明那是假的。

下面，我们从这13篇中选一些比较有代表性的话，来看一下孙子如何看待战争，战争的艺术和军事的科学。

1.孙子曰：兵者，国之大事，死生之地，存亡之道，不可不察也。

"孙子曰"这三个字就很了不起。

众所周知,《论语》的开始是"子曰",孟子里是"孟子曰",那都是圣贤。而《孙子兵法》里的"孙子曰",他首先以老师自居,以夫子自居。这并不是说他爱当老师,以老师为荣,而是他把军事上升到了一种文化的高度,上升到一个需要在军事院校学习的一件大事。

孙子曰:"兵者,国之大事,死生之地,存亡之道,不可不察也。"这句话不论放在何时都是正确的。

"兵者,国家大事,"是说军事是一个国家的大事,这句话其实还有另外一种表述,和孙子同时期的一本书《左传》里边记录了当时的一个观念,即"国之大事,在祀与戎。"一个国家最重要的事有两件:一是祭祀,另一个是战争。祭祀这件事情关系到过去与继承,而战争影响现在和未来,关系到生存和发展。孙子有意地把关于祭祀的方面切掉,只说战争这方面,可见这是有重点的。

"死生之地,存亡之道",这是关乎一个人或者许多人,以及一个国家生死存亡的事情。

"不可不察也","不可不",双重否定,表示绝对的肯定,相当于必须;"察"是了解察看的意思,但是这个"察"不是一般的观察,而是要仔细地看清楚,认真地去了解。

首先,他郑重地提出战争是一门学问。其次,战争是个大事情,然后说战争关系到生死存亡,所以我们必须认真地了解它。

2. 故经之以五事,校之以计而索其情:一曰道,二曰天,三曰地,四曰将,五曰法。

要想了解战争,孙子认为要从五个方面着手。这五个方面即"经"。"经"有五大原则:道、天、地、将、法。在五大原则中,要进行详细的考察,考察是否到位,有无过分等等,至今这五个字都是正确的,相信以后应

309

该也是。

什么是道？道就是整个国家的一种凝聚力与战斗力，君王与百姓、百姓与君王，是否同心同德。"道者，令民与上同意也"，如果君王与百姓能同心同德，那么国家的战斗力就很强。

例如，在《三国演义》中，主要是魏、蜀、吴三家，这三家最弱和最不容易的是刘备。孙权有哥哥和父亲打下的基础；曹操是贵族出生，有曹仁、曹洪等本家兄弟和夏侯一族（他们家的亲戚、也是兄弟）支持。但是刘备除了两个结拜兄弟外，没有其他人的帮助，可是刘备却能和曹操、孙权鼎足而行。刘备靠的是什么？在《三国演义》《三国志》里提到刘备最多的就是两个字：仁、义。《三国演义》中提到刘玄德携民渡江，他在逃难的时候都不忘记和百姓一起走，哪怕把自己陷入一种很危险的境地，他也不走。也许这是他发自内心的，也许是一种方法而已，但是无论如何，让百姓愿意和他同生共死，刘备就得了一种"道"。

天是天时、气候。有黑夜和白昼，有四季之分。打仗中，气候非常重要。当年拿破仑横扫世界，希特勒也横扫天下，但是两个人都曾经在同一个国家折戟沉沙，饮恨而归。这个国家就是北方的俄罗斯，对于希特勒来说，当时是苏联。为什么这两个军事大国都会在这个地方失败了呢？除了当时双方的兵力分配、排兵布阵以外，还有一个很重要的因素就是法国人和德国人到了俄罗斯，不适应那里的气候。《三国演义》中，诸葛亮说："为将而不通天文，不识地利，不知奇门，不晓阴阳，不看阵图，不明兵势，是庸才也。"

地，即地势、地形。常言道，"天时不如地利"，就是说一定要了解远近、险易、广狭、死生，不了解地势是无法打战的。欧阳修当年在岢岚时，曾经对岢岚的传承、岢岚的壕沟、岢岚的耕地等考察后，提出与战术和战略有关的一些建议。他提出，如果在岢岚修一个高的城墙的话，那么敌人来的时候可以抵抗多长时间，在这个时间内，哪个地方的援兵可以到来。这是对于攻守的研究，也是一种对于具体地势的一种仔细地考察。

将，是指将军，或者将领。"一将无才，累死千军"。对于战争来说，它真的可能随时累死千军。当然这里不是疲劳的意思，而是指连累的累。所以孙武提出将领必备的五大原则就是："智、信、仁、勇、严"。

"智"，冷静、明智之意，将领必须有智慧的头脑。三国名将张辽，是咱们山西大同人。又一次，张辽奉命率大兵出征。临出发前的一天晚上，军营中有人造反，趁夜里放火，整个军营顿时受惊混乱，全军遭受侵扰。张辽对左右的亲兵说："不用怕，也不要出动，这不是全营反叛，只是个别人想制造混乱，趁机造反。"然后传令军中，不反叛的将士都安坐营内。随后，张辽率亲兵几十人．在阵营里居中而立。一会儿军中安定下来，很快找出主谋杀了他。这就是"智"。

"信"。"言必行、行必果"、"有功必赏，有过必罚"。军中无戏言，必须讲信用。

"仁"，是仁爱。作为地方官，要爱民如子；作为一名将领，要爱兵如子。这个方面有些人做得特别好：著名的抗击匈奴的年轻将领霍去病，在打仗时，与士兵同吃同住，于是他经常打胜仗。汉武帝特别高兴，千里迢迢派人给他送了几坛子好酒，他把酒全部倒入了泉水之中，让所有的士兵一起喝带了酒的泉水，大家都很感动，后来把这个泉叫作"酒泉"。酒泉如今也是卫星发射基地。霍去病的行为就是"仁"。

"勇"是勇敢，不仅仅表现在敢于舍生忘死，冲锋陷阵，更在于能够泰山崩于前而色不变，有坚强的决心和超强的担当能力。

"严"指的是纪律严明。

法就是法度、制度。孙子说，用兵最关键的是"道、天、地、将、法"，以及"曲制、官道、主用"等等，大意是军中如何建制，如何行军，怎样分配，选择合适的人来做事等。当年，曾国藩带兵打仗，有一个老师给他写了一封信，让他给某个人安排位置。曾国藩特别感激他老师，认为老师的事情肯定没问题。但是，这个人什么技艺都没有，既不会带兵，也不会打仗，就在那呆呆地坐着。曾国藩看了一会，决定让这个人去守仓库。果然，这就是得其所才，那个人整天地坐着，仓库里边的东西一个都丢不了，这就是"法"，不仅是具体的法律，更是一种用人的明智。

这五大原则，每一个将领都要清楚它，而且要能落实它，能落实就能战胜，不清楚不落实恐怕就要战败。孙子认为，作为一个将士，是整个国家的强大"干城"，是国家的辅备力量。如果这种辅助力量到位的话，那么这个国家就会强大；如果这种辅备力量是软弱的，有隙可乘，那么这个国家再强大恐怕也是软弱的。

中国史学界有一个说法，认为晚清时，由于我们自身的贫穷落后，所以西方列强就用坚船利炮和鸦片来侵略我们。

前几年，韩毓海先生在《五百年来谁著史》这本书中，提出"落后和贫穷就要挨打"并不正确，应该是"落后而且富有才挨打"。在1840年之前，无论是从国民生产总值，还是人均收入比较，中国相对于全世界而言，还是很富裕的。中国比世界上90%以上的国家都富有，只是中国的军事力量，当时非常落后。我们错过了工业革命、蒸汽机、轮船、火炮这些先进的科技。所以，西方列强才能侵略没有强大的军队力量，而又富饶的中国。这就是孙子这句话最后的注释"辅隙则国必弱也"，不仅仅没有杰出的将领，而且没有到位的军事设备。

3. 兵者，诡道也。

在拥有了将领、军队、设备以后，还要认识一点，就是军事或者战争，它不是一个硬碰硬的、拼蛮力的过程，而是一门科学与一门艺术。因此要懂得虚实之道，就是孙子所说的，"兵者，诡道也"。

而后，要知道"故能而示之不能，用而示之不用，近而示之远，远而示之近。"意思是我明明有这个能力，但是我不让别人看出来；明明我在使用某一种方法，但是我不能让别人看出我在用此法。

总而言之，军事不能够老老实实地去做，要"利而诱之、乱而取之"，当敌人不为所动的时候，要用鱼饵来引他上钩；当敌人困了的时候，要浑水摸鱼、趁火打劫；当敌人实力强大的时候，要随时加强提防；当敌人以强大的力量来攻打时，要躲避他的锋芒；当敌人怒气冲冲时，我们要让他的怒气更加强盛，而失去理智；当他士气特别低落的时候，我们要比他表现得更加盛气凌人，让他沮丧等等。

　　孙子提出：战争首先是心理的科学。后来南宋杰出的军事家岳飞，说了一句话："运用之妙，存乎一心。"确实是这样，无论是硬碰硬的打仗，还是不动刀动枪的国防，很多时候考验的是心理战术。

　　在《梦溪笔谈》中，记载了一个地方，没有记载具体在哪个城市，只说在北宋时期的西夏和大宋的边界上，我怀疑就是在岢岚，或者是在宁武、保德这一带。书里是这样记载的，当时西夏和北宋已经很多年没有打仗，而且双方都有一个默契，就是绝对不在边境上加强任何的军事设施，从人员到工事皆如此。所以北宋这边的城墙很多年都没有修过，越来越破败，越来越糟糕，一旦敌人突然进攻的话，这座城墙肯定守不住的，应该修复一下。但是万一修的话，西夏国会说你言而无信，是在向他们挑衅。

　　当时多任在边境上驻防的战官对此头疼不已，都无计可施。后来去了一位军官，他想了一个办法，让人铸造了一尊佛像。佛像里边是铁或别的东西，外边以白银镀上，而后把这个佛像放在城里边一个比较开阔的地带，每天在那里举行各种各样的体育活动。而且他自己也去看，还不禁止老百姓看和西夏人观看，顺便就能让大家看到那座银佛。

　　有一天晚上，这座银佛突然丢失了，这位军官便命令马上抓小偷。但是没有抓到，将军为此大怒，觉得那么大的佛像，费了不少时力才铸造起来，要是这个城墙能修的完整，以后小偷偷了东西也跑不了。于是，将军命人马上修城墙，而且修的时候，各种材料早已准备好，两三天就完工了。等到西夏反应过来时，一切都晚了，他们也就不好意思说什么了。

然后，沈括在后边引用了当时的一句俗语说："用得着敌人羞，用不着自家羞。"这种虚实之道，如果用得对了，会让敌人无机可乘，如果用不着呢，这个"羞"是害羞的羞，让自己满面蒙羞。这样的诡道，可一不可再。但是在军事活动中，诡道是不可或缺的。

4. 战争打的都是经济。

孙武认为，无论是哪一支军队在前进的时候，总要用很多辎重粮草。无论是在外的花费，还是在国内的这种后备力量的花费，各种参战人员的、参谋人的费用，各种维修的设备，可以说日费千金。打仗说到底是打钱，所以强大的国防应该以强大的经济为后盾。当一个国家经济强大的时候，国防也必然会随之强大，当一个国家只是一味地国防强大，它的经济、它的民生跟不上，这是很危险的。

在汉代的时候，汉武帝选拔了李广、霍去病、卫青等一批很著名的将领，一举击溃了干扰中国一千多年的匈奴。但是他自己在晚年的时候也是感到非常痛苦，他把富强的大汉帝国拖到了一种崩溃的边缘。所以汉武帝晚年的时候，下了一个《轮台罪己诏》，内容大概是："打仗没有错，但是在战争的实际操作上把握错了，让整个国家的所有的百姓都深受其害。"

5. 战争是变化的艺术。

孙武认为，战争要"以正合，以奇胜"。"以正合"，用常规的方法来治军仪；"以奇胜"，用非常规的方法来进行具体的作战方法，来获胜；"善出奇者,无穷如天地,不竭如江海。"这其实就是曾国藩后来写奏折说"臣屡败屡战。"即使经过很多次的失败，但是还能够一次次的振作，就是"死而更生"，好像"四时"一样，年年都更迭。

他在进行一切变化的时候又恪守着什么呢？精炼简单的原则。

比如，声音可能是复杂的，一旦超过几种有限的声音，"宫、商、角、徵、羽"，耳朵可能就听不清楚了；颜色有很多种，但是一旦超过有限的五种颜色，"青、黄、赤、白、黑"，眼睛就会看不清楚。所以军队上的号角，军队上的金鼓，军队上的一切用来发号施令的声音，必须尽量的少。

历史上很多边塞诗里边，都写过一些军中的乐器，有号角、鼓等声，都是简单而纯粹、穿透力特别强的乐器。

> 声不过五，五声之变，不可胜听也；色不过五，五色之变，不可胜观也；味不过五，五味之变，不可胜尝也。

有限的号角、锣、鼓之间，可以变出无限的进退；有限的旗帜之间，可以变出无限的阵法；有限的调料之间，可以变出无限的美味，有限的常规非常规之间，可以生出无穷的妙用。我们可以看到，孙武已经把战争不仅上升到科学，更上升到哲学的高度，很了不起。

中国传统文化有很多领域，但能够上升到传统文化高度的学科只有两门：一门是中医，一门是兵法，就是战争。

中医有很多上升到哲学高度的一些经典，但是兵法只有这一本——《孙子兵法》。后世的《吴起兵法》《孙膑兵法》等等，都没有像孙子这样，把战争上升到哲学的高度，任何领域只要达到哲学这个高度的时候，就可以用千篇一律的礼仪来把握和主导这千变万化的事物。

6. 出其不意，攻其不备。

在中学课本中，有一篇著名的课文，叫《李愬雪夜袭蔡州》。李愬是唐代的名将，当年他去打割据一方的蔡州的时候，是在一个不可能的时候去打的，选择的是一个下大雪的晚上，路很长，下雪的时候很不好走，而且这些人都没去过蔡州，甚至没有向导。但是他认为，在这样下大雪的晚上，敌人肯定认为我们不会去，那我们就去。结果果然很多守城的士兵团在一起，还在睡觉，李愬如入无人之境。之所以一攻打就能取下来，就是因为打的正好是士兵没有防守的时间。第一眼就看到了敌人的弱势所在，就是一个攻其不备。

擅长攻击的人，敌人永远无法知道，他到底要打哪里；擅长守的人，敌人永远无法知道，他到底要守哪里，这中间的道理非常微妙，也非常神奇，把握这个微妙和神奇，就不仅可以把握自己的命运，而且可以把握敌人的命运。从这点上来说，诸葛亮差得远了。诸葛亮六出祁山，每战必败，可以说整个蜀国被他弄得经济崩溃，政治破产。

▲ 《资治通鉴》

兵法里有一句，在《资治通鉴》中引用过，说"行百里者必蹶上将军"，意思是："假如你走了一百里路，被敌人知道的话，那么即使你是上将军，你也会栽大跟头的。"诸葛亮六出祁山，他走了那么漫长的路，敌人早就布好了精兵强将，每次都是拿自己的鸡蛋，去碰人家已经布好的石头，他怎么能够不败？

7. 兵贵胜，不贵久。

孙武特别反对打疲劳战，他说："如果战争打得久了，那么就好像兵器用得时间长了，也会钝的，士兵攻城攻得时间长了，力量也会弱的，一个不锋利的兵器是无法杀敌的，一个没有力量的士兵是无法获胜的。乙方正在攻打甲方，攻打得疲劳的时候，这时候突然有第三方跑出来，又怎么办呢？即使有再大的本事，也是很糟糕的。"所以，用兵还是不能打疲劳战，更是不能不顾后方。打仗打得时间特别长，那是对国家特别有利的，这是从来没听过的。

"夫兵久而国利者，未之有也。"所以，如果不懂得战争的害处，就无法享受到战争的益处。战争的害处，打击经济，只有懂得这一点，才能谈战争。

后来毛主席在《论持久战》里面，就高度评价了中国古代伟大的军事家孙武。毛主席说，中国是大国，地大人多兵多，日本是小国，日本拖不起，它会陷入人民战争的泥滩中。其实也是，他们犯了兵家之大忌，久战而国利者，未之有也。所以，孙武提出，战争看的是效益，而不是过程，"兵贵胜，不贵久"。我们做事情，做任何事情也一样，我们要的是良好的效益，而不是非要在乎你时间的快慢。这一切是由将领而决定的。

人生，如果从另一个层面来说，每个人都属于战场的一员。也许你是普通士兵，也许你是一军之主将，每个人都要负起自己的责任，"故知兵之将，民之司命。国家安危之主也。"

8. 不战而屈人之兵。

孙子在打仗的时候，不以杀人为主。他说攻打一个国家，把整个国家拉下马，那是最好的；把一个国家打残了，这不好。和一支军队对抗，把整个军队拉下来，是上上之策；把一个军队消灭一半，这也不合适。无论是打一支大军队还是很小的一个小军队，都是这样的，尽量不要杀人。无论从军事的角度来讲，还是从道德的角度来讲，孙子这一点都非常的正确而且高尚。

"故百战百胜，非善之善者也。"百战百胜不是能打的，"不战而屈人之兵，善之善者也。"不打仗就能让人屈服，这才是真正能打的。

比如武王伐纣的时候，带的军队一共就是两万多，商纣王的军队有多少呢？

七十万！

七十万的军队挤也要把这两万人挤死了，但是这两万人把这七十万人给拿下了。为什么呢？出现了临阵倒戈！大家都不满商纣王的统治，所有的奴隶对周武王特别的景仰，这就是"不战而屈人之兵"，所以说，"得民心者得天下。"

孙武说："最上等的军事关系是谋略，国与国之间谈判；然后，才是交兵；最后才是攻城略地。战争是没有办法才动用的。"孙武虽然是大军事理论家，是一个大军事家，但他绝对不是一个好战分子，这是非常可贵的。

历史上，确实有一些人，擅长打仗，是战争狂人，在他们看来，没有仗打，再能干什么呢？一点都不好。

但愿永远不打仗！

明代的于谦，曾经成功地保卫北京，把瓦剌击退。他引用过杜甫的一首诗，其中有一句是："安得壮士挽天河，净洗甲兵长不用。"周武王是两万攻破七十万，但是一打了胜仗，他马上放马于华山之阳，放牛于桃林之野，把所有军中的牛马全部放走，让所有的士兵解甲归田，说："但愿从此再也不要发生战争了。"孙子虽然是一个兵家，但他有一颗和儒家一样的仁者之心。

9. 知己知彼，百战不殆。

这是千古名言。孙子说，打仗打的不仅是了解自己，还要了解双方。如果只是了解自己，不了解双方，那么胜利只是50%；如果也不了解自己，更不了解敌人，那么是百战百败。所以战争不仅打的是勇气，还是智慧。

10. 置之死地而后生。

孙子还是"背水一战"理论的最早提出者，这个理论的最早实践者是韩信。比韩信早几百年的孙子早就提出，战争就要斩断一切后顾之忧，就不要想着回去，只有这样抱定必死之心去和敌人打，才能够有战必胜。"投之亡地然后存，陷之死地然后生。"如果一群人都被"投之亡地，陷之死地"，那么这一群人一定会爆发出可怕的力量。所以还是那句话，要懂得御众，懂得管理的心理学。

11. 数学战争。

孙子还是历史上第一个提出对战争进行数字化统计的人。

他说战争要进行这五个方面的计算：度，量，数，称，胜。先看自己的地盘和别人的地盘哪个大，量一下；地盘上的人口，产生的五谷和别人的哪一个多，看一下；军队和别人相比怎么样；地盘上生产的兵器和别人比怎么样。所以他说打仗打到最后是在打数学。

"故胜兵若以镒称铢，败兵若以铢称镒。"都是在打数学。之所以能够战胜，是因为以强大的国力，来做一些小事情；之所以兵败，是以不大的国力来做一些大

▲ 《孙子兵法》

事情。他说，最好的是用很少的兵力，永远不打仗，对敌人起到一种震慑作用，要擅长发挥震慑的作用。好像我们在登山的时候，突然看到山顶上有一个石头在骨碌碌地转，也许那个石头只有拳头那么大，但是所有登山的人都在害怕，害怕那个石头随时会飞下来砸到自己。擅长对自己国家的军队使用震慑作用，意义就在这里。

"故善战人之势，如转圆石于千仞之山者，势也。"我写《岢岚赋》里边提到一个情节："塞上霜重，将军弯弓而射虎。"意思是在岢岚，冬天的时候，将军跑出去打老虎。唐代王维写诗说："风劲角弓鸣,将军猎渭城。"韩愈写诗说："将军欲以巧伏人，盘马弯弓惜不发。"都是写将军打猎。将军你没事打猎干嘛呢？答：那就是一种转圆石于千仞之山。第一他是让士兵在跟随他打猎的过程中得到有效的锻炼；第二他让敌人看，看我们老虎都能打，还怕你吗？这就是震慑作用。

四、孙子对后世的影响

孙子对后世的影响非常非常大。

从春秋到战国的时候，出现了一个大军事家——吴起，再后来又出现了孙膑，这是在孙武之后出现的两大军事家。这两个人和孙子都有直接的渊源。再后来分别出现了很多著名的兵书，《孙子兵法》《孙膑兵法》《吴子》《六韬》《尉缭子》《司马法》等，都是战国时期的。

《孙子兵法》的作者是孙武，《孙膑兵法》的作者是孙膑，孙膑也是齐国人，而且是孙武的后代。据说他和庞涓一起跟着鬼谷子学习兵法，这只是传说而已。吴起是山西人，或者说他是在山西工作的人，对于山西的壮大功不可没。后世把吴起和孙武并称为"孙吴"。

《六韬》据说是姜太公所著，但实际是战国时期的人写的。

《尉缭子》是秦国统一前夕，尉缭写的，据说白起、王翦都是尉缭的学生。

《司马法》是司马穰苴所写。

《太白阴经》和《虎矜经》是北宋的两本兵书。

《纪效新书》《练兵实纪》这两本书的作者是同一个人，他就是明朝著名的抗倭英雄戚继光。戚继光这个人很了不起，十大兵书中有他的两本。

这所有的兵书都和《孙子兵法》有着直接的血脉关系。从理论上，都受到他的影响。

中国的军事科学有三个特点：第一是起点高；第二是起源早；第三是持续时间比较长。这都得感谢孙武这个兵家鼻祖，不仅在中国影响特别大，在全世界影响也是特别大。

世界十大兵书，排名第一的也是《孙子兵法》。后边是《战争论》《制空权》《海权对历史的影响》《装甲战》《战争艺术概论》《制胜的科学》《论持久战》《战略论：间接路线》，还有《绝对武器》。中间我就看过两个，一个是《孙子兵法》、一个是《论持久战》。相对而言，《论持久战》更接近我们的现实生活。而且《论持久战》和《孙子兵法》都有一个共同的特征，就是把战争放在哲学的视野下来进行审视，进行考察。每一种分析，每一种结论都是无懈可击，而且都是有预言性质的，都是有真理性质的。

孔子说"有文事者，必有武备。"如今，咱们这个在追求中华民族的伟大复兴，这个伟大复兴中应该也包括我们的军事文化。

《左传》里说，"国之大事，在祀与戎。"祀，涉及过去和继承；而戎，战争，涉及现在、未来和发展。我们现在可以把祀与戎理解成我们对于传统、对于未来、对于文化和现实的两种态度，都不可偏废。

而且，对于我们岢岚人来讲，军事文化应该是很重要的一部分。全国唯一的宋长城，它就是直接的军事需要产生的，确实产生过很多可歌可泣的事情。

在清代，有一个著名诗人叫赵翼，他写过一本书，里面提到："岢岚人擅长打虎。"岢岚人打虎，我在清代的《岢岚县志》上见过，青天白日之下，大中午的老虎跑到县城这样的现象。当时在中国有老虎的地方很多，为什么岢岚人擅长打老虎，我想可能是因为岢岚有这种军事文化，有这种战斗精神。而且迄今为止岢岚没有愧对这种精神，并且还在延续。

五、现代社会中兵法的实际意义

现在，我们是和平的年代。是不是就不需要兵法了呢？

不是的！

无论在什么时代，做什么事情，都应该有一些公约数一样的普遍意识，或者说基本素质。《孙子兵法》这本书，就对后世提出了许多做事的基本素质。对我们现在而言，仍然有非常实际的意义。

战略的思维

现在社会，更多的人把军事用到商业之中，这个当然不错，但是军事不仅仅可以用于商业，它也可以用于我们任何一个人的生活、学习和工作。

无论是我们的学习还是我们的工作，我们都有要有一种战略思维。战略就是从宏观上来考虑。战争是政治的一种极端形式，或者说战争的本质是政治，是治国平天下的大学问，是统筹全局的重大活动，一着不慎满盘皆输。所以它必须从宏观的思维来考虑，以开阔的眼光来打量。只有这样我们才能有整体的大局思维。

我们读中国历史可以看到，每一个比较重要的朝代，一般都有十二个字的评价，叫作"政治清明，经济繁荣，文化发达"。这说明什么？这说明这就是历史规律，就是政治、经济、文化三个局面。

新中国成立六十多年，前三十年政治，中间三十年经济，现在正是文化是主流的时代。如果此时我们致力于这种文化的学习与继承弘扬，那必然也是符合这种长远的战略利益的，我们更容易搭上时代的顺风车。无论是个人、家庭，还是我们的地方，都更容易走出去。

战术的思维

战略是从宏观上，战术是从微观上，是在具体的操作层次。这点上，我们可以这么说，我们都热爱祖国，那我们怎么热爱祖国呢？我们没必要人人都扛起枪去打仗，只要我们做好我们当下的每一个细节工作，我们就是热爱祖国，我们就为祖国的强大做出了战术方面的贡献。

著名气象学家竺可桢先生写了一篇气象学的文章，文章是在1932年写的，新中国成立以后被收入《竺可桢文集》。里面有这么一段"近代的战术是科学的战术，未有科学不兴而能精于战术者，亦未有战术不精而能操胜算者。"

"工欲善其事，必先利其器"。在具体的打仗方法上，打仗的技术上"有赖于化学、物理、工程诸科"，恐怕对于"化学、物理、工程"的依赖，要比对于气象的依赖更严重。

竺可桢认为，研究科学的目的，是在追求真理，并不是用于让自己生活得更舒服，更不是用这种科学、用这种科技来杀人。但是我们的邻居某些国家，他们在不断地发展军备，不断地摩拳擦掌，要侵略我们，让我们的国土越来越小。如果现在我们不赶紧发展化学、物理、工程，包括气象等方方面面的一些科学工作的话，那么要么我们像西汉时期的田横及五百勇士那样，在面对无法抵抗的敌人时集体自杀，要么我们是做亡国奴。

和平的宗旨

无论是对于从事军事工作者还是对于非军事工作者，我们都要记住：

中国是一个热爱和平的民族，战争的目的不是战争，战争的目的是和平。

大思想家老子说过一句话："兵者，不详之器，圣人不得已而用之。"兵器不是用来做饭的，不是用来种田的，它是用来杀人的，是一种"凶器"！"凶"就是不祥。有道德的人，不论是平民还是君王，他都是在实在没有办法的时候，没有回旋余地的时候才用它。即使其人懂战争，但是绝对不喜欢战争，更谈不上热爱战争。

老子还指出："吉事尚左，凶事尚右。偏将军居左，上将军居右。言以丧礼处之。"按照丧礼来进行军礼的安排。抱拳时一般男的都是左手压着右手，女同志右手压着左手。但有一种情况除外，就是丧礼时，家中最近有直系的亲属去世就要反过来，男的右手压左手，女的左手压右手。这种礼仪叫凶礼，凶是白事，但在军中是常礼。在军中，正常的礼就是和平时反着来。这就是说军事是一种凶事，"圣人不得已而用之"。

警惕的意识

唐代有一个大军事家，叫王真，说过一句著名的话："忘战必危。"如果忘记战争这回事，刀枪入库，马放南山，没有足够的军事储备，这个国家一定是很危险的。

我们举一个例子：《清明上河图》。

《清明上河图》不仅反映了北宋市场经济的繁华热闹和开封人民的幸福生活，而且也反映了当时的很多危机。

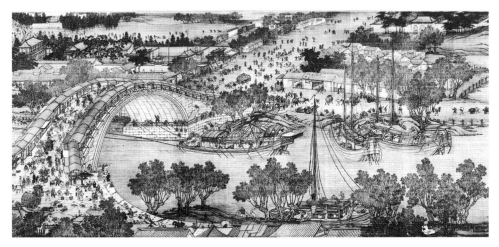

▲ 《清明上河图》

整个《清明上河图》的核心是一条大船，正要驶过一个桥。那个船是干什么的？答：那个船是拉花石纲的，它不是拉粮食的。甚至那个船桅杆的高度已经超过桥梁的高度，需要把桅杆放下来，才能过去，暗示当时民间的负担越来越重；城墙已经缺了好几处，却没有修；在图中有一个酒店，上面写了字叫军酒，专供军人喝酒，而且市面上有专供军人喝酒的酒店。中国自古以来也只有北宋有这种情况：专门为军人开酒店。军人可以不站岗，随便去喝酒。然后在一个驿站里，用来传递紧急军情的驿马，都懒洋洋地趴着；几个穿着军卒装的人在晒太阳，没有人站岗；就在城墙外，有几只骆驼，骆驼上面有几个胡人正在进入汴梁城。

通过这些细节就反映了当时北宋"忘战已危"的局面。后来金国打北宋时，其顺利程度简直超乎想象。这就是"忘战必危"。

人心与纪律

然而，如果热爱战争，成为一个战争狂人，那么最终就符合那句话："天欲其亡，必使其狂。"

一个热爱战争的人，最终是为自己挖下了坟墓。诸葛亮应该说是很能打仗的一个人。在成都的武侯祠中有这样一副对联，很有意思，反映了中国人对战争的一种态度："能攻心则反侧自消，从古知兵非好战；不审势即宽严皆误，后来治蜀要深思。"

只要能够获取人心，那么心自然就不会有"反侧"。什么是"反侧"呢？矛盾，猜疑，距离。自古以来懂得军事，并不是热爱战争，"从古知兵非好战"。"不审势即宽严皆误"，如果不能够审时度势，不能够从大处着眼，小处着手，那么无论是用很宽容的方法，还是很严厉的方法来治国治军，都是错误的。因为战略战术都错了，尤其是战略。"从来治蜀要深思"，其实何尝是"从来治蜀"，更是"从来治国"都要深思。

打仗的时候，纪律非常重要，没有铁的纪律就没有铁的效率。铁军首先是有铁纪，有句话叫作"军中无戏言"。如果我们能够借鉴这种纪律的保证，我相信，用它来要求我们的工作，要求我们的生活，那么我们的生活工作效率必然会大大提高。做任何事情纪律都是一种保障，所以纪律还是严一点比较好。

纪律有两方面：一方面是别人，是单位、是组织给我们定的；还有一方面是我们自己对自己。比如我们现在要求的"三严三实"，就是自己对自己。

秩序的分明

秩序有两个意思：一个是严格的上下级秩序，有服从精神，能够层层到位，落实到人。

一个将军下命令，说咱们现在往前冲，士兵不要问为什么，这不是士兵该问的。我们也是，有很多事情，我们执行就行了，但是该我们负责的话，我们一定要负责。孔子说："不在其位，不谋其政。"不在那个位置上，不要考虑那个事情。反过来就是在其位，谋其政，这就是秩序的根源。

还有另一个方面，秩序还有时间的意思。

我的一个表弟，上的是国防大学，从国防大学出来后又去了军队带兵，现在已经是一名军官。我问过他："你上大学后来带兵，你觉得学到的最好的、最有效的是什么，能不能用最简单的语言总结一下？"他想了想，说："从我上学到现在带兵，主要学会了做事情的步骤：'计划、执行、检查、总结'。"后来我用这八个字来要求我自己，果然发现很有效果。"计划、执行、检查、总结"这本身也是一种执行。

《孙子兵法》对我们启示是：无论从事哪一个领域的工作，无论是做哪一方面的事情，我们都不能只是埋头苦干，而不抬头沉思，要注意理论的总结。任何一种东西，当它不能从实践达到认识的时候，它就无法再更有效地把认识运用到实践，就不能够更有效地来推动和促进现实世界、客观实际的发展。

所以，我们一定要进行刚才我们说到的"计划、执行、检查、总结"，一定要不仅仅进行"事"上的总结，还要进行"理"上的总结。只有这样才能够用理论来不断指导我们进行越来越有效的工作。

道家殿军淮南子

第十四篇

马上就要过年了，今天是腊月二十三。

"二十三，糖瓜粘。"灶王爷上天，要吃糖瓜，据说是为了糊住他老人家的嘴，让他只说好话，不说坏话，这实在是一种中国民间式的幽默。

今天我们要说的，也是一位传说中升天的人物。而且，不仅他白日升天，他家的鸡和狗都升了天。也就是众所周知的"一人得道，鸡犬升天"。不过，这位人物与糖瓜无关，与他有关的，是豆腐。

传说古时候，有一位王爷得道成仙，他家的人吃了它炼的丹，全部白日飞升，上天堂去了。剩下的鸡犬把炼丹后的器皿舔了舔，也都升天了。

这位王爷，历史上确有其人，而且是一位很重要的历史人物。他是西汉的刘安，被封淮南王。他的著作，就叫《淮南子》。

《淮南子》这本书博大精深，但如今学习的人却很少，这是中国文化的很大遗憾。

一、天下奇才

淮南王能升天，说明很有本事，这个本事在于选择自己的生命，选择自己的活法。

淮南王，姓刘，名安，是刘邦的直系后代。历史记载：

> 淮南王安为人好书，鼓琴，不喜弋猎狗马驰骋，亦欲以行阴德拊循百姓，流名誉。招致宾客方术之士数千人，作为《内书》二十一篇，《外书》甚众，又有《中篇》八卷，言神仙黄白之术，亦二十余万言。

淮南王特别喜欢读书弹琴，而不是打猎斗狗、游山玩水。这和他的祖上完全相反。刘安是刘邦的亲孙子，祖父刘邦是历史上著名的无赖，父亲刘长为人跋扈骄横，但他却是个文化人。而且，淮南王乐于助人，并且是暗地里帮人。通过这样的方式，团结了许多百姓。可见，这位王爷可不仅很有才华，而且很有想法，有志于天下。

像离他不久的吕不韦一样，淮南王还招揽了大批奇人，一起切磋讨论，写了很多书，涉及各个方面，共二十余万字。

刘安一生，经历了汉朝的两任皇帝，汉景帝、汉武帝。汉武帝喜欢各种文艺，视刘安为诸父，像亲生父亲一样孝敬他。这里有一个很有意思的现象，刘邦原先是一游手好闲的无赖，喜欢打架斗殴，但是刘邦夺得天下。他的子孙一方面继承了刘邦的侠气，另一方面也开始变得文明。在刘安那一代，他是最优秀的，代表了整个中国历史上道家成就的总结。在第四代即汉武帝这一代，汉武帝是最优秀的，他开创了中国历史上儒家治国的先河。两人都是文化巨人，只不过一个侧重道家，一个侧重儒家。二人都喜欢文艺。刚开始时，两人关系特别好。刘安此人对万事万物看得清楚，是一个博古通今的人，且文章写得特别好。汉武帝对他跟其他的王爷很不一样，对刘安特别的尊重。在拜见皇帝时，刘安不需要下跪作揖等，这是汉武帝对刘安的优待。

汉武帝经常给刘安写信，即"报书"。当年在打福建的时候，刘安给汉武帝写信，必须打，汉武帝就会主动回信。如果是一般的大臣，会叫太监或侍郎发出去，但给刘安的信，都会叫当时著名的文学家司马相如来看有没有问题，怕言辞有错。在面对刘安的时候，汉武帝有一种很矛盾的心情，一方面非常尊敬，一方面，多少有一些不安与不自信。汉武帝登基时，只有16岁，慢慢地这种不自信就变成一种嫉妒，这就影响到叔侄二人的关系。

当时，刘安觐见汉武帝时，给皇帝进献了一本《内篇》。《内篇》是关于养生的一本书，汉武帝特别喜欢。同时，还让刘安写一篇《离骚传》，早上接到命令，太阳还没下山，就已经上交了。先不说刘安的学问如何，写字速度也是蛮快的。

《离骚传》虽然已经失传了，但在汉朝其他人的文章中都在引用，它可以说是中国历史上第一篇研究楚辞的专业文章，为两千多年来研究楚辞、研究《离骚》定了一个方向与基础。刘安还会写政治方面的文章，像《颂德》《长安都国颂》。可见，淮南王不论在哪方面都是相当出色的。

每次汉武帝见到刘安，经常聊个不停，谈到自古以来治理天下，怎样是成功，怎样是失败。刘安面对自己的侄子，肯定会孜孜不倦，语重心长，知无不言，言无不尽。而这个侄子是相当聪明的，也是要做一代雄主的人。汉武帝问得也特别详细，包括各种专业技术，有炼丹、天文、历法、如何写文章等，每次都要到天黑。根据规定，朝廷不能在晚上接见大臣，一直到清朝末年都是如此。

淮南王的成就，大致有以下这些方面：

在文学创作方面：《淮南王赋八十三篇》，《淮南歌诗四篇》。现在《楚辞》一书中，主要有四个人的作品，其中就有淮南王的作品《招隐士》。淮南王是写汉赋水平最高的高手之一。

在《周易》研究方面：《淮南道训》《淮南九师说》。《周易》是群经之首，自古以来，凡是要懂中国，尤其是要懂中国文化的人，就必须读读《周易》。淮南王不仅读了，还有自己的见解，就写了《淮南道训》，此书成为研究《周易》水平最高的少数几本书之一。另外，他还汇集了九位高手，把他们的见解记录下来，写成了"九师说"。

在庄子研究方面：《庄子略要》《庄子后解》。淮南王是历史上第一个给庄子注释的人，可惜都没有流传下来。

在养生炼丹方面：《淮南万毕术》《淮南中经》。这两本书许多中国人都不知道，但在科技史上有很重要的地位，是中国古代自然科学著作中的瑰宝，至今读来，仍然令人惊异。

里边有意思的几句话：

"取鸡子去其汁，燃艾火内空卵中，疾风高举自飞去。"就是取一颗鸡蛋，取出里边的蛋清蛋黄，然后拿艾草慢慢熏它，让鸡蛋里边的空气慢慢地排出来，后鸡蛋壳就会飞起来。这是世界上最早的热力气球，也是世界上最早的可靠的飞行器。在三百多年后，诸葛亮根据这一理论，造出了孔明灯。在李约瑟的书中，对这两件事都有记载。

"削冰令圆，举以向日，以艾承其影则火。"拿一块冰，把它削成圆形，然后举起来向着太阳，底下放上干的艾草，过上一会儿，艾草就会着起来，这是世界上最早的关于凸透镜聚光的原理。在一千八百多年后，大科学家胡克在英国格林尼治天文台，召集了几百名天文学家和物理学家，共同做了这个实验，引起全世界的轰动。他们以为自己是第一次，实际上在一千八百多年前已经存在了。中国人从来不缺乏这种科技思维，但是后来慢慢地受到影响，尤其是唐朝以后。通过读《淮南子》，我们可以发现真正的聪明人是什么都能做了的，不存在分文理科的现象，这些实验都走在了全世界的前列。在这两本书中，还有很多关于天文学、地理学的知识，像子午线、恒星行星、二十八星宿这些东西的测定都有记录。

在动物学方面：《淮南八公相鹤术》。面对众多的动物，淮南王选择仙鹤。

仙鹤自然有仙气，可以跟着它学习各种姿势，进行人体的导引动作，这算是动物学，也可叫仿生学。后来在达尔文的《物种起源》中发现引用过书中的内容。

在天文学上：《淮南杂子星》。这本书至今还存在，直到清朝时，才有人真正地读懂，被淹没了一千多年，里边有大量的关于天体、彗星等科学论述。

在音乐上：《琴颂》。《琴颂》是中国最早的关于古琴的专业论著。

在食品方面：豆腐鼻祖。淮南王在炼丹的过程中，无意间炼出了豆腐。豆腐一开始出来叫仙乳，现在也证明豆腐里边含有各种营养，对人类的健康很有益。

二、王者一生

通过对这位奇才的了解，我们可以看到，不论是任何方面，刘安的成就都可以俯视千秋。那么，刘安一生的历史背景是怎样的呢？

刘安出身贵族，爷爷是刘邦。中国历史上皇帝很多，但从老百姓身份走上皇帝之位的只有两位，刘邦就是其一，也可以说刘邦是中国第一位布衣天子，不得不说他是一位盖世英雄。在取天下的过程中，刘邦知人善任，但存在一个很大的问题，就是没有知识，不尊重知识分子。有儒生来拜访他，他将人家的帽子用来撒尿；别人来给他提意见，如何打天下，他就破口大骂。后来在汉朝夺得天下后，有所好转。为了约束大臣们的行为，他就让大臣叔孙通进行了礼仪培训，包括大臣着装、上朝礼节等，而后上朝时整个大殿内鸦雀无声。通过这件事，刘邦看到了当皇帝的好处，也就开始真正注重文化了。当然，礼仪只是浅层次的文化，重要的是深层次的文化，刘邦一生都没有解决这一问题。他一直都在打仗，关于文化的建设就留给了他的子孙。一个国家必须有治国思想，但刘邦却不懂。

▲ 淮南子

还有另一个大问题，就是如何管理天下。他把自己的儿子、侄子都封王，认为只有姓刘的人才可靠，但后来这些人很少有不造反的。这是他留下的第二个问题。

到了汉文帝时，对文化之事进行了初步有效的解决。当长安城内进行各种宫廷斗争时，汉文帝在山西代县为代王，后来才成为皇帝。自此，汉朝才有了治国思想，即道家思想，崇尚无为，能不干的尽量不要干。比如在他当政的十几年，是不收取赋税的；在他死后的陪葬品中，也没有金银珠宝；他想盖一座宫殿，计算后发现需要几十户人家一年的赋税，就不盖了，这些都说明了汉文帝此人很节省。被折腾了几十年的国家，终于得到了休生养息的时间。这段时间内，国家开始恢复生机。

汉文帝有一位同父异母的弟弟，叫刘长。刘长当时被封为淮南王。

要说刘长，我们先说说"萧规曹随"的故事。萧何作为汉朝的开国宰相，创立了各种规章制度。萧何死后，曹参做了宰相，仍照着实行。文武百官去找曹参，他就让人家喝酒，一直喝到不能说话。曹参的儿子看不下去了，问曹参为何这样，却被曹参打了一顿。儿子告诉了汉文帝，汉文帝问其原因，曹参答道："我不如萧何，皇帝你也不如自己的父亲，既然人家的制度挺好的，咱俩也不如他俩，他俩立下的规矩，咱们负责执行就行了。"

能不改的尽量不要改，这叫不扰民，客观上符合了当代执政的理念，做得最好的政府是做得最少的政府。所以，在汉文帝时期，中国得到了全面的生机恢复。

在这个恢复的过程中，汉文帝的亲弟弟刘长却不好好地执行。淮南厉王，是刘长死后后人给他加的称呼。这个人是刘安的亲生父亲，二十五岁时经历一场意外后就死了。刘长的母亲赵姬是张敖身边的人，张敖当时是刘邦的臣子，在刘邦巡视的时候，张敖把赵姬献给了刘邦，而后刘邦封赵姬为嫔妃，生下了刘长。过了几年，张敖造反，刘邦亲自出马把张敖杀了。赵姬也因此遭受了不公的待遇。她向高官审食其寻求帮助，此人却爱莫能助。赵姬就自杀了，刘邦得知后很后悔，就封赵姬的孩子刘长为淮南王。但刘长因为从小的不公，形成了骄横的性格。

到了汉文帝当政时，刘长去长安时就打造了一个四面都是刀刃的东西，在汉文帝眼前，拿着这东西把当年不肯为他母亲求情的审食其杀了。汉文帝只是给了他一个很大的处分，并未判死罪。

回到自己的封地后，刘长变得更加的疯狂。他想自己当皇帝。其他的罪，皇帝可以容忍，但造反绝对不能容忍。刘长造反的事被人告知了汉文帝，皇帝立即命人将其关押起来，送往长安。在押送过程中，刘长在囚车内选择了绝食，去世了。汉文帝心疼自己的弟弟，还下了一系列残忍的命令，让很多人陪葬。刘长的四个儿子，因惊吓死去一个，剩下的三个都被封为王，而刘安则继承了父亲的名号淮南王。

到了汉景帝时，天下该如何治理？儒家和道家两家，都觉得应该用自家的理论，两家争论不休。其间，儒家占上风，道家就说，如果按照你们的思想"君君臣臣，父父子子"，那么汉高祖刘邦是不是也是造反？这就出现了一个核心的问题。这时候，汉景帝出来和稀泥，说食肉不食马肝，不能算没吃过肉，有些问题先搁置起来吧！治国意识形态的问题并没有得到解决。

一直到雄才大略的汉武帝时，治国思想的问题才得以解决。汉武帝崇尚儒家，是汉高祖的第四代。他与刘安形成儒道两家早期的甜蜜关系，但到了晚年关系却变得水火不容。

随着汉武帝登基，如何治理国家成了一个问题。汉武帝登基之前，天下是道家的天下。汉景帝的母亲窦太后在管理天下的时候，汉景帝想用几个儒生，太后就不同意。一次儒生过度地宣扬儒家令太后恼火，太后就将其扔进了猪圈，幸亏汉景帝给了他一把尖刀，才不至于让儒家颜面扫地。在汉武帝十六岁登基之后，国家大权还是掌握在窦太后手中，而汉武帝本人从小就喜欢儒家的知识，因此很不受太后喜欢，皇帝的威信全无。当时的淮南王四十多岁。过了两年后，汉武帝的亲舅舅对淮南王说："如果当今的天子死了，那么天下一定

▲ 汉武帝

是您的。"淮南王听后很高兴。这也说明汉武帝很有可能被意外迫使逊位，被当时不喜欢汉武帝的窦太后迫害死，或者将汉武帝废掉，立侄子刘安为皇帝。

后来，汉武帝想了很多办法，才站稳脚跟，熬到老太太去世，可以放手去干，用自己的方式治理天下。这时，他重用董仲舒这个人。董仲舒建议："不在六艺之科、孔子之术者，皆绝其道，勿使并进。"只要不属于儒家的，全部给屏蔽掉，用法律的形式宣布它们非法，不允许天下人讨论学习，不要让他们在朝廷内占任何的一席之地。汉武帝也觉得这个办法比较好，"罢黜百家，独尊儒术"也就从这个时期开始了。

但是，可以罢黜掉任何人，却不能罢黜掉叔叔淮南王，这个称号是汉武帝的爷爷封的，因此刘安成了一个问题。如何让当时影响最大的道家人物刘安倒台，成了儒家代表人物刘彻的心头之患。帝王之间此时已经不是单单的学术问题，而是天下权利的问题，只要一着不慎，道家的势力势必会影响自己的天下。因此，汉武帝必须解决刘安，但又不能废刘安的官。而刘安此人"亦欲以行阴德拊循百姓，流名誉"，团结百姓，这是非法聚众，与朝廷对立，就形成了汉武帝治他的罪状。

刘安没有实际行动，监视了很久的汉武帝行动了。他是这样做的："上使宗正以符节治王。未至，安自刑杀。"宗正，是刘氏宗族内的负责人。汉武帝选择了用家法治罪刘安。

但在使者还没到达时，刘安自杀了。

关于刘安自杀的版本有好几种，但仔细推敲后我个人发现，淮南王刘安不是造反，而是被造反，被政治所害。

一个学术人物死于政治斗争，这是必然的。当时的汉朝面临用什么思想作为国家的意识形态，用什么办法来治理这个国家，这就牵扯到子孙万代的事情。如果是汉武帝，就会选择儒家思想治理天下；如果是刘安没有被杀，还有可能得到别人的拥戴，通过一种很自然的形式代替帝王，就会用道家思想治理天下。不论是道家思想还是儒家思想，在他们这里已经不是学术之争，而是指导天下的思想之争。

换而言之，两人都有能力用自己的思想统治国家，这影响着中国两千多年的历史。

刘安死了，但是关于他，在汉武帝时，又传说刘安升天登仙了；还有一传说刘安在家喝药时登天，连他家里的鸡犬也升天了。在汉武帝晚年时，也一直在选择长生不老之药。

"刘安升天见上帝，而箕坐大言，自称寡人，遂见谪守天厕三年。" 刘安升天之后，在玉帝跟前大声说话，没大没小，被贬去守了三年厕所。后来宋朝人对此事写了一首诗："室饵初尝谒帝晨，宫中鸡犬亦登真。可怜南面称孤贵，才作仙家守厕人！"

这虽然只是一个传说，但是我认为这是一个意味深长的传说。刘安这位奇才盖世、学究天人的学者，最后在政治斗争中被侄子害死，尽管刘安成仙了，但上天后的刘安却被贬去扫厕所。无论是生前的刘安还是死后的刘安，都活得不容易。

▲
《淮南子》

三、盖世奇书

淮南王对于后世产生最大影响的，是其所写的《淮南子》一书。

胡适说："道家集古代思想的大成，而《淮南子》又集道家的大成。"

高似孙评价《淮南子》一书："淮南，天下奇才也！《淮南》之奇，出于《离骚》；《淮南》之放，得于庄列；《淮南》之议论，出于不韦之流；其精好者，又如《玉杯》《繁露》之书。"

近代著名的学术大师梁启超评价："《淮南鸿烈》为西汉道家言之渊府，其书博大而有条贯，汉人著述中第一流也。"

在西汉的很多书中，都引用了《淮南子》一书，同一时期的司马迁在《史记》中就引用很多，但并没有注明来源，《淮南子》在当时是禁书。不过还好，这本书流传下来了。

这本书在说什么呢？那些东西让从汉武帝到司马迁，从汉代到现代，从李约瑟到竺可桢得所有人如何欣赏呢？

无为

关于道家思想，有"无为"。《淮南子》中说："或曰：'无为者，寂然无声，漠然不动，引之不来，推之不往。如此者，乃得道之象'吾以为不然。"意思是有人说无为是没有声音，没有动作，什么也不做，外边的事情不关乎自己，招呼不来，也推不动，这就是无为，刘安认为这不对。

刘安的理解是这样的："若吾所谓无为者，私志不得入公道，嗜欲不得在正术；循理而举事，因资而立权；推自然之势，而曲故不得容者；事成而身勿伐，功立而名弗有。"这段话的意思是：我所认为的无为是这样的，个人的私心杂念不能掺杂到客观规律中，治理国家、个人身体健康都应按照客观规律去发展，不能把个人的贪婪喜欢放到正经事情中；真正的无为是根据真理来做事情，根据资源环境条件进行灵活的改变；按照自然界变化的规律，有些东西是永远不能产生的，像身上不能有疾病，朝中不能产生贪官，这些事情必须去做；成功了自己不要骄傲，自己立了大功也不要贪求太多的名誉。你只是按照真理，按照当时的时代潮流和百姓需要去做了，这才是真的无为。之前的无为是消极的，而刘安的解释是积极的。

那么，何为无为呢？"何谓无为？智者不以位为事，勇者不以位为暴，仁者不以位为患，可谓无为矣。"意思是我有欺负人的位置，但我不靠这个位置欺负人，而是做我这个位置该做的事，如果我是一个县官，就要维护一方百姓的正常生活；如果我是一个宰相，就要率领百官，造福天下百姓；这是人类最难以解决的问题，就是权力。

刘安把这一点看得很透彻，其实在《淮南子》中就有很多例子：尧舜禹都是圣人，他们之所以为圣人是因为为天下做了很多事情，那就是"有为"，但他们的有为就是无为，他们的"为"是按照客观规律、民心所向、自然真理去做的，大禹治水就是如此。这一点，应该说是对老子思想的一次正确解释。

因为要顺应客观规律而为，所以针对汉朝初年的状况，到底应该如何治国，刘安是这样说的：

"圣人制礼乐而不制于礼乐。治国有常，而利民为本。政教有经，而令行为上，苟利民生，不必法古；苟周于事，不必循旧。"

真正的伟大人物是制定规矩，而不是死在规矩下的人。治理国家只有一个永远不变的规律：一切以广大人民群众的根本利益为标准，要让老百姓生活得好。政治教化也有原理，就是能把好的政策贯彻落实下去，在这两条都能保证的情况下，一切都可以灵活，只要能够有利于百姓，没有必要全部学习古代，我们可以自创一套，有自己的探索创新。只要能把这件事情处理好，没有必要按过去的办法来应付以后所有的问题。这完全是积极的进步，而这一点的根本就是无为的道家思想，用冷静的心态看待一切。就好像一片平静的湖水，没有兴风作浪就是无为；在湖水中能够照出天地万物的影子，这就是冷静；在湖水中能够生长很多的动物、植物，这就是有为；但前提是湖水的平静。这一点，无论是对于治国还是治天下，都是真理。

道家思想有一个根本性的出发点：身国同构，身体和国家天下是一个道理

也就是说道家思想认为我们说的是一种哲学。比如在调理身体方面，上次生病吃的药不一定下次能用；上次生病和下次生病不可能在同一个位置。就像新文化运动时期很多人反对中国的文化，导致现代的很多中国人不懂中国自己的传统文化。按照淮南王的这种说法，我们不能再走自己的老路，治国如此，修身也如此。

在这个基础上，《淮南子》说："国家的法令应当跟着时代的进步而变化，人民的礼教制度应当和老百姓的实际情况紧密结合。"岂独国家，我们的家庭、自身莫不如此，如果一直都是一成不变，必然会被历史所淘汰。在具体的穿着用具方面，在不违反礼仪和安全的情况下，要让老百姓自己选择；在治理国家的具体条例上面，要结合实际情况，灵活运用，具体问题具体对待。所以改变传统不一定是错，迎合大众未必就是对。总而言之，要有一种允许自己活，也要允许别人活的情怀。

福祸

道家思想中还有一种辩证关系：

"夫祸之来也，人自生之；福之来也，人自成之。祸与福同门，利与害为邻，非神圣人，莫之能分。"

老子说："祸兮福之所倚，福兮祸之所伏。"《淮南子》进一步阐述了这个观点，无论是福还是祸，在大自然眼中是没有区别的，有区别的是人内心的看法，福祸有时候甚至是可以相互转换的。只有最高境界的神圣之人，才能分清其中的微妙之处。

> 宋人好善者，三世不解。家无故而黑牛生白犊。以问先生。先生曰："此吉祥，以飨鬼神。"居一年，其父无故而盲。牛又复生白犊。其父又复使其子以问先生。其子曰："前听先生言而失明，今又复问之，奈何？"其父曰："圣人之言，先忤而后合。其事未究，固试往，复问之。"其子又复问先生。先生曰："此喜祥也，复以飨鬼神。"归致命其父。其父曰："行先生之言也。"居一年，其子又无故而盲。其后楚攻宋，围其城。当此之时，易子而食，析骸而炊。丁壮者死，老病童儿皆上城，牢守而不下。楚王大怒。城已破，诸城守者皆屠之。此独以父子盲之故，得无乘城。军罢围解，则父子俱视。

宋国有一个人乐善好施，这种优良的家风一直传了三代。有一天，家里的黑牛无缘无故生了个白牛犊，他们家的人都很惊奇，去请教当地的一位先生，先生说："这是一件吉祥的事情啊！要赶紧去祭祀一下，感谢上天的恩赐。"过了一年，他的父亲没有任何征兆眼睛就看不见了。这时候，这头黑牛又生了一头小白牛，于是他又派自己的儿子去问先生，他儿子说："上次我们就是问的这位老先生，可您现在却看不见了，这次还去问合适吗？"他说："你再去问一下吧，也许去年是冲突的，现在不冲突了。"他儿子不得已，只得再去问老先生，老先生说："这是大喜之兆啊，小伙子，回去赶紧祭祀去吧！"

小伙子回来后，把先生的话告诉父亲，父亲说："我们按照先生的意思来做吧！"又过了一年，他的儿子也无故失明。后来不久，楚国攻打宋国，把他家所在的城市围困起来。城中断粮，"易子而食，析骸而炊"，简直是惨不忍睹！男丁壮士都因战争而死，老弱病残也因上城头守护而亡。楚王非常愤怒，城破之后，下令将曾经守护过城池的人全部杀掉。这对父子因为眼睛已瞎，没有守护过城墙，所以幸免于难。战争结束以后，父子俩的眼睛都恢复了正常。

所以福祸有时候不能只看眼前，也不能只看表面。与此类似的，还有一个故事，非常著名，它就是"塞翁失马，焉知非福"。我们现在有句话是"具体问题具体分析"，我觉得可以补充一下"具体问题整体分析"、"具体问题全面分析"等等。

与时俱进

《淮南子》对于"与时俱进"是这么说的：

> 法生于义，义生于众适，众适合于人心，此治之要也。

法律是在最合适的情况下产生的，大家都认可的就是合适的。迎合了人民的需要的就是合适的。这是中国历史上民主思想的觉醒，在这之前的孟子曾说过民主思想。孟子之后三百年，有《淮南子》提了一下，此后的两千余年中国中，再也没有人说这个话了。

虚实

> 方船济乎江，有虚船从一方来，触而覆之，虽有忮心，必无怨色。有一人在其中，一谓张之，一谓歙之，再三呼而不应，必以丑声随其后。向不怒而今怒，向虚而今实也。人能虚己以游于世，孰能訾之！

一条有人的船被一条无人的船所撞沉，船上的人虽然心里不舒服，却不会咬牙切实地说："我要打你一顿！"因为他没有发泄对象。假如船上有人，再三叫他，却不回应，必然会怒声大骂。先前不怒现在怒，是因为先前是虚船，后来是实船。我们何不把人的身体当作一艘船呢？不要让人的心里有一种自私的，偏执的念想。

"神仙"

是故大丈夫恬然无思，活然无虑，以天为盖，以地为舆，四时为马，阴阳为御，乘去凌霄，与造化者俱。纵志舒节，以驰大区。可以步而步，可以骤而骤，令雨师洒道，使风伯扫尘。电以为鞭策，雷以为车轮。上游于霄霓之野，下出于无垠之门。

真正的大丈夫应该活得心无杂念，无忧无虑，不会被世俗的杂念所羁绊。以天地万物为凭借，逍遥自在地过完自己的一生。有句话是："有书真富贵，无事小神仙。"

我们可以想象，假如汉朝时期的刘安战胜了刘彻成为皇帝，那么中国有可能成为这种"神仙"国度，而不是"君子"国度。那么我们到底该如何取舍呢？值得思考。

且夫精神滑淖纤微，倏忽变化，与物推移，云蒸风行，在所设施。君子有能精摇摩监，砥砺其才，自试神明，览物之博，通物之壅，观始卒之端，见无外之境，以逍遥徜徉于尘埃之外，超然独立，卓然离世，此圣人之所以游心。

那么什么是"神仙"呢？这段解释得很好！神仙是华美映丽、居无常形的，是变化多端、聪明机智的。我们自己就是自我的风神、雨神，既是物质的，又是精神的。不被有限的身体所限制，是自由自在的。

《淮南子》有个例子：

子求行年五十有四而病伛偻，脊管高于顶，腼下迫颐，两脾在上，烛营指天，匍匐自窥于井曰："伟哉！造化者其以我为此拘拘耶！"此其视变化亦同矣。故睹尧之道，乃知天下之轻也；观禹之志，乃知天下之细也。

有一个人叫子求，十四岁的时候，得了佝偻病，两边的肩胛骨比脑袋都高，胸骨一直顶到下巴，两条大腿开上往上长，就像两根蜡烛在指着天空。他自己爬到井旁边，井水照出了自己的影子，他一看，发出了赞美声："造化真神奇啊！太精彩了！怎么把我改变的如此的不可思议，如此奇妙呢？太幸福了！"这就是子求把好坏的变化看作是一体的，这种人就是活得很愉快的。他们把痛苦当作平常，甚至化作了前进的力量。可歌可泣！

四、精神是身体的根本

淮南王和《淮南子》

前面我们说了淮南王刘安和《淮南子》这本书的产生及其思想、政治观点等等。这次我们主要说一下我对《淮南子》这本书的一些浅见。

我们知道："一人得道，鸡犬升天"，的主人公就是汉高祖刘邦之孙、汉武帝刘彻之叔：淮南王刘安。刘安可以说是中国文化史上十分重要之人物之一。

在汉朝初期，当时的社会上出现了两种观点：

第一，有的人认为，国家应当实行儒家的"修齐治平"，以"仁义礼智信"教化百姓；人人都要"温良恭俭让"。这一观点最大的代表人物就是汉武帝，他采纳了儒学宗师董仲舒的建议，"罢黜百家，独尊儒术"。从那时开始，一直到二十世纪初，儒家学说作为中国历史的正统思想，传承了两千余年；

第二，以汉文帝、汉景帝、淮南王刘安为代表的道家认为：治国要顺应天道的规律，符合自然的变化，就如同日月寒暑，虽然没有人去管理，但是用之不亏。我们学历史，都知道汉初的"文景之治"对当时国家的积极作用不言而喻。可以说，道家在当时的群众基础非常深厚，甚至是不可动摇的。

而道家思想的集大成者就是淮南王刘安。他对自己主编的《淮南子》非常自信：

若刘氏之书，观天地之象，通古今之事，权事而立制，度形而施宜，原道德之心，合三王之风，以储与扈冶。玄妙之中，精摇靡览，弃其吟挐，斟其淑静，以统天下，理万物，应变化，通殊类，非循一迹之路，守一隅之指……故置之寻常而不塞，布之天下而不窕。

刘安认为，《淮南子》这本书是"观天地之象"而写成的；可以"通古今之事"，古往今来的所有事情，都可以用这本书的观点去解释；是观察事物的本质以后得出来的最基本的规律，可以像水一样，因物赋形；用最好的方法来解决问题。"原道德之心"，道者，路也，万物之路。德者，特性、特征也。道是事物的普遍性；德是事物的特殊性。"合三王之风"，以这本书来治理国家，可以向上古时候的尧舜禹一样，使天下得到最好的治理。用一种很微妙的东西来治理国家，"万物之聚散"皆在于此。"故置之寻常而不塞，布之天下而不窕（窕，模糊不清的样子）"，人世间最基本最普通的事情，都可以套用这个规律，最高级最困难的事情也可以用它来得到梳理。

老子在道德经中的思想，刘安完全继承了下来：

夫道有经纪条贯，得一之道，连千枝万叶。

经记，就是根本的意思。那么对于人，最根本的是什么？

是身体。

包括淮南子在内的道家，有一个一贯的观点：人的生命，是一切的根本。这和我们现在说的"以人为本"，暗有相合。

道？盗？

在唐朝的时候，出现了一种对道家的最奇怪的解释：

道者，盗也。

难道道家是贼？还真是！不过这个贼有点不一样。

在希腊神话里面，普罗米修斯将天地间最伟大的发明——"火"，带到了人间，给人们送来了光和热。由此他受到了最凄惨的刑罚：将他绑在高加索山上，无休止地忍受饥饿、日晒、风吹和鹰啄。普罗米修斯就是一个为了人类更加美好的生活而奋斗的贼！道家之"贼"，就和普罗米修斯有异曲同工之妙。

那么道家"盗取"的是什么呢？有一句话大家都听过，在神话小说和影视中常常出现：

"夺天地之造化，侵日月之玄机。"

多么豪壮的语言！把天地的秘密和日月的玄机都盗出来，传给世人！毫无疑问，淮南子就给我们"盗"出了很多天地之道。

"天下之要，不在于彼而在于我，不在于人而在于我身，身得则万物备矣。"

天下最主要的就是自己。这是对生命的真实而又根本的认识。儒家有言："古之学者为己，今之学者为人。"

古人都很自私？今人都很高尚吗？

不是的！古代那些仁人君子学习是为了自己，想要把自身的道德、智慧、才能都达到一定的高度；今天的学生学习就是为了让老师打高分，让同学羡慕，就是为了考取名牌大学，找一份好工作。都是为了别人而学习，仿佛不这样做，别人就会看不起，自己就没法活人。

这就是古今学者学习的区别。《周易·系辞》有言："君子居其室出其言善，则千里之外应之。"古时候的君子说话做事都是由己达人的，他们对自己的要求很高，所以能够"千里之外应之"，之所以对别人有影响，是一个自然而然的过程，是不去追求的一种美名远播，而我们现在恰恰相反。

对自己要求高，把自己变得优秀了，就是"身得"，就是"文怀远人"，则自然就会"万物备"。

内修

人世间的学问分为两种：内学和外学。《淮南子》认为：

是故圣人内修其本，而不外饰其末；保其精神，偃其智故，漠然无为而无不为也，澹然无治也而无不治也。

内修就是内学，是自我道德、素质、才能、修养的学问；外学就是"外饰"，外在的浮夸而又多余的装饰。中国人自古以来就注重内修，所谓"内圣外王"。此外内修还指身体的健康。

在整个中国历史上，再没有比当代中国更注重"外修"了。从衣食住行到生活的方方面面，都是一个充满了浮夸的时代。

"保其精神,偃其智故"，这里提到了两个字："精神"。精者，米青也，五谷杂粮之精华谓之精；神者，意识、灵性也。保持自己的精神，使之不致外散，收敛自己的小聪明，人人都能做到"内修其本"，社会自然就没有尔虞我诈，自然就会"无为而无不为"、"无治也而无不治"。

"无为"不是什么都不做，而是不做悖逆天道自然的事情。

在中国东汉时期，就有人发明了反季节蔬菜的种植方法。此人将这套技术献给朝廷之后，被大加斥责。因为他违背了自然万物生长的规律，在当时，真可以说是"倒行逆施"。而现在，我们也已经证明反季节蔬菜确实是有害的。这里不多赘言。

"神"

《淮南子》对于《老子》的"精神专一"有了新的发展补充，提出了一个全新的解释："精气神"合一。而且其养生精神主要是以"养神"为养生的根本所在。精、气、神三者中最重养神。

"古之圣人，其和愉宁静，性也；其志得道行，命也。是故性遭命而后能行，命得性而后能明。"

和，"万物负阴而抱阳，冲气以为和"是也，和就是和气、祥和。愉，就是愉悦、快乐、恬静。追求快乐是人类最根本的要求之一。

达·芬奇的作品《蒙娜丽莎》中，体现的是一种微笑。这是一种非常祥和、宁静、愉快的微笑，任何人看到她，第一感想就是："多么美妙的笑啊！"有可能作者本人都说不出来她到底在笑什么。

在一次灵山法会中，佛祖拈花而笑，诸佛陀菩萨皆不明其由，只有摩诃迦叶破颜一笑。佛祖说："我有宇宙间最深妙的法门，无法用语言来形容，只有心领神会者可以得到传承，现在我把它传给迦叶。"在这里，无法用语言来形容的法门，佛祖用一个笑容就让迦叶有所领悟，并得以传法。

《论语》开篇第一句就是："学而时习之，不亦说乎？"说者，悦也，心情愉快。《论语》还有一句："知之者不如好之者，好之者不如乐之者。"在

▲ 达·芬奇《蒙娜丽莎》

这里，乐可以理解为高兴、愉快。把学习当作一件有趣的事情来做，从中发现乐趣，并甘之如饴。

可见不管是现代还是古代、东方还是西方，不管是儒家，还是道家、释家，对于"和愉"的理解和表达都是有惊人的相似之处的，他们传达着一种只有神交才能理解的感觉。他们可能从未谋面，甚至根本不知道对方的存在，却用同一种方式来表达同样的一种心情。他们的精神思想穿越了时空的限制，在幽深高渺的宇宙深处激起了绚烂而长久的恒星式的火花。

宁就是安宁、妥帖；静就是和整个宇宙同呼吸。

"性"是什么？《中庸》第一句就是："天命之谓性。"天生的本性就是性。

我们之所以成功，是因为我们有这个命运。所以，只有具备非常明澈的本性，命运才能有所成就；如果只有幸福的命运，却没有清楚的本性，就会活得稀里糊涂。性命相交，我们才能有所成就。

养生以经世，抱德以终年，可谓能体道矣。

真正懂得自己性命的人，"养生以经年。""养生"就是"养神"。

古人有言："不为良相，便为良医。"如果不能治理好天下，那就调理好自己的身体，做一个良医吧。言下之意，自己的身体和治国的宰相同等地位，我们每个人都是自己的宰相。人身小天地，天地大人身。我们守住宇宙的特性，依道而行，就是能体察天地人生之道了。

神仙一般都配一把宝剑。道家有"斩三尸"之说，"三尸"代表人体内部的三种"恶欲"，即私欲、食欲和性欲。道家认为，只有挥慧剑，斩三尸，才能成仙得道。

精气神的平衡与"和"

《淮南子》的养生理论指出：精、气、神各处其位、各守其职，是其养生理论的重要主张，但以养神为主，注重克服物欲与情志对养生的危害。

> 夫形者，生之舍也；气者，生之充也；神者，生之制也。

形就是精，就是生命的旅舍，如同李白《春夜宴桃李园序》："天地者，万物之逆旅"中的"逆旅"。是一所暂时居住的房子。

气，是生命的一种寄托，不仅是一呼一吸的气，而且是与天地呼应的精神之气。

《淮南子》认为，精气神要各司其职，互相平衡，达到"冲气以为和"的境地，人的身体才能健康，才能不被各种邪秽所戕害。他举了个例子：

> 夫善游者溺，善骑者堕，各以其所好，反自为祸。是故好事者未尝不中，争利者未尝不穷也。

精通游泳的人，常常会遇到溺水的危险；精通骑马的人，常常会遇到堕马的危险。这都是因为他们感觉自己可以高枕无忧，却反而降低了警惕，使得精气神都有所外泄而导致的灾祸。所以喜欢多事的人常常事与愿违，喜欢争利的人常常陷于穷困。子曰："过犹不及"。

　　夫精神志意者，静而日充者壮，躁而日耗者老。

　　不管是精神还是思想，都要安守一条主线，不能过多地偏离。一个人精神增减浮动不大的时候，就会一天天的更加健康；浮躁而增减幅度很大的时候，精气神就会慢慢衰竭。

　　所以"物盛而衰，乐极则悲"，辛弃疾在《戒酒》词中，曾发出了"物无美恶,过则成灾"的感叹，就是受到了《淮南子》这一观点的影响。

　　从这一点看，道家也是谨守中庸之道的，中就是不偏不倚，中正平和；庸就是用，结合日常具实用。中庸就是永远活学活用的把握恰如其分的那种状态。

　　《淮南子》认为，形体与性命同出：

　　夫性命者，与形俱出其宗，形备而性命成，性命成而好憎生矣。

　　性命很抽象，但是形体是具象的，二者能共存一体，就如同阴阳共存一般。当我们的身体长成的时候，我们的灵性就有了；但我们的天性形成的时候，情感自然而然就形成了。所以《淮南子》认为精气神是人身体最根本的东西：形是生命的载体；气是使生命充盈，有效运转的条件；神是控制生命的主导，三者统一不可分割。

　　总而言之，神控制形，是形的主导：

　　故以神为主者，形从而利；以形为制者，神从而害。

　　所以，一旦人的精神出现问题，其身体必然会出现问题。有时候即使身体没有病，但是因为思想压力大或者疑神疑鬼，也会使得身体真的出现疾病。把外形看得特别重要，就会使得精神受到损害。

　　我们每个人的身体都是独一无二的，人的身体是大自然的杰作，是天地之间最神妙的艺术品。为外物所累，过多地加修"外饰"，必然会劳神费思。

　　养生关键在于养神，但也必须重视养行。

　　治身，太上养神，其次养形；治国，太上养化，其次正法。神清志平，百节皆宁，养性之本也；肥肌肤，充肠腹，供嗜欲，养生之末也。

　　要使自己的身体得到很好调养，最上等的方法是养神，其次是养形；要使一个国家得到治理，最高级的是教化，其次是法律。身体上的功能都正常，神清气爽，浑身上下无不舒坦，这是养性的根本；吃饱肚子，养得肥肥胖胖，这是养生最次等的方法。

《淮南子》中还有这么一段话：

> 神农尝百草之滋味，水泉之甘苦，令民知所避就，令民知所避就。当此之时，一日而遇七十毒，得荼（茶）而解之。

这可能是我目前见到的最早的关于茶的记录。其实在《诗经》中，已经有了关于茶叶的记载，但是第一次把茶叶的药用价值体现出来的还是《淮南子》。

神农品尝百草的滋味、泉水的甜苦，让人民知道怎样避开有害的东西、趋就有益的事物。这个时候，他一天之中要遭受很多很多次的毒害。每当遇到毒的时候，他就"得荼而解之。"那时候把"茶"写作"荼"，现在，"荼"是茶，"荼"是茶。我之所以把它写出来，是两个用意：一，现在我们基本上天天在喝茶，只要茶的来源正常，没有重金属在里面；二，诸位是做健康产品的，都是完美的伙伴，我们完全可以像对待茶一样，对待自己的东西，把它作为常规性的、日常性的可以解一切的毒。

清虚守静

清虚守静是历代以来道家都重视的，大家都重视。他说：

> 清静者，德之至也；而柔弱者，道之要也；虚无恬愉者，万物之用也。

什么是"清"，清有清新，有清白……就是不浊。任何东西都有一个明明白白的反映。"静"就是能和宇宙通灵，从而"德之至也"，把我们的个性发挥到最高境界。"而柔弱者，道之要也"，这个"柔弱"说的是柔韧，就像钢丝一样，像一根藤一样，刚柔相济，才是真正的柔韧。道家主张柔弱，反对刚强、劲的东西。有过农村生活经验的人应该知道，玉米抽穗的时候，长到膝盖高度，就会施肥，尤其是农家肥。老百姓会开着小四轮等农用车从地里过，把那些苗压得倒下来，甚至压倒土里面。可是过了不久，就会长起来。等到玉米苗长成玉米秆的时候，却能一脚踹倒。所以，"柔"比"刚"强，是说生命的柔韧性、柔软性，人老化的过程其实就是变硬的过程。当全硬了的时候，也就该告别这个世界了。

"虚无恬愉者，万物之用也。"这里的"虚"不是空虚，而是指的一个杯子里能装水的东西，是心里能容纳下其他东西；"无"不是什么都没有，而是既什么都没有，又什么都能产生，是"真空不离妙有，妙有不碍真空。"能够在真空中生无限的有，随时有，随时无。生命就是这样，一切都有过去，一切都能到来。"恬愉"二字意义相通，都是甜蜜的微笑，别人不知道，我知道。这是生命的最好状态。

> 静漠恬澹，所以养性也；和愉虚无，所以养德也。外不滑内，则性得其宜；性不动和，则德安其位。养生以经世，抱德以终年，可谓能体道矣。

这个也是讲"恬淡"，什么时候都不要让情绪冲动。"和愉虚无，所以养德也。外不滑内，则性得其宜。""滑"是伤害的意思。"性不动和，则德安其位。"我们性格平和时，我们的特性、个性、特质就会失掉。

> 君人之道，处静以修身，俭约以率下。静则下不扰矣，俭则民不怨矣。

治国和治天下一样，应该是静以修身，俭约以率下。"俭"不仅仅是能花一块就不花两块，而是一种节制，写文章的时候，能一句话说清楚的，绝不说一句半；做事情能一次做成的绝不做两次。这是精神的一种体现，就不会让老百姓怨恨，也不会让自己有所遗憾。

> 非澹泊无以明德，非宁静无以致远，非宽大无以兼覆，非慈厚无以怀众，非平正无以制断。

这里面有两句诸葛亮的名言，是他引用的淮南子的话。诸葛亮的话是"非宁静无以致远，非澹泊无以明志。"总之，就是让我们的精神无时无刻无地宽厚淡泊。这段时间和薄总聊天时才知道，人该怎么坐、怎么走、怎么站，什么叫作立身中正，什么叫作脚下有根。身体是这样，精神更是这样。

情绪的平和

情绪这个东西非常重要，《淮南子》认为：

> 凡人之性，心和欲得则乐，乐斯动，动斯蹈，蹈斯荡，荡斯歌，歌斯舞，歌舞节则禽兽跳矣。

淮南子认为人的心性、人的本性有种冲动，这种冲动有点类似于《西游记》中那些有法力的人，他们心静的时候，是神仙、是菩萨，但是他们暴力的时候，就是妖怪。他们有一种追求的东西，说，心和欲得则乐。当我们的内心完全被欲望充满的时候，我们就会追求快乐，就会去行动、去寻找，就会不按照常理出牌，做一些不常做的事情。一旦有的事情做得不太合适，却成功了，就会越来越放纵，到最后就成为一个披着兽皮的动物。总之，欲望放纵的结果就是让人等同于禽兽。非常可怕。

所以，人一生有三个境界，动物的境界，人的境界，神的境界。我们就算到了神的境界，也不能仅仅停留在动物的情欲中，那样非常不好。

喜怒哀乐这些欲望太过则有害于道德心性：

> 夫喜怒者，道之邪也；忧悲者，德之失也；好憎者，心之过也；嗜欲者，性之累也。

> 夫悲乐者，德之邪也；而喜怒者，道之过也；好憎者，心之暴也。

故曰：其生也天行，其死也物化，静则与阴俱闭，动则与阳俱开。

因此，要清虚守静首先要节制欲望。喜怒哀乐不能太过，每一种情绪过了都对身体不好，必须把握分寸。去年我去华山讲课的时候，遇到一个青城派的传人，他教我一招，就是，当遇到人闭过气的时候，抢救的办法是用食指和中指掐住大拇指的外侧，一掐就过来了。我但愿这辈子大家都不要用这样的方法。

正邪不两立

内便于性，外合于义，循理而动，不系于物者，正气也。重于滋味，淫于声色，发于喜怒，不顾后患者，邪气也。

这句话说的不是好人和坏人，而是身体的正气和邪气。"内便于性，外合于义。"不违背我们的天性，不违背社会的准则。"循理而动，不系于物者，正气也。"不被外因而局限，很独立，很分明。"重于滋味，淫于声色，发于喜怒，不顾后患者，邪气也。"爱享受，比如现在饭店里的食物味道都很重，尤其麻辣和咸的味道，开始我不明白，后来我知道了，这两种味道重是为了掩盖其他的味道，比如掩盖地沟油等不好的味道。据说，人生不是有三大养生秘诀吗？一、饭后百步走；二、每天一壶酒；三、娶个老婆丑。所有的邪气和你本身的道德没有任何关系。

圣人胜心，众人胜欲。君子行正气，小人行邪气。

这里的"胜"一点要念"sheng"，是能够承受得住的意思。"圣人胜心，众人胜欲。"是说这个事情我（圣人）心里安不安，这个事情我（众人）感觉爽不爽，好坏一目了然。"君子行正气，小人行邪气。"君子靠着正气活，小人则只顾贪欲个人的享受，比如吃、喝、说话等等。

邪与正相伤，欲与性相害，不可两立。一置一废，故圣人损欲而从性。

邪与正是矛盾的，就像我们的本性和欲望是不能相容的。"欲与性相害，不可两立。一置一废，故圣人损欲而从性。"食色，性也，人天生都有食和色这两种天性，但是这是有规律、有分寸的，当人只为食色而活的时候，人就不是人了。在中国，尤其是北方，自古以来，秋冬两季诞生的伟人最多。这是为什么呢？这是《吕氏春秋》上说的，天人合一，包括受孕都是有讲究的。人必须讲究，人活着不讲究，不仅对自己不好，对别人也都不好。

凡治身养性，节寝处，适饮食，和喜怒，便动静，使在己者得，而邪气因而不生。

"节寝处"这是说住的问题要讲究，比如睡的床，像席梦思之类的软床就不适合中国人睡，因为西方人的身体曲线起伏很大，前凸后撅么，所以在席梦思上面才能卧平。而中国人多的身材是很温和的起伏，就适合睡稍微有一点厚度的或者就是硬板床。包括西方的沙发，人往上面一坐，全身的骨节没有一处是正的。"适饮食"不仅包括不该吃的不要吃，不要吃多了，还要讲究吃的季节。什么季节吃什么很有讲究，比如"冬吃萝卜夏吃姜"，夏天这么热为什么要吃姜呢？就是要让身体发汗、排毒。"和喜怒"刚才讲过了。"便动静"是说动静要适宜，运动要有分寸，像奥运会那样的运动，那不叫运动，叫折腾。有一个叫海灯法师的人，当时是一个大师，这么多年了，该有个结论了，我就上网搜了一下，发现有关他的很多完整的资料，其中他自己就说了这么一句话："都说练武是让人长寿的，其实是折腾人的，是让人短命的。"所以，运动一定要适中。"使在己者得，而邪气因而不生。"是说让我们本来就有的永远都在我们这里，身体内不要产生不好的思想、情感，不要让不好的东西进到我们身体里。

所以，邪气之生是因为欲望的外露："重于滋味，淫于声色，发于喜怒，不顾后患"产生邪气，人的欲望与本性相害，不可两立，邪气害正气，想要治身养性还是要节制欲望。

五、《淮南子》对我们的一点启示

《淮南子》这本书，对我们现代人来说意义很重大，除了哲学方面，我们还应该吸取其中养生的智慧。

我们现代人，生活节奏要比古人快的多，因此在健康方面受到的干扰也更多。我们应该像《淮南子》中说的那样，注重自己精神与心灵的清净平和，促进自己的健康长寿。

我们所处这个时代，生活环境不是很好，比如污染。污染正在一步步得到治理，也许三十年后中国一点污染也没有了，就像现在许多发达国家一样。

但是，这三十年的时间我们无法直接跳过去，所以，我们还是要想办法不断地改善与自然的关系，与环境的关系。

在养生方面，我们现在比古人更有条件。古人没有的一些医疗条件，一些科学技术，现在我们都有了。无论从哪一方面讲，我们都应该比古人更加注意养生。

我们岢岚环境优美，是养生福地，以后一定会有越来越多的人来这里养生。我们岢岚人自己，更要在这方面做出表率。

这里有我自己写的一首小诗，作为今天的结尾：

  读到淮南久沉吟，半生劳碌费苦辛。

  且来岢岚寻福地，遵道养生安身心。

让我们一起，跟着《淮南子》学习，注重身体、注重精神、注重养生。

后记

　　在整整一年之后，乙未年腊月二十三，文化岢岚系列讲座举行了结班。这本书，便是根据一年来的历次讲座，整理汇集而成。

　　面对厚厚的书卷，回忆一次次学习，感慨良多。

　　卫老师一年来潜心访岢、精心备课、用心讲授，为岢岚修志撰史，为打造文化岢岚、人文岢岚写下了浓墨重彩的一笔，为提升干部素养，实现移风易俗打下了坚实的基础，同时，通过深入岢岚全方位调研，也为我们未来长远发展提了许多好的、可行的意见建议。

　　一年来，作为岢岚的文化顾问，荣誉市民，卫老师可谓殚精竭虑，尽职尽责。在讲课中，他学识渊博，治学严谨，知古喻今，对中国传统文化中主要的学派和大量优秀的典籍进行了系统地讲解，联系我们岢岚的实际情况，深入浅出，让我们从知识上、思想上、观念上和认识上都发生了不同程度的改变，也必将对我们今后的生活和工作产生积极而深远的影响。

　　一年来，经过卫老师深入细致地讲解和全县干部在思想上重视学习，行动上坚持学习，工作上运用学习，广大干部收获了沉甸甸的国学知识和传统智慧的成果，继承了中华优秀传统文化。对我们思想、工作、生活的深刻启示，认识、思想、觉悟、能力、工作水平明显改变和提升起到了重大的作用。现在，学习已经成为全县干部思想、工作、生活的主题之一，成为改造思想、促进工作、转变作风、焕发活力的重要力量。

学习就是为了改变我们自己。改变我们的心，让心更纯净；改变我们的脑，让脑更睿智；改变我们的手，让手更勤劳；改变我们的脚，让脚更踏实。进一步的学习可以促进全县形成革弊鼎新、吐故纳新、弊革风清、海晏河清的生态格局，以立说立行、真抓实干、作为担当的前所未有的改变，推进岢岚经济社会的更好发展。广大干部要继续自觉学习，通过学习改变自己思想、状态、境界、作风，从而改变自己、家庭和家乡的命运。

　　作为岢岚的一份子，我希望，我们全县干部要学习、学习、再学习，通过学习改变我们自己；要实践、实践、再实践，通过实践提高我们自己。

　　希望学习的风气，在岢岚坚持长远；希望文化的力量，让岢岚早日腾飞！

若禾

丙申年仲春于岢岚

作
者
简
介

　　卫方正，生于山西洪洞，岢岚县荣誉市民、文化顾问，青年学者，国学教育专家。山西文瀛书院院长、山西发展智库专家、山西国学大讲堂教授、山西孔子文化研究会常务理事、山西当代儒学研究会理事、太原美学研究会理事、山西书法家协会会员、中镇诗社社员、山西青年报总编助理、完美（中国）有限公司山西分公司国学讲师、山西青年报《弟子规》讲师团首席讲师。语文报、山西青年报、《新晋商》杂志、山西青年杂志、《万象》杂志、《生活潮》杂志等多家报刊专栏作家，同时担任山西省内多所学校国学辅导员。

　　自幼系统学习中国传统文化，寒暑不辍，泛滥百家。平生以打通古今，经世致用为心，"虽不能至，心向往之"，尽一个中国读书人的义务。